『为人梯者』说

中国社科院学术期刊编辑心声之二

中国社科院科研局 编

社会科学文献出版社
SOCIAL SCIENCES ACADEMIC PRESS (CHINA)

前　言

2022 年初，由中国社会科学院科研局策划、社会科学文献出版社出版的《"作嫁衣者"说——中国社科院学术期刊编辑心声》一书与读者见面，受到学术期刊编辑同人、广大科研人员乃至有关期刊管理部门的广泛好评，被认为是国内了解学术期刊编辑职业生涯和心路历程的一部佳作。

读者面前的《"为人梯者"说——中国社科院学术期刊编辑心声之二》，是《"作嫁衣者"说——中国社科院学术期刊编辑心声》的姊妹篇，延续了上一本书的写作风格和基本内容。该书的作者为中国社会科学院所属学术期刊的又一批编辑人员，这里面有"烈士暮年，壮心不已"的资深编辑，也有"丈夫志四海，万里犹比邻"的青年编辑，力图更真实、更全面地向读者展示中国社会科学院学术期刊编辑群体多彩的工作实践与丰富的精神世界。

为什么要继续出版《"为人梯者"说——中国社科院学术期刊编辑心声之二》这本书呢？

2023 年 6 月 2 日，习近平总书记在文化传承发展座谈会上强调："在新的起点上继续推动文化繁荣、建设文化强国、建设中华民族现代文明，是我们在新时代新的文化使命。"[①] 编辑出版活动是文化传承的重要途径。伴随文字的产生出现的编辑工作，几乎与人类文明记录史一样源远流长。也正是借助出版编辑活动，中华优秀传统文化成果才得以传承，为中华文脉的连续性奠定了厚重的文献基础。

[①]《习近平在文化传承发展座谈会上强调：担负起新的文化使命　努力建设中华民族现代文明》，《人民日报》2023 年 6 月 3 日，第 1 版。

"学术乃天下之公器。"作为哲学社会科学成果传播的重要载体以及社会主义意识形态的前沿思想阵地，学术期刊在文化传承发展方面肩负着特殊使命。新时代的学术期刊是反映时代精神、中国经验和学术主张的思想阵地。学术期刊作为学术研究的窗口、学术交流的平台，同时发挥着引领学术研究、培养学术人才和推动学术事业发展的重要职能。建设中华民族现代文明，实现中华民族的伟大复兴，需要充分发挥学术期刊在学科建设、知识传承、学术引领方面的重要作用，为增强中国特色哲学社会科学的主体性、原创性贡献力量。

　　办好学术期刊的关键在于编辑人员。学术期刊编辑既是文化的传播者，也是文化的继承者。期刊编辑眼界的广度和洞察力决定着期刊的高度，也直接影响着学术文化的传播和继承。办好新时代的社科学术期刊，对编辑人员提出了更高的要求，需要他们坚守科学精神，遵守职业道德，严守学术规矩，坚持做人、做事、做学问相统一。加强学术期刊编辑队伍建设，促进编辑人才的成长，是一个需要持续关注的话题。

　　截至2023年10月，中国社会科学院主管111种持有国内统一刊号（CN）的报刊，其中学术类期刊95种，拥有一支500多人的学术期刊编辑队伍。本书汇集了中国社会科学院52名学术期刊编辑的职业自述和工作心得，既是一部写给年轻期刊编辑的成长指南，也是学术期刊编辑学习交流办刊经验的生动教材，同时还是关于学术期刊如何成为中国社会科学院"金字招牌"的"揭秘"之书。

　　书中有讲述资深编辑如何对新人"传帮带"的，也有讲述新办或"小众"学术期刊如何寻求发展的；有讲述个人如何与期刊共成长的，也有讲述自己是如何走上编辑之路的；有讲述编辑工作的"酸甜苦辣"的，还有讲述自己是如何在繁复而琐碎的工作中体验快乐的。里面记载了编辑们不同的成长经历、不同的生活境遇、不同的人生感悟，然而纵使千般不同，唯有心怀学术编辑的梦想不变。

　　成为中国社会科学院的学术期刊编辑，本书的作者们大多有着不同的机缘或际遇，也有着相似的成长故事或心路历程。这期间当然可能有过放弃与挣扎，有过自我否定与反思，但更多人是被编辑职业的魅力所吸引，被学术编辑的责任所感染，选择了坚守编辑这个平凡而不平庸的工作。"人皆作之。作之不止，乃成君子。"面对哲学社会科学繁荣发展的大好时代，成为一名学术期刊编辑，尤其是想成为一名优秀的学术期刊编辑，不能仅仅依靠盲目热情和短期努力，更要守住初心、耐得寂寞，在平凡的编辑岗位上担当使命、砥砺前行。

一切坚守源于热爱。如果"为他人作嫁衣"的编辑们没有真正热爱自己的工作，不可能为此付出如此巨大的精力，也不可能办出高质量的学术期刊。

《欧亚经济》副主编李丹琳说："做编辑源于热爱，一点点努力靠近，最后忠于自己的坚持。"

《外国文学动态研究》主编苏玲在写作本书之际正好赶上退休，她在回顾自己的职业生涯时说："很骄傲的是，我把编辑当作了我的职业，把一本刊物当作了我的事业。"

《世界社会科学》编辑部主任张静在学术期刊编辑部工作了36年，她在总结自己编辑工作时说："我把一份学术期刊当作了自己的孩子，精心打造，静静守护，一生'痴缠'，无怨无悔！"

这里有新手编辑的成长日记，也有资深编辑的自我修炼之路。

《中国语文》编辑部副主任陈丽已在期刊编辑岗位上工作近26年，经历了从一篇篇五花八门的手写邮寄投稿到如今全程网络投审稿处理系统，从铅字排版到如今方正排版且可PDF电子版校对的便捷，从查阅文献和引文需要去图书馆到如今有大量的数据库可供检索使用……作为一名亲历者，她见证了这些年编辑工作的变化。

《中国社会科学》史学编辑部主任晁天义认为，要成为一名优秀的学术编辑，必须同时在才、学、识、德四长的综合方面下足功夫。并借用学界惯用的"人梯"之喻，将其概括为"人梯尤须兼四长"。

《当代韩国》编辑部主任高明秀说："十余年的职业生涯，它带给我的更多是豁达、宽容、认真的生活态度，令我受益良多。而与作者在编稿中产生的'惺惺相惜'之感，又让我多了一份职业自豪感。"

《经济管理》编辑李先军表示，随着对编辑工作体认的不断深入，敬畏之心也随之产生，"'无知者无畏，知而深深畏'，从对编辑工作的'无知'到'有知'，使我对编辑工作产生了深深的敬畏感"。

《中国社会科学院年鉴》副主编刘玉杰说："每一次太阳升起，都是新的开始。年龄上、经验上我们可以被称为'老编辑'，但每每面对新的文稿、新的书稿，我们都要甘当'小编辑'，对文字要时刻保有敬畏之心。"

这里有审稿流程和方法的探索，也有丰富的案例透视学术期刊审稿、用稿的"奥秘"。

《青年研究》编辑部主任张芝梅说，因为面临按时出刊的压力，编辑对稿件标准的把握更多是相对的和现实的。"有的文章可能选题挺好的，但论证有点薄弱；有的文章可能形式上很规范，但理论创新又有不足。""所以，在编辑看来，没有完美的稿件，只有相对来说比较好的稿件。"

《法学研究》副主编冯珏认为，审稿更像是一门比较的艺术，因为好文章的标准相对抽象，对好文章的判断过程其实就是在做比较，同时也是将抽象的标准具体化的过程。

《考古学报》编辑部主任黄益飞认为，习近平总书记关于政商关系"亲""清"的重要论述，在很大程度上也适合学术期刊与作者的关系。编辑人员只有与业内的专家学者、田野一线的考古工作者和各兄弟单位保持"亲""清"的编研关系和学术联系，才能促进编研关系的良性发展。

这里有老刊的品牌创建历程，也有新刊的创业探索之路。

《历史研究》编辑窦兆锐参与了《历史研究》改版升级和《历史评论》《中国历史研究院集刊》的创办，8年多的编辑工作经验以及新刊创办经历使他对办好新时代史学期刊有更深入的思考，认为"思想是学术的灵魂，历史学尤其如此……只有思想的火花才能点燃智慧的火焰，照亮人类的过去与未来"。

《数量经济技术经济研究》《中国经济学》编辑部主任郑世林说，《中国经济学》作为一本新创集刊，稿源成为当时编辑部面临的最大问题，我们制定出三个策略，即主要采取向周围熟悉的专家学者约稿、接受在线投稿、创办审稿快线三个策略。

《拉丁美洲研究》编辑黄念认为，"学术期刊编辑是高精密、高难度的工作，因此，编辑部成员不能像'个体户'那样'单打独斗'，必须相互配合，精诚合作，以团队力量'艰苦奋战'，'消灭'所有问题，方能保证期刊编校质量。"

尤其值得一提的是，本书中一些编辑人员对学术期刊编辑职业的认知，已经超出了"作嫁衣""为人梯"这些虽然高尚但略显无奈的概念，而是从更大视野、更高境界来认识和看待期刊编辑这一职业，实现了职业精神和思想境界的升华。

《哲学动态》编辑冯书生放弃了"做官"，选择了"做回学术小编"。他说："做编辑的最高境界在做人，做一个视野开阔的人，一个心胸宽广的人，一个有情怀和担当的人。""学以成人具体到编辑人员，也许可以说是'编以成人'。成就他人就是在成就自己，成就作者就是在成就编辑。"

《民族文学研究》编辑部主任刘大先说："当我们把职业上升为志业，将情怀灌注于工作，在付出的同时也有收获，在'渡人'的同时也是'自渡'——自我的磨炼和修为，为文为人的意义也就体现在具体而细微的编辑日常之中了。"

总之，在这本书中，期刊编辑们分享了各自好的经验和心得，畅谈了学术编辑的理想和情怀，也诉说了工作中遇到的困惑和难题，表达了对今后当好期刊编辑的愿景和期待。学术期刊未来的发展之路"道阻且长"，编辑工作任重道远，但未来可期。

期刊编辑人员的成长，也需要得到各级管理部门的关心和支持。在这里，呼吁各级管理部门能够耐心倾听学术期刊编辑的心声，能够为这群"单纯可爱"的人营造更好的工作环境、发展环境，使他们有地位、有尊严、有盼头，能够心无旁骛投入哲学社会科学学术期刊事业，为加快构建中国特色哲学社会科学、建构中国自主知识体系做出更大贡献。

本书编写组

2023 年 9 月

目　录

纸边墨余的一点感想

张晓敏，助理研究员，博士，毕业于中国人民大学。2006年进入中国社会科学院马克思主义研究院工作，现为《马克思主义研究》编辑。

张晓敏
《马克思主义研究》编辑部

　　我初次踏入《马克思主义研究》编辑部的情形还恍如昨日，转眼间十几年已经过去，而自己已经成为别人口中的"老编辑"。回想十几年的编辑生涯，有得有失，有苦有乐，真可谓如鱼饮水，冷暖自知。编辑文章，大都是于方寸大小的纸上写写画画；修改字句，常常是在文章的字里行间推敲琢磨。因此姑且将自己对编辑工作的些许感受称为纸边墨余的一点感想吧。

2005年底，中国社会科学院马克思主义研究院成立之际，《马克思主义研究》进行改版，由双月刊改为月刊，页码由96页增至128页，同时《马克思主义文摘》创刊，编辑部承担起了《文摘》的选稿、编辑和出版任务。我就是在编辑部工作量剧增、人手严重不足的情况下，带着对编辑工作的好奇，懵懵懂懂地踏入了编辑部的大门。那时我还不知道编辑部被归为科研辅助部门，对于编辑工作在科研工作中发挥着怎样的作用也无深刻认识，只因得以一探文章编辑出版的流程、想到经自己之手修改校对的文章将被排版印刷并发行、感受到编辑部重整旗鼓准备大干一场的激情活力而心怀期待和兴奋，就一头扎进了这个虽初识却备感亲切、既忙碌又井然有序的集体。

在编辑部老师的耐心指导下，我很快熟悉了"三审三校""排版""校对""核红""审片"等期刊编辑出版的整个流程。在整理打印刊物赠阅名单、寄送刊物的过程中，我对于各高校和科研院所中与马克思主义理论研究相关的单位和机构有了基本了解，对于各相关学科的研究力量也有了初步把握。听着编辑部老师对栏目设置和文章搭配的讨论、看着他们对理论热点的分析和选题计划的拟订，我开始关注相关学科的学术前沿和研究动态，开始懂得从文章选题、研究方法、政治倾向、创新之处、现实意义、文字水平等方面对来稿进行判断和取舍。从前辈老师编辑、校对文章的过程中，我开始明白一篇文章的编辑加工要从文章的框架结构、逻辑思路、资料引用、文字表述和格式体例等方面进行反复推敲和打磨，以消除文章中的各种错误和不实之处，提升文章质量。加上天生对语言文字和版式格式的敏感，我很快融入了编辑部的工作。我如饥似渴地吸收着专业理论和编辑实务等各方面的知识和经验，为自己的劳动和付出转化成了实实在在的成果而雀跃不已，却对自己将要面临的考验和磨炼一无所知。

在那些对编辑工作不甚了解的人看来，编辑工作似乎很清闲，不过是每个月看几篇稿子。却不知，编辑的很多工作是隐形的，有诸多看不见的工作占用了我们大量的时间和精力。相对于科研工作的专而精，编辑工作更多的是广而杂。这广和杂不仅体现在对学科内各研究领域以及其他相关学科都要有所涉猎上，还体现在编校文章之外的诸多事务性工作中。在中国社会科学院学术期刊实行"五统一"（即"统一管理、统一经费、统一印制、统一发行、统一入库"）之前，编辑部的工作繁杂而琐碎。我们在审读、编辑和校对稿件之外，还要与作者、读者、审稿专家沟通和交流，要与排版单位、印厂和邮局进行协调，要设计封面样式、选择印刷纸张、确定版面格式和字体字号，要设计用稿通知、退稿通知、大小信封和稿纸，要全员上阵将一本本样刊和赠刊装入信封送到邮局，甚至要想方设法筹措办刊经费。

在此，仅举文献核对一例，即可管中窥豹，稍见编辑工作繁杂之一二。马克思主义学科的文章自然少不了对马克思主义经典著作的引用。作为一本严肃的学术刊物，文中引用的文字一定要逐字核对，标点符号、出版信息都不能有差错，这是最基本的要求。这件事情貌似简单，却极为磨炼心性。从事编辑十几年，所编文章中没有文献差错的，寥寥无几。曾经在一篇文章中看到一位老编辑的深刻体会："尊重你的作者是必要的，但不要盲目地相信他们，所有的引文，在条件允许的情况下，都要核对原著，因为，再有名的人，文字也可能出错的。"初入编辑部时对此认识不够，多次被前辈老师的"火眼金睛"发现引文方面的问题，看着稿子上红红的字迹，我在羞愧之余也开始左手按书右手按稿，眼随手动，一字一字核对起来。

那时的数字资源没有现在丰富，核对注释常常要一本一本去翻看各种选集、全集、年谱以及文件汇编。有些引文的出处存在差错，作者标注的页码甚至卷数都不准确，需要反复与作者联系核实。有些引文还要进行新旧版本的转换，有的作者没有新版本的经典著作，遇到这样的情况只好自己去查询，一页一页翻找纸本，一条一条在网上搜索。普通搜索引擎搜不到，就去数字期刊网站在已发表的文章里找到相关的语句，再查到相应的出处，然后再去翻纸本进行核实。有些文章有几十上百条引文，一条一条核对下来，直找得头晕眼花、腰酸背痛，往往一篇文章的引文核对完，一天的时间就过去了。至今我还记得翻过一页页发黄变脆的纸张时略显粗糙的手感、沙沙的声音以及旧书特有的悠远味道；也记得埋头伏案将一篇文章几十处引文由旧版替换为新版后，作者由衷感谢时自己心中的那份欢喜与安然。时光在这样的翻找中悄然而逝，心境也在这样的翻找中愈加踏实和沉静。现在随着数字资源的丰富、各种数据库的建立，资料的搜索和使用变得更为便捷，核实查验也相对容易了。然而各种错误的二手资料、以讹传讹和疏漏在互联网络和电子文献中也更为常见，更需要在编辑校对过程中去仔细辨别、多方求证。

有的前辈老师提到自己多年从事编辑工作的感受时，总会用"如履薄冰，如临深渊"来形容。的确，我们的工作既要关注文章的选题立意、谋篇布局，也要关注文章的遣词造句、表情达意，还要保证文章的格式规范、资料准确。我们的工作都藏在了文章之中，我们消灭了100个错误，也许并没有人看见，但是如果有一处遗漏和疏忽，就会引来众多的指责和批评，更会让我们自己如芒在背、寝食难安。而诸多辛苦之后，文章终于得以付印，却是别人的成果，文末编辑者名字的存在，也更多的是要承担编辑的责任。这也是编辑"为他人作嫁衣裳"一说的原因所在。

中国社会科学院90多种学术期刊在中国几大学术期刊评价体系中都居于重要位置，被称为中国社会科学院的"学术名片"和"金字招牌"。然而，在这样一个以学术研究为重的单位，各期刊编辑部的地位却有些尴尬，编辑部的编辑人员被划为科研辅助人员，在人才培养方面不受重视，在职称评定方面处于劣势，在工作考核中往往不被认可。刚刚进入编辑部时，就有老师跟我强调过编研结合、编研相长的重要性。然而，编辑工作和科研工作相互助益的同时，两者的工作性质和要求又天然存在着矛盾和冲突之处。审稿、编稿以及诸多事务性工作往往要耗费大量的时间和心血，用于科研的时间相对就少了很多；科研工作要对问题进行专精和深入的研究，编辑工作则须以广博的知识和丰富的经验才能应对，从而很难对某一研究方向保持持续关注并进行集中深入的研究。种种原因往往使编辑"眼高手低"，可以为别人的文章消除错误、增色生辉，却越来越难以写出让自己满意的文章。如何平衡好编辑和科研的关系，分配好做编辑和搞研究的时间，实在是摆在众多编辑面前的一道难题。

这些问题是在我从事编辑之初不曾想到的，也是十几年来我在每天的工作、学习和生活中都要面对的。然而时至今日，即使有过纠结，有过疑问，对于这条编辑之路，我却仍然是乐在其中，自觉收获大于付出。收获主要在以下几方面。

　　作为编辑，有很多近距离接触马克思主义理论研究方面的名家、大家的机会。学生时代，我只能通过阅读诸位老师的文章和书籍向他们学习。如今他们是刊物的作者、编委或者审稿专家，我有机会与他们就文章的修改进行直接沟通，听他们讲述文章的写作思路，也有机会聆听他们之间的交谈。有时貌似只是闲谈，但其间往往藏着多年治学得来的真知灼见。编辑他们的文章，是难得的学习机会；亲身感受他们的为人处世，更是一种熏陶。他们深厚的理论功底、严谨的治学态度和闪耀的智慧光芒，真让人高山仰止，心向往之。大量阅读审稿专家的审稿意见，也是编辑特有的学习机会。我们的审稿专家大多为马克思主义理论学科的知名专家，其审稿意见有的洋洋洒洒上千字，论及选题的研究现状、文章的研究方法、创新之处、存在问题和修改方案等诸多方面，条分缕析，意见中肯；有的虽只有寥寥数语，却字字珠玑，一针见血，读后常常佩服得连连点头，击节叹赏。如此耳濡目染，我们不仅可以学习文章之道、治学之道，更能体会为人之道。

　　编辑工作有助于使我们具备开阔的学术视野和敏锐的学术判断力。前面提到的引文核对、修改字词、优化表述、规范格式等，只是编辑的基本功。学术期刊是开展学术研究交流的重要平台，是传播思想文化的重要阵地，是促进理论创新和科技进步的重要力量。中国社会科学院是我国哲学社会科学研究的重镇，其中的学术期刊必然担负着介绍学术研究最新成果、引领学术研究发展方向的重任。高翔[①]院长2015年前后曾在一次全院学术期刊主编培训班上提出，我们的期刊编辑需加强对学术思想、学术思潮和学术趋势的准确把握，能够正确回答学术从何处来、到何处去的问题，始终站在历史的制高点和时代的制高点上，对学术史有完整准确的把握，了解当前学术发展的基本态势和时代对学科发展的基本要求。作为学术期刊编辑，每年几百篇的审稿量、参加各种学术会议、不断进行理论学习，打开了我们的学术视野，提高了我们的学术判断力，丰富了我们的理论和知识积累，使我们能够把握

---

① 时任中国社会科学院秘书长、党组成员。——编者注

学科前沿动态，关注当前理论热点，在策划选题、组织文章时坚持正确的政治方向和学术导向，在审读稿件时慧眼识珠、沙里淘金，发现具有学术价值和现实意义的好文章。这些能力对于我们自己进行科研工作、撰写论文也有很大助益。

编辑工作可以帮助我们提高沟通能力，加强团队协作意识。作为编辑，除了与文章、文字打交道，还要与人打交道。首先，我们要与作者沟通。编辑向作者转达审稿意见时，既要向作者讲清楚文章中存在的问题、文章修改的具体要求，又要注意言辞尺度，使作者易于接受、乐于配合。有时一篇文章历经几轮审读、几番波折却无缘刊发，编辑更要做好对作者的解释和安抚工作，尤其是对于年轻作者，需多多鼓励、加油打气，为他们的成长出一份心力。一篇文章从初审到付印，要与作者进行几次、十几次甚至几十次的反复沟通。文章在这样的沟通中得以润色完善，作者在这样的沟通中得到成长提高。其次，我们要与审稿专家沟通。现在刊物实行双向匿名审稿制，刊发的每篇稿件都要通过三审。对于同一篇稿件，不同的审稿专家可能会给出不同的甚至完全相左的意见，我们在尊重专家意见的同时，还要结合具体情况，站在相对客观的学术立场上与专家沟通，提出合理的意见和处理办法。再次，我们要与读者沟通。我们刊物的读者大多是全国各高校和科研院所的相关研究者，也有其他行业的马克思主义理论爱好者。读者来电、来信反映问题，我们总是认真回应；对于刊物中的错误，我们及时改正；对于读者提出的疑问，我们用专业知识进行解答，由此在作者和读者之间架起一座学术交流的桥梁。最后，我们编辑部内部也要进行沟通。编辑工作不是单打独斗，每一期刊物的出刊都是编辑部成员相互配合、通力合作的结果。日常工作中，围绕文章审读、编校中遇到的各种问题，我们经常各抒己见，讨论得热火朝天。我们轮流担任值班编辑，制定刊物的流程进度表，统筹各位编辑的编校进度，安排每篇稿件的轮校和集体审校人员。只有各位编辑团结合作，把好编辑、校对的每一道关口，才能保证每一期高质量刊物及时付印。这样的长期合作，培养了编辑的团队协作意识，大家相互关照、各骋所长。

此外，编辑还要有精益求精的工匠精神，要有引领学术方向、繁荣发展学术的高度责任感，要有坚持正确政治方向、坚持政治原则、严格按照规章制度办事的组织纪律性，等等。我们在编辑岗位上默默奉献，也在奉献中不断成长。

2016 年 5 月 17 日，习近平总书记主持召开哲学社会科学工作座谈会并发表重要讲话。2021 年 5 月 9 日，习近平总书记给《文史哲》编辑部全体编辑人员回信。同年 5 月 18 日，中宣部、教育部、科技部联合印发《关于推动学术期刊繁荣发展的意见》。党和国家对哲学社会科学和学术期刊的发展提出更高要求的同时，也对哲学社会科学和学术期刊的发展给予了高度重视，加强了指导和扶持。当前，中国已经进入全面建设社会主义现代化国家、向第二个百年奋斗目标进军的新发展阶段。躬逢盛世，责任在肩。面对学术期刊发展繁荣的大好时期，我们更要守住初心、耐住寂寞、承担使命、砥砺前行，在平凡的编辑岗位上实现人生价值，为我国学术期刊的繁荣发展贡献一份力量。

有幸拥入怀中的伟大事业

单超，助理研究员，博士，毕业于中国社会科学院研究生院。2012年进入中国社会科学院信息情报研究院工作，当年10月转入中国社会科学院世界社会主义研究中心（2019年10月改由马克思主义研究院代管），现为中心研究部主任、《世界社会主义研究》编辑。

单　超
《世界社会主义研究》编辑部

2016年10月，《世界社会主义研究》正式创刊，我有幸成为这个刊物的首批编辑人员之一。在此之前，我已经在《世界社会主义研究动态》《世界社会主义研究》（内部资料）编辑部担任了近4年编辑。可以说，到中国社会科学院工作11年来，我基本没有离开过编辑一线。我深深感到，自己所从事的是"有幸拥入怀中的伟大事业"。

一　与《世界社会主义研究》结缘

我是通过人才招聘网站来到中国社会科学院工作的。一直记得 2012 年 3 月 28 日，那是我到信息情报研究院报到的日子。一开始我被安排在综合处（总编室），从事一些协调和管理工作。

刚工作时，条件十分艰苦。为了省下 12 元午餐费，我和一起入院的小伙伴吃了一年多院部餐厅的包子，偶尔改善一下伙食，加个馅饼，再来两碗免费的汤。除了房租比较贵的和太远的城区，我几乎住遍了北京所有的城区。三年里搬过六次家，被黑中介坑过两次。每天早早来上班，即使最短的通勤距离，往返也要三个多小时。虽然一天的早晚两头很少有看见太阳的时候，但我常在心里想，起码要对得起每天升起的太阳啊！这也是我写到应聘简历中的来自父亲对我的一再叮嘱。怀着一腔热血跨出校门，我认识到，自己所从事的不仅仅是一项工作，更是一项事业。为能成为一颗合格的"螺丝钉"，我倍感光荣！

2012 年 10 月初，根据单位安排，我从信息情报研究院综合处（总编室）调到世界社会主义研究中心（以下简称中心）工作（当时中心由信息情报研究院代管）。其时，离《世界社会主义研究》正式创刊还有整 4 年。

第一天到中心，我清楚记得，一推开中心办公室的门，顿感阵阵热浪袭来，一派热火朝天的忙碌场面！当时的主要工作是筹备"居安思危·世界社会主义小丛书"（第一辑）出版新闻发布会和 11 月底举办的"第三届世界社会主义论坛"。时任《世界社会主义研究动态》编辑部主任曹苏红老师说了句，"小单来了！你现在负责'小丛书'发布会的会务和'世界社会主义论坛'30 位外宾的联系，时间紧。"这就是我第一天来中心的场景，至今历历在目。

那时中心长期人手太少，但摊子铺得大，我几乎参与了所有工作，如编辑工作（刊物编辑、图书编辑），编务工作，财务工作，联络工作等。虽然我个人的职称是研究系列，但是从那时候起，路就开始走"岔"了——一直没能从事真正的研究工作。

犹记曾经参与筹办一届"世界社会主义论坛"的一些场景。那段时间，科研大楼正在装修，我要在院部和梓峰大厦之间两头跑。我在办公室熬了两个通宵加两个白天，把涉及论坛的会场布置、外宾接机宴请、中英文会议文集、中英文会议手册、国内专家学者住宿、媒体记者联络弄妥帖后，急急忙忙跑到院部拿着给外宾的小礼物和桌签，顺便到院印厂送了两篇待印的稿子。之后，又顺便在男厕所冲洗了下头发。然后跑到北京站附近某饭店，刚摆好桌签，外宾就按照之前约定的时间到了。外宾坐定后，我的头发还滴着水……

这些年，夜深人静时，偶尔也会和那时的自己对对话，虽然有点心疼自己，但是也觉得自己还行，是真正把世界社会主义研究中心当家呀！

期刊编辑、会议筹备这些琐碎的工作日常，在别人眼里可能是不屑，却是自己"激情燃烧的岁月"！当时，忙完着急的事务性工作，中午、下班时间或者周六日，能安心编辑一篇稿子，感觉是一件幸福的事，所以格外认真。我接手后，《世界社会主义研究》(内部资料)由每期的 5 万字增加到 10 万字，《世界社会主义研究动态》由每年的五六十期，增加到了 120 期以上。这些年，自己未必做出了多大的成绩，但每一项工作都是实实在在用心用力来干的。

"世界社会主义研究中心应该有一本自己的正式刊物，而且这本刊物应该叫《世界社会主义研究》。"这句话代表了当时中心全体同志长久的心声。来中心没多久，我就知道了中心对于创办《世界社会主义研究》正式刊物的执着。根据可查的档案资料，在《世界社会主义研究》2016 年创刊前，至少从2006 年开始，中心就已经在积极地筹备创办公开发行期刊的相关工作。

现在回忆起来，我当时所承担的所有工作，从广义上来说，都是围绕打造理论平台和思想阵地展开的，最终也为《世界社会主义研究》的创刊作了一些准备，算是创办正式刊物前的练兵和积淀。

二 我眼中的《世界社会主义研究》

《世界社会主义研究》由中国社会科学院主管，现为中国社会科学院马克思主义研究院和社会科学文献出版社主办，具体由世界社会主义研究中心承办。该刊于 2016 年 10 月 1 日创刊，封面至今仍沿用创刊时的红色，这也是中心的本色。

中心的历史可以追溯到 1994 年，《世界社会主义研究》实际上也是从中心这一起点逐渐发展而来，两者承载着相同的使命。这一阵地是中心的一批批同志本着"咬定青山不放松""事在人为"的精神干出来的，是老中青三代共同努力的结果，更离不开有关领导和部门的关心和大力支持。比如，2020 年 11 月 17 日，由中国社会科学院主办的"第十一届世界社会主义论坛"在中国历史研究院举行，承办单位为世界社会主义研究中心等。中心顾问、中共中央组织部原部长张全景同志（已于 2022 年 11 月 8 日去世）一如既往地到会支持，并作题为《以百年未变之初心应对百年未有之变局》的大会发言。这次老人家是坐着轮椅来的，我们心里都很不是滋味，对于他的到会，内心既感激又自责。老人家的家人已经不让他参加大多数活动了，但他对我说："对世界社会主义研究中心的工作还是要支持的，这个事业重要。"发言时，他语速明显慢了，超了些时间，结束后他一个劲儿自责，"耽误大家时间了""眼睛看不清了""以后可能就来不了了"。我当时就流泪了。每念及此，老人家亲切的山东口音言犹在耳。

这是一项有着坚定立场和目标的旗帜鲜明的事业，才会吸引和团结那么多来自五湖四海的同志！从大历史观的视野，中国社会科学院世界社会主义研究中心和《世界社会主义研究》从事着人类历史发展进程中最重大、最宏阔主题的跟踪研究和宣传阐释。

哲学社会科学事业的各项工作，到最后都有一个立场的问题，即"我们是谁，为了谁，依靠谁"。正如高翔院长在《党建》杂志 2023 年第 5 期发表的《按照习近平总书记和党中央要求办好中国社会科学院》一文指出的，要"积极引导研究人员关注'国之大者'，超越'置四海之困穷不言，而终日讲危微精一之说'的独白式研究，更加自觉地围绕具有引领时代变革、社会发展和文明进步意义的重大问题开展深入研究"[①]。

[①] 高翔：《按照习近平总书记和党中央要求办好中国社会科学院》，《党建》2023 年第 5 期。

我们的立场，一如刊物的名字——《世界社会主义研究》，从来不是虚无缥缈的，更不是空洞无物的，而是要实实在在服务所有具体工作之根本。我们当下的每一步，都应是向着这一无比瑰丽、无上光明目标的迈进。

三　我们共同的事业

《光明日报》2011年12月2日第1版分别以《高擎真理的火把——记中国社科院世界社会主义研究中心》和《向坚守理想信仰的学者致敬》为题，报道了世界社会主义研究中心。采访中，中心常务理事、中国社会科学院荣誉学部委员徐崇温同志说："领受任务后，大家非常兴奋，觉得苏联解体后，中国成为世界上最大的社会主义国家，理应承担起世界社会主义研究的庄严任务，在前人的基础上，通过自己的客观探索，对社会主义的未来给出更明确的理论答案。"世界社会主义研究中心、《世界社会主义研究》这一阵地的总目标就是"服务于中国特色社会主义建设"[①]。

——抓紧时间成长，更好地服务于中国特色社会主义伟大事业。刊物的时效性，是刊物影响力的重要体现，也是新形势下更好发挥刊物作用的重要方面。《世界社会主义研究》创刊不到一年，即克服人手少、任务重等各种困难，由双月刊变更为月刊，就是出于这一考虑——抓紧时间成长，以更好地服务于中国特色社会主义伟大事业。

——我们有自己的立场，且一以贯之。扎根中国社会科学院哲学社会科学事业的沃土，成长于世界社会主义研究中心枝头的《世界社会主义研究》，秉持了一贯的立场，鲜明而高昂，坚定而执着。这一立场、这一特性，就是我们的"初心使命"。刊物团结的是为了这一事业奋斗的同志，斗争是不可避免的，要提高的是敢于斗争、敢于胜利的本领。

——关注国内外重大理论和现实问题。世界社会主义的研究是兼具理论和实践的宏大主题。首先，要扎根于中国特色社会主义伟大事业这一当今世

---

① 肖国忠:《高擎真理的火把——记中国社科院世界社会主义研究中心》,《光明日报》2011年12月2日,第1版。

界上社会主义的最伟大的实践。其次，要具有世界眼光和世界胸怀，把新时代中国特色社会主义放到"世界范围"，放到21世纪当中去思考。加强对世界范围内资本主义新变化、帝国主义本质和新趋势及我应对的研判，加强对世界范围内左翼和共产党新动态新发展的跟踪研究。再次，要关注无比宽广的世界社会主义研究，放到支撑整个世界运转的经济、政治、文化、社会等方方面面去思考、认识和推动。

——研究的专业性与宏阔性的统一。对于办刊工作来说，专业性和宏阔性是相辅相成的，但有时又会有所冲突。改革开放后，哲学社会科学研究领域一度有从关注宏大叙事，向分散化、分裂化甚至碎片化演变的趋势。但哲学社会科学事业的宏阔性、整体性、系统性特性，在任何时候都不应被忽视。世界社会主义的研究一定要有对"世界向何处去、人类向何处去"这一宏大主题的关注和思考。当下，这更是一种现实所需的本领要求。

一定要办好世界社会主义研究中心，一定要办好《世界社会主义研究》杂志，这是我们共同的事业、共同的心愿！

四　做一颗高品质的、合格的螺丝钉

从事编辑工作11年来，已经记不清经我手处理过多少稿件了。对于如何成为一名合格的期刊编辑，如何成为一名合格的办刊人，我也有着自己的看法和体会。简单地说，就是要做一颗高品质的、合格的螺丝钉。

首先，一定要细心、认真。办刊工作是需要细心甚至极致细心的工作，任何可能存在的疑点都要排除。因为文章一旦发出，就有读者成千上万双眼睛的来回扫描。要"万无一失"，否则很可能就会"一失万无"。

其次，要有爱心和耐心。一篇好稿子从思想火花的点亮到定稿，需要一个过程，在这当中办刊人的爱心和耐心必不可少。这两颗心是对思想火花应有的态度，是孕育成果应有的心境和状态。特别是对一些青年学者的投稿，应做到文章"莫欺少年穷"，选文章时，不仅要考虑其规范性，更要看其思想性。

再次，办刊人不应只是"裁缝"，而要努力成为"大专家"，要成为"活动家"，更要成为"政治家"。当前，期刊之间的竞争日趋激烈，现实环境对新刊的成长更是不易。外出参会时，曾经见识过无数次院外期刊"抢稿子""抢专家"的场面，等好稿子上门越来越难了。期刊是中国社会科学院的"金字招牌"，如何将这一优势保持下去，并不断提升，持续起到引领作用、标杆作用，需要我们办刊人认真思考、共同努力。办刊人"大专家""活动家"的角色越来越重要了。

习近平总书记深刻指出："为什么人的问题是哲学社会科学研究的根本性、原则性问题。我国哲学社会科学为谁著书、为谁立说，是为少数人服务还是为绝大多数人服务，是必须搞清楚的问题。"① 贯穿办刊全流程的主线一定要是"为人民做学问、为人民做好学问"。办刊人要站稳立场，也一定要是"政治家"。

我们所有人都是在实现社会价值的同时实现自我价值，人人为我，我为人人。从这个意义上说，所有人都是"为人梯者""作嫁衣者"——为他人"作梯"、为社会"作嫁衣"。浩瀚宇宙，我们无比渺小，但是人之所以为人，是有其更大的意义之所在。

偶尔静静地看一下长安街，在一年四季不同妆容的银杏树和不知名的大树下仰望，自豪感油然而生，成长与收获让人怦然心动，为自己所从事的期刊编辑工作——一项有幸拥入怀中的伟大事业！

---

① 习近平：《在哲学社会科学工作座谈会上的讲话》，北京：人民出版社，2016，第12页。

苦乐行思：我的编辑工作点滴体会

易海涛，博士，毕业于复旦大学。2019年进入中国社会科学院当代中国研究所工作，现为《当代中国史研究》编辑。

易海涛
《当代中国史研究》编辑部

子曰："古之学者为己，今之学者为人。"从某种层面来说，这句话放在今天可能更加适用，至少，就科学研究而言，其目的便在于"为人"。在这个过程中，编辑承担着直接作用，干着把研究成果展示给众人的工作。在《"作嫁衣者"说——中国社科院学术期刊编辑心声》一书中，各位前辈同人已经对此有较多展示，对一篇篇学术论文是如何从后厨走到餐桌上有非常深刻的刻画。前辈们的肺腑之谈让初涉编辑行业的我既接受了一次系统学习，同时也感触良多，一些地方甚至让我不禁拍案叫绝，连连击节。借此机会，我也对自己数年来的编辑工作做一梳理，既是个人工作总结，也算是对《"作嫁衣者"说——中国社科院学术期刊编辑心声》的一个附议，达到与学界的进一步互动。

从旁观者到参与者

我是 2019 年 6 月从复旦大学中国史专业博士毕业，7 月来到位于北京西城区旃勇里 8 号的中国社会科学院当代中国研究所报到，从此正式成为《当代中国史研究》的一名编辑，开始了自己的新中国史编辑工作。在这之前，我一直对这本国史学界唯一的专门学术期刊持续高度关注，主要因为我是新中国史研究方向的博士研究生，刊物反映了学界最新动态，是该领域的一面旗帜，自然而然是我的关注范畴，甚至达到期期必读必看的程度。

作为一名新中国史研究的博士生，我对这本刊物的初印象可以用敬畏二字来形容，一开始并未想过会与其有直接交集。直到一天，我鼓足勇气，将自认为写得还不错的论文投给刊物后，我与刊物的距离便开始变得近了起来。还记得当时是 2017 年夏天，稿子投过去之后也没有多想，只是抱着试一试的态度，对能否录用并没有信心。几个月过去了，一天我突然接到北京打来的电话，对方称是《当代中国史研究》的编辑，告知我稿件已经通过三审，并提出了一系列修改意见，让我尽快将修改稿返回，以便及时刊发。

当稿件进入编校流程后，我对该刊及其编辑才算有了进一步认识。此前，我本人包括我身边的同学大多认为编辑掌握文章的"生杀大权"，属于学术生态链的顶端，但当我自己的稿件进入编校流程后才发现，编辑其实并不轻松。首先，最终能刊发的稿件往往都需经过多轮退改，在此过程中，编辑基本代替作者成了第一责任人，其工作之巨、之细往往令作者本人也自叹弗如。其次，作为新中国史专刊，刊物非常强调政治性和学术性的高度统一，编辑部会对来稿引文逐一核对，这可以说是一项非常"恐怖"的工作。至今犹记得，当时负责我稿件的编辑（也就是后来的同事）在编辑加工稿件期间经常跟我联系的场景，让我及时核对引文、表述，并提供相关资料。最后，也是让我感受最深的是，该刊的编辑真不容易，对我所刊发的稿件无异于有再造之恩。

这次发表的经历让我感触颇深，甚至让我有这种感觉——做编辑可以，但不能做这本刊物的编辑，因为实在太累了！但没想到的是，因缘际会我还是来到了这个编辑部，成为一名国史编辑。

"编"海无涯苦作舟

从读者到作者，再到编辑，是身份的更迭转换，其体验和感受也有一个渐变的过程。很多前辈同人都讲过自己投身编辑的经历，但绝少有人一开始就想着从事编辑工作，因为在现行学术评判标准之下，编辑往往处于隐没状态。可以说，编辑工作虽然重要但又无太多研究人员愿意从事。这也是我最初从事编辑工作的心态。

孔子说："知之者不如好之者，好之者不如乐之者。"这说明兴趣爱好对支撑工作的重要性。回想起来，当初选择从事编辑工作还是有过短暂犹豫的。为什么说短暂，因为这种犹豫也就几个小时，在这几个小时里，我咨询过我的博士生导师。他告诉我，在近现代史领域，有许多编辑就是学问大家，并告诫我应该珍惜这份工作，努力提升自己。尽管如此，当我真正成为刊物的编辑后，很长一段时间里内心仍是惴惴不安。这既有前述发表经历引起的"后遗症"，也受到其间阅读《近代史研究》笔谈文章《专家匿名审稿制度下的学术期刊建设》的影响。这篇文章里面便有曾经从事过编辑工作的学者谈道：以前曾有过编辑"学者化"和编辑"专家化"的说法，鼓励编辑加强学术素养，向学者、专家靠拢，事实证明，这种努力见效甚微。

来到编辑部，正好赶上新中国成立70周年，刊物需要出一期国庆纪念专刊。于是，当我还是两眼一抹黑的时候就开始接受老编辑们的"传帮带"，上手编辑稿件。除了此前仅有的一次发表经历外，我对这份国史刊物的编校知识的掌握基本为零，因此，工作难免漏洞百出，只得通过后面的编辑不断填补漏洞。经过这次专刊的编辑，我基本熟悉了稿件的编校流程，也再次体会到了编辑尤其是国史刊物编辑之不易。

总体而言，各个刊物的编校流程大同小异，不外乎收稿、审稿、编辑、校对、排版等流程，编辑们所做的工作也都是围绕着作者的投稿展开。但各刊又有自己的特点，是各自学科体系中的一环。虽然国史学科十分重要，但自身的学科体系又不是十分成熟，其研究时限和领域随着新中国的发展进步而不断拓展，这就造成稿件研究方向来自不同学科。学科多元的稿件与刊物的用稿要求往往并不十分吻合的状况，必然要求编辑做更多审稿、编校工作，以保证刊发的稿件符合国史范畴。

如前所述，为保证学术质量，编辑部明确要求对刊发稿件一律核对引文，这也意味着编辑在加工稿件时需要一字一句地过，这是一份十分枯燥但又非常必要的工作。一开始，我还非常抵触这项工作，认为科学研究都允许有误差，编辑又何必如此较劲。事实证明，国史研究论文核对引文非常必要。正是在一次次核对引文的过程中，让我更加明白学术研究的严谨和重要，体会到编辑在学术圈层中的重要性。除核对引文外，审稿、校对、与作者沟通联系等，循环往复的工作也会挤压编辑的个人时间，以致编辑没有时间从事研究工作。眼看身边的同学成果丰硕，我也不由得发出与编辑前辈们同样的感慨，编辑是无名工作，不像学者是在自己的土地上耕耘。

研究强调创新，强调不断开拓新的领域，但编辑的工作形式却是不断循环的，送走一批稿件还会再来一批，出刊的日期也是固定的，容不得编辑们驻足喘息。古人云：学海无涯苦作舟。就编辑工作而言更是如此。在汪洋的学术大海中，编辑同样面临着"苦作舟"。从这个角度来看，编辑与作者便构成了学术文章的一体两面，共同体会着编辑、研究的酸甜苦辣。

独乐乐不如众乐乐

孟子曾说："独乐乐不如众乐乐。"学术刊物其实就承载着"众乐乐"的功能，将作者的发明创造传递给众人。庄子又说："子非鱼，安知鱼之乐？"

可见，做编辑虽然辛苦，但也同样让人收获快乐。应该说，作为学术期刊编辑，我们与广大学者一样，是学术研究链条上重要的一环。

记得很多人都非常推崇韦伯的那篇重要演讲——《以学术为业》。在《"作嫁衣者"说——中国社科院学术期刊编辑心声》一书中，很多编辑前辈也抱有以编辑为业的志向。我来到《当代中国史研究》编辑部不过数年，尚不敢称以编辑为业，但从踏入编辑部起，我就笃定了一个重要的信念，那就是编辑是一份事业，需要用爱岗敬业的精神，努力完成工作、尽力把刊物办好、服务好国史学界同人。为此，编辑部广大同人心往一处想、劲往一处使，努力团结广大学界同人，尽量听取学界声音，努力提升办刊质量，为促进国史学科繁荣发展贡献编辑力量。在此过程中，刊发的每一篇文章，刊物所取得的每一份荣誉，无疑都是对每个编辑最好的回馈。

团结广大学界同人，这是每一个刊物编辑部都在做的工作，但又非易事。其实，编辑工作有时候是费力但未必讨好的事，尤其是在版面有限的情况下，总会因为各种各样的原因拒稿，这难免会引来一些作者的非议，这时候编辑可能就会成为"出气筒"。但作为科学研究的组成部分，各刊都有一套严格的审稿流程，中国社会科学院的刊物更是如此，稿件的录用是一系列流程综合作用的结果，编辑个体自然很难对一篇稿子掌握"生杀予夺"的大权。因此，我们编辑部便会利用各个机会宣传我们的用稿要求，解释一些稿件不能录用的原因。与此同时，我们也会借助开会、讲座等形式，进一步听取广大作者的意见，以达到"双向奔赴"的效果。例如，有的作者反映我们网站更新慢，我们就及时做了改进；有的作者反映我们与学界互动不多、不了解我们平常的工作流程，于是我们就进一步加强了对各高校、研究机构的走访，加强彼此联系。在每次与广大作者朋友沟通的过程中，我都会反复强调一句，我们是朋友，不是敌人，我们是学术生产线上的一环，共同维护和推动了国史学科的发展。

提升办刊质量和效果，更需要编辑部主动出击，不断作为。学习，是刊物和编辑需要保持的一个态度。国史研究的领域十分广泛，从政治、经济、军事到生态环境等几乎无所不包，这就要求编辑既要有一定的理论素养又要不断更新知识。对刊物来说，也要不断加强与各兄弟刊物的交流和学习。例如，史学类刊物的文献注释格式一般是采用页下注，但我们刊物一直使用的是社会科学的页下注加尾注的形式，虽然修订注释格式的工作是编辑部在做，但很多作者并不知道，甚至因为畏惧这种注释格式而不敢给刊物投稿。对此，编辑部反复研究学习其他刊物的风格，最终修订了注释格式，并连续多期刊发注释体例，取得了较好反响。又如，在新媒体技术飞速发展的情况下，各刊均开设了公众号，因此，我们也及时开设刊物公众号，及时分享了刊物的进展。

除注意丰富办刊形式外，刊物也强调不断做好学术引领，通过主动设置议题，引发学界加强对一些重要议题的讨论。例如，结合对党的第三个历史决议的学习，刊物开设了相关专栏，引导学者加强对新中国史研究相关议题的探讨，取得了较好的学术反响和社会影响力。

总之，作为学术生态的重要组成部分，作为刊物的一分子，编辑的作用和意义自不待言。一直以来，学术编辑往往秉持一种"知我罪我，其惟春秋"的工作态度，但在学术研究、学术生态飞速变化的今天，在中国特色哲学社会科学三大体系建设中，编辑如何为学界做出贡献，可能还是一个需要不断探索的问题。

我与学术期刊的美好"纠缠"

张　静
《世界社会科学》编辑部

张静，编审，毕业于南开大学。1987年进入中国社会科学院文献情报中心工作，2011年调入信息情报研究院，现为《世界社会科学》副主编、编辑部主任。

我于1987年到中国社会科学院工作，至今已有36年。感慨万千之余，想到贯穿自己职业生涯的一个重要关键词应该是"学术期刊"，在即将离开工作岗位之际，说一说几十年来我与学术期刊的美好"纠缠"。

一 认识了解学术期刊

1987年，我从南开大学编辑出版学专业毕业，作为该专业全国首届毕业生，幻想着自己如果能进入出版社，可以策划编辑出版一些传世名作，并且带来广泛社会效益和巨大经济效益，甚至自己策划出版的书籍所带来的经济效益能够拯救一个出版社……然而，事与愿违，想象中的美好并没有实现。机缘巧合下，我来到了中国社会科学院文献情报中心（曾经的情报研究所，以下简称情报所）工作。当时情报所主办的学术期刊有《国外社会科学》《国外社会科学动态》《国外社会科学快报》和二次文献工具刊物《国外社会科学论文索引》及《中国社会科学文献题录》，都是改革开放初期顺应国内哲学社会科学发展需要而创办的刊物。我被分配到《国外社会科学论文索引》编辑部，从事国外学术期刊论文题录中译及编辑出版工作。这个刊物当时是双月刊，在学界影响很大，包括英、法、德、俄、意、西、日、韩等多语种学术期刊论文题目的中译，内容涉及国外哲学社会科学各个主要学科，每期收录2000多条。那时候情报所图书馆订阅了大量国外著名的人文社会科学学术期刊，学科种类齐全。当时我负责二十多种英文期刊的目录中译，每隔几天就要到图书馆借阅最新出版的英文学术期刊，这使我大开眼界。在学校修期刊编辑学课程时学到的有关编辑、设计、出版理念完全体现在手中实物上了，这让我惊喜万分。看着国外各种不同开本的印制精美的学术期刊（当时国内哲学社会科学学术期刊几乎是清一色的16开本），我翻阅着、学习着、欣赏着、痴迷着，熟悉了很多学术期刊的主要内容、特色栏目、版式设计、办刊风格，等等。机械打字机上敲出来的噼噼啪啪的声音至今仍在耳边回响，想必那是职业生涯的初始音符。

1987—1997年十年间，我做着一项周而复始的工作，就是翻阅国外学术期刊，选择并翻译重要英文题录，编辑、审校文字，出刊，发行。编辑出版一份二次文献检索刊物，认识和了解的是世界社会科学研究的顶级期刊。这种高站位、广视野的工作经历，冥冥中注定了我的职业生涯与学术期刊的绵绵"纠缠"。1998年后，由于情报所办刊经费限制和互联网的发展，《国外社会科学动态》《国外社会科学快报》《国外社会科学论文索引》《中国社会科学文献题录》都先后停刊，只保留《国外社会科学》继续前行。此后，与国外精美学术期刊的接触越来越少，进而转向对国内哲学社会科学期刊的评价研究。

二 研究评价学术期刊

《国外社会科学论文索引》停刊后，国内各图书情报机构和科研单位都热衷建设文献数据库，情报所更是理所当然参与其中。1999年，情报所开始建设《人文社会科学引文索引数据库》，它是文献计量学的研究基础，其重要应用之一就是运用引文数据对学术期刊进行评价研究。我的职业生涯自此进入文献计量学中的期刊评价研究领域，所在研究室为文献计量学研究室，同期成立了中国社会科学院文献计量与科学评价研究中心。当时国内文献计量学研究如火如荼，而最重要的应用研究领域就是期刊评价研究。当时国内最主要的三大评价成果分别是：北京大学图书馆编制的《中文核心期刊要目总览》、南京大学中国社会科学研究评价中心的《中文社会科学引文索引（CSSCI）》和我所在的中国社会科学院文献计量与科学评价研究中心研制的《中国人文社会科学核心期刊要览》。我作为主要研制人员参与了《中国人文社会科学核心期刊要览》2004、2008、2013版的编制出版工作。期间，因职称评审需要，我撰写了若干期刊研究论文和著作，并完成中国社会科学院重点研究项目"人文社会科学评价中的 h 指数研究"。2009年凭借学术期刊评价研究领域的若干成果顺利获得文化部评审的研究馆员职称。

1999—2009年，又是一个十年，在引文数据库的基础上，我每天都在与国内人文社会科学学术期刊打交道，对期刊作者信息数据、基金数据、文献产出数据、文献引用数据等进行统计分析，研究期刊内容、栏目设置、封面及版式设计，力图通过学术期刊外部呈现的各种特征，深入探析学术期刊的内在价值及发展规律。那个时候，几乎所有国内核心期刊每每被提起，我都可以准确描述其开本、刊期、办刊定位、特色栏目、获奖情况以及大致被引用情况，在国内同类期刊排名中的大概位置，等等。我还记得当年发表过一篇文章《人文社科期刊中的引文现象分析》，梳理了学术期刊中作者的各种引用行为。后来，很多同行和期刊编辑都与我联系，询问我如何做的研究，如何能梳理出那么多种引文现象。我笑笑，这不是一两句话能说清楚的，那是长年观察积累、与各类学术期刊"痴缠"的结果。

三　实践耕耘学术期刊

2009年，因工作需要，我被调到《国外社会科学》编辑部工作，从此开始具体耕耘一份学术期刊。

《国外社会科学》创刊于1978年改革开放初期，是中国社会科学院独立建院后第一批创建的学术刊物。那时我国的哲学社会科学还比较封闭，国内多数学者的外文水平较低，获得国外信息的渠道有限。在这种情况下，当时的中国社会科学院情报研究所在短短两年的时间里先后创办了《国外社会科学》《国外社会科学论文索引》《国外社会科学动态》《国外社会科学快报》《中国社会科学文献题录》信息情报系列刊物。这些刊物相互补充，又各具特色，在当时的学术界产生了良好的影响。《国外社会科学》的主旨就是介绍国外社会科学最新的学术理论、学术议题、学科进展、研究方法和发展趋势等，反映的信息特别强调一个"新"字，即新理论、新思潮、新流派、新方法、新成果等。这适应了当时我国哲学社会科学发展之急需，受到学界极大的欢迎。

我来编辑部之前，早已了解《国外社会科学》的各种评价指标及其在学界的地位，因此，初来编辑部也是如履薄冰，深感责任重大，需要尽快熟悉工作，并全身心投入工作。于是，我虚心向老编辑学习，尽快熟悉刊物定位、栏目特色、体例规范、工作流程，同时建立完善各种编辑工作制度，包括编辑工作流程、出版工作流程、编辑岗位职责、双向匿名审稿制度等。

2011年，中国社会科学院成立信息情报研究院，《国外社会科学》编辑部整建制并入新的单位。虽然办刊不是信息情报院的主要业务工作，但是凭借良好的办刊基础、领导的大力支持和编辑部全体同人的努力，《国外社会科学》于2012年成为国家社会科学基金首批资助期刊之一。从此，《国外社会科学》踏入新的征程。总览世界思想风云，关注境外学科发展动态，把握国际理论创新脉搏，评析全球学术热点和方向态势，成为《国外社会科学》的鲜明特色。

近年来，国内学术期刊界竞争激烈，内卷严重，特别是综合类期刊，与专业期刊相比具有明显办刊劣势。如何发挥自身优势、办特色期刊是我们不断纠结、苦苦思考的问题。

首先，越来越多地打破按学科设置栏目的传统方式，更加强调问题意识、综合意识，突出综合性刊物的优势，在策划栏目和组稿选稿过程中，以多学科和跨学科的视角聚焦当前国际国内复杂环境之下的重大前沿问题。

其次，完善编辑工作制度，以制度保障期刊学术质量和编校质量。在严格遵守三审三校制度的基础上，陆续完善相关制度建设，包括编辑岗位职责、编辑工作程序、编辑分工制度、引文注释规范、拟用稿通知及作者承诺制度、学术不端人员黑名单制度等，规范审稿流程，严格执行三审三校和双向匿名审稿制度，制定特色的查重查新制度及刊后审读制度等。

为保证期刊的学术质量，刊物坚持双向匿名审稿制度，所有通过复审的稿件均需匿名外审。对外审专家的选择坚持慎之又慎的原则，既要学术功底深厚、学风扎实，又要认真负责、耐心细致。对于外审专家的意见，我们也给予作者充分的自由空间，倡导学术争鸣。为保证刊物的编校质量，在传统三校流程的基础上，编辑部还增设了外校专家通校、编辑部主任通校、责任编辑互校等环节。

再次，不断创新办刊方式，实现"开门办刊"。编辑部通过多种举措提升期刊的学术影响力，为打造学术共同体、形成积极向上的学术生态打下良好基础。一是主办专题学术会议，研讨国内外重大思想理论问题，并以学术活动为依托策划专题栏目，推动组稿约稿，扩大刊物影响，提升刊物质量。二是通过实地调研和举办"作者·编者·读者交流座谈会"、专家报告会、选题策划会等多种形式，深入科研单位一线，宣传推介刊物，增进作者、编辑、读者之间的交流，探讨学科热点，了解作者读者需求，更有针对性地策划栏目和组稿约稿。三是不断提升国际化程度，积极促进国内外学术交流。

2022 年，信息情报研究院在广泛听取作者、读者和学界同行意见的基础上，经过慎重考虑，决定自 2023 年第 1 期起，将《国外社会科学》更名为《世界社会科学》，此举得到国家新闻出版署的批准。更名后的《世界社会科学》，将秉持"以文明交流超越文明隔阂，文明互鉴超越文明冲突，文明共存超越文明优越"的先进理念，致力于探寻人类文明发展的新思想、新理论、新发展。《世界社会科学》当然会继承《国外社会科学》优良的办刊传统，继续为中国学术界介绍国外社会科学最新的学术理论、研究方法和发展趋势，同时也要把新中国成立以来，特别是改革开放以来创造的经济快速发展和社会长期稳定两大奇迹，把新时代十年来的伟大实践，把中国式现代化新征程上的最新成果，用学术思维、学术逻辑、学术语言向国内外学术界呈现。

自 2009 年进入《国外社会科学》编辑部，从《国外社会科学》到《世界社会科学》，从注重介绍引进国外人文社会科学的最新理论成果到构建国外学术引进来与中国学术走出去的双向交流平台，十几年的辛勤耕耘，与期刊、栏目、文章、作者、文字苦苦"纠缠"，我始终践行着工匠精神，为人作嫁衣。

来中国社会科学院工作 36 年，职业生涯渐近尾声。从认识了解学术期刊到研究评价学术期刊，再到实践耕耘学术期刊，几乎从事的所有工作都没有离开学术期刊。我把一份学术期刊当作了自己的孩子，精心打造，静静守护，一生"痴缠"，无怨无悔！

编辑工作的"无私"与"有情"

罗雅琳，博士，毕业于北京大学。2020年进入中国社会科学院文学研究所工作，现为《文学评论》编辑。

罗雅琳
《文学评论》编辑部

2020年，我从北京大学博士毕业后进入中国社会科学院文学研究所《文学评论》编辑部工作。还记得初次来编辑部实习时，是北京夏日那种蓝到惊人、色彩饱和度极高的灿烂天气。编辑部主任王秀臣老师亲自从社科院西门带我进来，我怀着既憧憬又庄严的心情第一次走进编辑部，遇到了许多热情的前辈，领取了被称为"小蓝本"的《〈文学评论〉编辑手册》。时间一晃而过，到现在我已入职三年了。在《"作嫁衣者"说——中国社科院学术期刊编辑心声》里，《文学评论》编辑部的前辈何兰芳老师写道，她曾听说"编辑工作至少要做上五年，才算是入了门"，可已有十余年编辑工作经验的她却依然谦虚地表示"觉得自己还是个新手"。相比之下，我连五年的门槛都还没达到。虽然心里确实有千言万语，但此时让我谈"编辑心声"，又觉得言不及义，何其难也！

　　不过，回想这三年的编辑工作，其中也确实有些特殊之处。可以说，我是一位几乎完全成长于匿名审稿时代的年轻编辑。2020年8月底，为了进一步规范审稿流程，完善匿名审稿制度，编辑部出台新政：在继续执行已开展多年的同行专家双向匿名审稿的基础上，全面贯彻全流程双向匿名审稿。也即，当作者在投稿系统中提交稿件时，要删除文档中作者的所有信息（包括姓名、性别、出生年月、学历、职称、工作单位等），与之对应，一审编辑在审稿系统中也无法得知作者身份。此时，我的实习期还不到三周，我的编辑生涯与这一新政几乎同步开启，由此也带来了许多极为新鲜和神奇的体验。

　　就我的体会而言，匿名审稿时代的编辑工作首先是"无私"的。当一切关于作者的信息都被隐去，编辑便只需专注和公正地评价文章本身的质量，而不必受到种种复杂的人情因素的影响。当然，"无私"有时又不免显得冷冰冰。这种冷冰冰的体验，经常为作者所感知。我曾经读到一篇报刊文章，其中作者深情回忆了自己与学术期刊的编辑们亲切交往的经历，最后笔锋一转，写到网上投稿流程如何给他以"庞大而冷漠"的"机器"之感。但事实上，这同样是编辑们的体验：我有时会感到，自己只是流水线式的匿名审稿系统中的一位"计件女工"；编辑部的前辈们也会发现，由于一切投稿都要经过匿名审稿系统的筛选，组稿的难度变得极大，有个性的文章过审概率变低，刊物的主动性难以发挥。不过，机器是现代社会的象征，"流水线"则是提高效率和保证质量的一大发明，凡事有利有弊，而实行匿名审稿制度是一场利大于弊的改革，由此才成为当前学术刊物的主要趋势。

　　如何在保证匿名审稿系统的公正性的同时摆脱"冷冰冰"的状态？在我的粗浅感受中，编辑工作的"有情"是极为重要的。

　　第一，"有情"意味着要注重沟通的方式和细节。刚工作时，我出于某种对于"工作礼节"的惯性理解，只用邮件联系作者，觉得这样更正式、对作者更少打扰。后来，通过对前辈的观察和请教，我才发现在邮件之外以微信和电话展开沟通的重要性。微信能让作者感受到"真人"，电话则带有语气、更多互动，二者都能有效拉近作者和编辑之间的心理距离。

第二，"有情"意味着作者和编辑之间不是"一次性"的关系，而应该形成长期的互相理解与有温度的同感共情。刊物如人，也应"尊老爱幼"——这不是我的发明，而是我从编辑部领导和前辈的言传身教中得出的总结。有的作者是年轻的在读学生或刚毕业的青年教师，他们不敢多问问题，遇到困难只能憋在心里，这就需要编辑主动体会到他们的胆怯，多加询问和关怀；有的外审意见较为尖锐，作者看到后容易产生抵触情绪，此时更需要编辑注意安抚和详细解释。如何在保证刊物审稿流程规范和审稿意见的权威性的同时，又避免这种权威性给人以居高临下的压迫感，是在编辑工作中需要格外注意的。而如何在一次投稿、审稿、编稿、发表过程中给作者留下美好回忆，进而保持刊物、编辑和作者的长期互动与共同成长，则是对编辑工作提出的更高要求。

第三，"无私"和"有情"应当互为补益，并不是说审稿阶段只需"无私"而编校阶段就只需"有情"。在审稿阶段，由于完美的来稿是不多见的，大部分来稿多多少少都存在不尽如人意之处，因此，在不清楚作者身份的情况下，编辑更需要打起十二分精神来思考文章的优缺点及其成因：某些新颖逼人的观点，到底是确有发现还是故作奇谈？某些不尽完美的论述，到底是学识不足还是锐气使然？某些宏大流畅的文章，到底是端正平和还是四平八稳？不是挥着大棒将略有缺点的文章"一竿子打死"，而是体谅可以改进的缺点，并在此基础上发掘真正的学术新见，这要求编辑在审稿时保持一种"无私兼有情"的态度。而到了编校阶段，与作者沟通时既要心怀"有情"，也不应忘记"无私"。曾听一位在别处工作的编辑朋友讲述她的亲身经历：在工作之初，因为与某位作者早有交情，信任较为充分，所以在编辑该作者的文章时未加仔细查验，结果没想到该作者也由于这份交情和信任而大为放心，想着文章可以由编辑处理。在双方的双重疏忽下，文中的许多错误到最后关头才被发现，幸好未曾造成事故。这个故事让我大为警醒。编辑是一门具有专业性的技术活儿，学术上具有远见卓识的作者并不一定能编好文章。编辑和作者在平日里要建立互信以至"心通"，但"心通"一定不能转化为"心大"，这便是编校阶段的"有情兼无私"。

第四，学术编辑大多同时也从事学术研究，而编辑工作和科研工作所遵循的逻辑其实并不完全相同。批判思维是学术研究的优点，但宽容平和或许才是编辑的美德。尤其是对于像我这样的年轻编辑而言，这更需要一场漫长的精神修行。在这个意义上，"无私"和"有情"理当成为我的座右铭，鼓励着我戒除一元化思维，拥有更为开阔的胸襟与视野。编辑工作所教会我的，是克服在学生时代所形成的"成一家之言"的强烈冲动，学会欣赏与自己截然相反的观点；是摆脱论文写作的思维定式，在向他者的不断敞开中真正意识到好文章是多种多样的；是在依然珍惜锐气与锋芒的同时，反思其中可能存在的偏见并将文章打磨得更加公允。由此，编辑工作对我而言更有了超越"职业"的意义，它让我在作为"人"的意义上感知到自己的进步，在看似枯燥的劳作中惊喜地发现自己逐渐拥有了一颗年少时曾经向往过的稳定而又开放的心灵。我想，这或许是编辑工作给我的最宝贵财富。

尽管时不时有各种苦恼，但我在这三年的编辑工作中所主要见到的和留下深刻印象的，还是各种丰富和美好的情感。有时读到一篇佩服极了的文章，心里牵挂许久却一直不知下落，直至在发稿会上"揭谜"，便有种神交许久终得相认的安心感；有时发稿会"揭谜"后发现某篇好文章的作者早在微信通讯录中，但对方事先却遵守规定、没有"打招呼"，我心里的景仰便会格外添上几分；有时通知作者用稿消息，听到电话那头声音中忍不住的雀跃惊喜，自己也会随之受到感染。审稿系统"无私"，人则"有情"；编辑在维护学术评价制度的公正性和权威性时需要"无私"，但在作为繁荣发展中的学术共同体之一员时定然"有情"。"无私"和"有情"本就内在贯通，只有无特定之"私"，才能做到普遍"有情"。但若要把握二者之间的平衡，达到作者与刊物的信任无间、合作有恒，可谓极高极难的境界，这将鞭策着我在今后的工作中不断学习、不断体会、不断成长。

砥砺潜行编研路，钝石终成巧手针

——编辑工作的"苦"与"乐"

孙少华，编审，毕业于中国社会科学院研究生院。2009年进入中国社会科学院文学研究所工作，现为《文学遗产》主编（代）、编辑部主任。

孙少华
《文学遗产》编辑部

2009年博士毕业后，我进入《文学遗产》编辑部工作，至今已经十四年了。在十余年的编辑工作中，我一边努力提高编校水平，一边坚持自己的学术研究，提高了能力，开阔了眼界，加深了对编辑和科研工作的认识。

编辑工作中最辛苦、压力最大的，莫过于校对。由于编辑部没有专职校对人员，刚毕业就直接从事审稿、编稿、校对等工作，甚至担任值班编辑，让我倍感吃力。如果说审稿、编稿和值班编辑工作还相对容易上手，那么校对工作则是千头万绪，短时间内很难掌握要领。当时我的校对学习渠道主要有三个：第一个是新闻出版主管部门规定的校对规范和编辑部结合各种校对规定自行制订的校对条例，第二个是编辑部外聘校对人员的校稿范本，第三个是编辑部老编辑的"传帮带"。当时还是人工排版，脱文（甚至墨钉）、衍文（甚至段落重复）、错行，都是很可怕的错误。我当时虽然认真熟读、抄录了各种校对符号和规定，但在实际工作中还是会出现各种各样的校对错误，给自己造成了很大的心理压力。记得有一期刊物我担任值班编辑，正式出刊之后，发现一篇仅有二三百字的札记中漏了一个字，英文目录中作者人名错了一个字母，这使我非常内疚，感觉因为自己的失误给杂志抹了黑。我将这两个错误复印下来，贴在华兴园宿舍的墙上，每次看到，我都暗暗提醒自己杜绝再出现类似错误。为了进一步提高校对水平，我特意准备了一个"校对纠错本"，将平时出现过的校对错误和标准答案分门别类抄录下来，没事的时候拿出来看看，加强记忆。经过一年的学习、训练和积累，我的校对水平得到了明显提高，第二年就在编辑部年终考核中被评为优秀等级。

但正所谓"校书如扫落叶，旋扫旋生"，校对水平的提高，并不代表在以后的校对工作中就不再出现校对失误。毕竟我们每次面对的文章和作者不同，其中出现的问题也各式各样，因此大大小小的校对失误还会不时出现。我一边参加各种编辑培训以提高自己的编校水平，一边在担任支部书记和编辑部副主任后，逐渐参与到编辑部编校制度的制订和完善的工作中，制订了党支部工作规范，充分发挥党员在编校工作中的模范作用，不断优化校对规范和校对流程。目前，我们除了编辑部内部人员负责的三个校次之外，再加上外聘校对人员负责的两个校次，以及二审的核红、总编辑的蓝样通读，每期至少要经过五个完整校次和两次通读。这种做法，分工合作，责任共担，加强了集体力量在校对流程中的作用，提高了团结协作的重要性，也增强了编辑们的责任心和荣誉感。

在十余年的编辑工作中，我深刻认识到，编校是一个单调、枯燥、艰辛的工作，作为编辑，要热爱、敬畏这个岗位，要有牺牲和奉献精神，更要忍辱负重，承受得住委屈。年复一年、周而复始的编辑、校对工作（尤其是繁重、多轮的校次），如果再加上科研，那就需要编辑们付出较常人更多的辛劳和汗水，需要牺牲更多休闲、娱乐甚至陪伴家人的时间。正如一位裁缝师所说，外人只看到了裁缝师们可以为自己或他人制作时尚、漂亮衣服的便利或成绩，但看不到他们机械、单调、枯燥、周而复始的排料、划样、裁片、换片、编号等工作背后的艰辛和苦恼。任何一个工作，可能都具有这样的特点。编辑有时候会遇到很多误解，其实不同岗位、不同行业的人，需要更多的互相理解、互相包容、互相鼓励、互相支持。每个岗位都有每个岗位的"道"，只要各自遵守其"道"，尽职尽责，在本岗位上做到了最好的自己，就可以无愧于心，无愧于"道"。

当然，对别人的误解和批评，我们也要正确面对，尤其是要虚心接受正确的批评和合理的建议。毕竟，编辑是一个神圣的岗位，需要有高度的责任心和谦虚谨慎、戒骄戒躁的工作态度。作为一名编辑人员，除了在编辑、校对的各个环节付出努力外，还要时刻保持清醒的头脑，不能将编辑岗位作为抬高自己身份的平台。刚进入编辑部的时候，我有次给其他杂志投稿，以编辑身份署名，让主编狠狠地批评了一通。这使我认识到，任何一个编辑，如果仅仅将编辑工作作为抬高自己学术身份的工具，而不努力真正提高个人的编校水平和学术水平，那就是对编辑工作的亵渎，也是对自己学术研究的不负责任。

编辑工作是艰辛的，但也有快乐。编辑工作给我带来的最大快乐，不单单是编校水平的提高，它还让我在工作中磨炼了性格、开阔了眼界，在各方面都得到了锻炼和成长。每一次看着自己编辑的文章发表出来并获得好评，我在获得工作上被肯定的满足的同时，也感受到这份工作的快乐。但这份快乐的获得，也需要我们付出艰辛的努力，需要忍受委屈，忍受埋怨，甚至忍受误解和指责。这背后其实就是要求编辑要永远保持一颗谦虚、平和的心，要有容人之度、容文之度、容事之度。更重要的是，做好编辑工作，离不开编辑个人的学识和胆识。

记得刚刚从事编辑工作不久，我在审稿、用稿上还没有太大把握，工作中比较谨慎。有一次，送去外审的一篇文章被审稿专家否决了，我就按照流程直接给作者退了稿。作者对此不甚满意，给我写邮件表达了不满。虽然我的退稿做法也符合审稿流程，但作者的不满意，还是让我觉得自己的工作存在瑕疵。我将此事汇报给主编，后来我们进一步优化、完善了外审专家审稿制度。事后我主动与这位作者联系，对我们的审稿流程与双向匿名外审制度作了解释说明，得到了他的理解。还有一次，一位作者先后三次投稿都被外审专家否决，他非常恼火，指责我们找的外审专家"不专业"。事实上，我们给他选的外审专家都是涉及这一选题的专业人士，我只能一边解释、安抚，一边请他继续投稿。虽然当时这两位作者的文章都没有发表，但因为我的耐心工作，后来我们都成了很好的朋友。

这两件事并非我工作中的直接失误，但也让我认识到，作者来信反映的一些意见，虽然未必完全符合编辑部制度规定，但既然作者提出了问题，我们就应该予以重视并及时解决。尤其是那些被外审专家否决的稿子，需要我们调查清楚具体原因，区别对待。如果属于具有创新性观点、不同于流俗的稿子，责任编辑需要结合自己的学术认识做出独立判断，需要具有一定的学识和胆识，敢于发表具有一定创新性、能引起新思考的文章，让它们去接受学界的讨论，去经受学术实践的检验，不能简单退稿了事。有一次，一位作者投来的稿子，学术观点和当时学界一位著名前辈学者不甚相同。但这篇文章论据充分，论证严谨，我就申请送专家外审。因为作者的观点在当时属于非常新颖的说法，所以很快就被一名外审专家否决了。第二名外审专家指出了该文与时下观点的不同，但认为也有合理的成分，值得推荐发表以引起学界讨论。我结合两位专家意见，反复阅读原文，觉得该论文还是有发表的价值，于是就撰写了详细的推荐意见。这篇文章发表出来后，引起了很好的反响。

这件事情给我最大的启示，就是编辑必须走编研一体化的道路，即编辑必须要在提高编校水平的同时，不断提高自己的科研水平。每位作者投稿的时候，不仅仅信任期刊的权威性和外审专家的客观公正，还信任编辑的科研能力和学术水平。他们不但渴求自己的每次投稿都会被录用，而且更期望自己的稿子能遇到一位有责任心、有学术水平并有独立学术判断力的编辑。

对于教师来说，教学相长符合教学规律；对于编辑来说，编研相长也符合编辑、科研工作的基本规律。我在十余年编辑工作中的最大收获，就是在编校工作中提高了自己的科研能力和写作水平。刚进入编辑部的时候，自己还不是很擅长写综合性文章。当时院、所领导和主编都倡导期刊编辑走编研一体化道路，我就在平时审稿过程中反复揣摩，从优秀作者的文章中汲取经验，从发稿会上同事们的发言中体会为文之法。正是在编校工作中，在和作者反复沟通交流的过程中，我学会了如何拟定题目、如何提出问题、如何设计论文框架、如何展开论证并层层推进得出文章的结论，学会了如何在确立个人研究领域的同时找到适合自己的研究方法和选题。尤其是，在接触不同学术风格、不同研究类型文章的过程中，我在文献梳理能力、理论概括水平等方面都得到了训练和提高。这是我从编研一体化工作中收获的最大成绩和最大快乐！

在编研一体化的工作实践中，我深刻领悟到，编辑工作和科研工作的基本要求是一致的，即都需要做到团结协作、遵守规范、不计名利、客观公正，永远保持刚刚踏上工作岗位时的初心，谦虚谨慎，老实做人，踏实做事。这些话说起来都很容易，但要做到并长期保持，其实难度很大。刘禹锡《砥石赋》曾云："石以砥焉，化钝为利。"只要坚持，我们的编辑和科研水平都可以慢慢得到提高；只要用心，作者那些本来不够完美的初稿，就可以经过编辑和作者的共同努力不断完善，直至发表。作为编辑，名义上是在为他人作嫁衣，但其实也是在不断磨砺自己、提高自己。编研相长的事实证明，我们编辑和作者一样，都需要经过这种"石以砥焉，化钝为利"的过程。我们作为编辑的最大价值和最大快乐，也正体现在这种个人和他人"化蛹为蝶"的过程之中。

"渡人"与"自渡"

刘大先，研究员，博士，毕业于北京师范大学。2003年进入中国社会科学院民族文学研究所工作，现为《民族文学研究》副主编、编辑部主任。

刘大先
《民族文学研究》编辑部

从2003年硕士研究生毕业进入中国社会科学院《民族文学研究》编辑部算起，我由实习编辑开始，到责任编辑，再到编辑部主任、副主编，即便是攻读博士学位、到国外访学、赴基层挂职期间，也依然参与审稿，没有脱离编辑业务的岗位，到今年我正好在编辑岗位上工作了二十年。"荻茎锥沙指画腹，廿年勤苦求妍姿。"最初懵懵懂懂，一切都是从头学起，随着认识的深入和经验的积累，到如今也称得上是资深了。对我而言，编辑学术刊物是一个既服务他人同时也提升自我的过程，已经不仅仅是一份工作，同样也是一桩事业，更升华为一种情怀和精神。

《民族文学研究》由中国社会科学院主管、中国社会科学院民族文学研究所主办，作为中国少数民族文学研究领域唯一的国家级学术刊物，自办刊伊始，宗旨始终是坚持正确的政治方向与思想方法，贯彻党的"双百"方针和民族政策，以严格的学术标准，选择刊发有关我国各少数民族文学研究的专题论文、调查报告和文学资料等。这一领域属于中国语言文学学科下辖的二级学科之一，许多综合性大学并没有开设相关专业，我此前的专业是文艺学，研究方向是西方美学，所以对于刚参加工作的我而言，面临的最大挑战是角色转型。

彼时《民族文学研究》编辑部中除了周翔早来一年，我和高荷红都是刚走上工作岗位，刊物当时的主编关纪新老师、副主编汤晓青老师都是非常敬业而严谨的学者，对我们充满信任，直接让我们参与到初审、编辑和校对工作之中，在实践中对我们加以指导。在这个过程中，我一边自学少数民族文学和民间文学相关知识，一边从事稿件遴选与编辑，不啻为重修了一个新专业。两位主编的言传身教，深刻地影响了刊物的风格和我个人的职业生涯。如果说多年来有什么心得，我将之归纳为开阔的眼界，广博的心胸，广泛的联络，敏锐的意识，端肃的态度，细致的编校，这可以说是学术刊物编辑职业操守和基本素质。

第一，开阔的眼界自不待言。编辑要面对大量来自不同研究方向、研究对象和选题方向的稿件，这意味着首先要打破自己原先所学专业的领域界限，在理论、方法和材料上有全局性的眼光，走出狭隘的文化封闭圈，而不能局限于某个"同温层"的壁垒。对于中国的少数民族文学而言，尤其如此。因为中国有着极为复杂而且发展并不平衡的多样性文化，既有各民族丰富的口头传统，也有蓬勃发展的书面文学现场，更有积淀厚重的古代文化遗产，这一切都要求编辑一方面不能有"大汉族主义"的思想，另一方面也要反对"地方民族主义"，以开放的眼光关注到方方面面，从而对"中国语言文学"

多元谱系形成"总体性"的视野。《民族文学研究》的稿件研究对象范围包括古代少数民族文学、民间文学与民俗学、现当代少数民族文学和文学理论，也就是说它实际上是以少数民族文学为中介，涵盖了不同学科的内容，这在客观上迫使编辑需要不断拓展知识与思维的边界，以适应工作的需要。

从根本上来说，编辑服务于科研，但同时也能锻炼培养自己。在民族文学所有一个很有意思的例证，学部委员、原所长朝戈金，副所长汤晓青都是从业多年的资深编辑，副主编巴莫曲布嫫研究员当选了第十四届全国人大常委会委员，这同他们在编辑工作中的积累不无关系。我参加工作后陆续在编辑部工作过的同事周翔、高荷红、毛巧晖、吴刚，后来也分别成长为编辑部、民族文学理论研究室、北方民族文学研究室、民族文学数据与网络研究室的负责人之一。在做编辑过程中的学习和实践，也提升了我个人的学术研究水准，我后来在《现代中国与少数民族文学》《文学的共和》等著作中提出"作为中国研究的少数民族文学研究""文学共和"等观点，同博览来自不同专业的稿件、打开视野有着密切的关联。

第二，广博的心胸是指编辑不能局限在特定思维当中。即，要走出学术流派、观点、立场的区隔。中国社会科学院的学术刊物是公器，代表着整个国家在某个专业领域的水准和发展态势，而非某个同人刊物或者某一学派的发表园地，也不能被个人趣味和兴趣点所左右。所以，对于所有的稿件都要在坚持基本的中国立场上一视同仁，展现出"百花齐放"的学术生态。这一点关纪新老师做出了表率，他是满族身份的满族文史研究者，但他的研究视角从来没有局限于满族本身，而关注整个中华多民族文学的格局与态势。

我们常常说，编辑不仅要具备"专家"的素质，唯其如此，他才能对专业研究成果的水准做出准确的判断；同时更应该是一个"杂家"，对多种学说、理论和不同学科的问题与方法都要有所涉猎，这样才不至于见木不见林。在我的理解中，编辑应该是"质检员"和"助产士"的结合体：作为质检员，他要在政治上和学术上进行把关、策划和遴选，确保质量；但是，他不是裁判，也不是球员，不能武断地决定某个作品的命运或者越俎代庖用个人学术趣味取代刊物平台本身的开放包容，而是要作为助产士，帮助作者将研究成果精益求精地打磨提升、发表面世，达到生产知识、交流思想、推进学术的效果。

第三，广泛的联络是兼容并包，是办好刊物的关键。这个联络不光是指联系知名学者，同时也要发掘新作者，联系不同学科、不同高等院校和各类科研机构的专业人士，共同努力。从2004年开始，《民族文学研究》编辑部创办了"中国多民族文学论坛"，以"多民族"取代"少数民族"，这是研究范式转型的有意引导，通过纳入宏观的全球视野和中国立场，以跨学科的意识，自觉地跨越边界、填平鸿沟，力图打破文学研究各个领域存在的画地为牢、闭关自守的局面，从而达到让独具中国文学特色的"少数民族文学"走出民族院校、边疆地区而成为一种文化与文学常识的目的。经过持续的努力和推进，"中国多民族文学论坛"已举办了十二届，先后与成都、南宁、西宁、乌鲁木齐、昆明、桂林、赤峰、喀什、太原、大连、贵阳等地高校、文联和作协等组织机构合作，与会人员包括来自全国各地各个民族的专家、学者、作家等，总计一千余人次。事实证明，论坛不仅团结了大量学术同道，也吸引了许多原先对此领域并不熟悉的学者，扩大了影响力和传播力，已经成为民族文学研究乃至中国文学研究学术史所无法忽略的一个品牌和行动，构成了观察21世纪以来中国文学研究格局的一个切入点。

《民族文学研究》编辑部通过这些活动，凝聚了作者，扩大了研究队伍，也在论坛定期的头脑风暴中激发出许多学术命题，从而发掘了新的学术生长点，有力地推动了中国少数民族文学乃至整体性的中华文学研究的深入和话语方式的更新。我也是在一次次地筹备会议与活动中，同全国各地的许多学者建立起良好的编创关系，从而为刊物的栏目策划、话题组稿夯实了基础。

第四，敏锐的意识是保持刊物始终处于学术前沿位置的保证。编研结合一向是《民族文学研究》编辑部的传统，历任主编都鼓励编辑在做好本职工作的同时，也要跟踪学术发展动态，并且在某个领域进行精深的钻研。这是为了训练编辑对学术热点和重点的敏锐意识，从而才可能策划出有针对性的选题。所谓学术热点是就专业细化而言，在对相关专业的热门话题全面掌握的基础上，形成具有本刊特色的切入点；而学术重点则是针对国家大政方针和重点规划进行相应的宣传策划，从而发挥思想库和智囊团的功能。"腹内有乾坤，胸中有丘壑"，只有本身具备一定的学术脉络理解和科研能力，对重点、热点、难点问题有清晰的认知，才能更好地对稿件进行理性判断，进而筹划、组织具有先锋、引领性质的议题与栏目。

《民族文学研究》的老一代主编与编辑都是术业有专攻，自我开始担任编辑部主任，整个编辑部人员虽然不多且都比较年轻，但也都有各自关注的学术重点，像周翔在台湾少数民族文学以及神话学、左杨在古代文学、王尧在民间文学等领域都是崭露头角的青年学者，她们从各自专业出发，对相关领域的基础研究和动态发展都有敏锐的把握，因而能够通过约稿和专栏形式拿到本领域最好的稿件，在提升刊物质量的同时，也在研读研判的过程中巩固和提高了自己的学术能力。

第五，端肃的态度。刊物作为公器，是主流意识形态发声的媒介，学术成果发表和传播的渠道，引领学术风气和规范的载体，也是开拓议题的公共话语场域，培养和推介学术新人的平台。这一定位要求编辑人员有大局意识、长远规划，最主要的是端肃公正的态度。因为我们需要意识到，编辑工作是知识、思想与价值观念生产的一个有机组成部分，是学术史的一个发展环节，必须保持端正、严肃和公正的态度以及必要的奉献精神和人文社会关怀。

2023年，《民族文学研究》创刊四十年，回望来路，在历任主编和编辑的努力下，形成了优良的传统：将自己的角色定位在为科研服务之上。我们知道，因为科研成果发表的压力，某些学术刊物可能存在收取版面费的情况，但这在《民族文学研究》编辑部从未有过。我记得有几年办刊经费短缺，稿费无法保障，即便如此，编辑部也从未与其他机构合作发稿以获取资助，而是克服种种困难，从研究所筹集出版印刷费用，但只能在发给作者的用稿通知中说明没有稿费的情况，绝大部分作者也都表示理解。后来，《民族文学研究》成为国家社科基金第一批资助刊物，中国社会科学院配套经费支持力度也在逐步提高，解决了经费问题，对于稿件编校质量的要求更是精益求精。经历过艰难考验，印证了一个道理：编辑部与作者之间的相互理解，都保有对学术不求名利的态度和情怀，才能彼此赢得尊重，也才能维系住最优秀的作者，办好刊物。

第六，细致的编校能力。这是一个编辑的基本功，似乎并不复杂，但要做到尽善尽美却并不容易。编辑的标准、格式、规范与要求是细活儿，只要经过基础培训，就都能知道，但知道与做到之间还存在巨大的差距，它不仅是能力问题，更是态度问题，关键就在于是否敬业、认真与用心。有写作经验的人都有体会，自己的一篇稿子改上两遍都难免会生烦，编辑要审稿、编改、调整格式、数次校对，加在一起至少要修订五遍以上，付出巨大的精力，但成果最终并不是自己的。这非常考验编辑的耐心、细心和责任心，这也是"作嫁衣"和"为人梯"的含义所在。

不过，话又说回来，"作嫁衣"也好，"为人梯"也好，都是编辑这份职业的题中应有之义，并没有特别值得骄傲的。回首现代学科建立以来的历史，大部分学者、专家、作家也都做过编辑，这种工作带有公共性质，是渺小的个体参与宏伟的社会进程和文化建设的一条途径。当我们把职业上升为志业，将情怀灌注于工作，在付出的同时也有收获，在"渡人"的同时也是"自渡"——自我的磨炼和修为，为文为人的意义也就体现在具体而细微的编辑日常之中了。

译心所向，俯首为梯

叶丽贤，副编审，博士，毕业于北京大学。2017年进入中国社会科学院外国文学研究所工作，现为《世界文学》常务副主编。

叶丽贤
《世界文学》编辑部

在成为《世界文学》编辑前，我有幸在这本国内文学翻译的龙头杂志上积累了近20万字的发表字数。2007年第5期《世界文学》刊登的译文《巴勒斯坦作家马哈茂德·舒凯尔小小说》是我首次正式发表的文学译文。以今天的眼光来看，当初的译笔颇为稚嫩生涩，还有用力过猛的毛病，但多亏了师长的宽容和肯定，我才有信心在文学翻译的实践之路上继续探索下去。当时的杂志主编高兴老师，如今旅居国外的萧萍女士，至今仍然在岗的杨卫东编审，都曾编校过我的译文。译者的成长模式，就像年轻人的成长之路一样，初涉人世时，性情不够稳重，行事恣肆开张，不知分寸，也不识斤两，常有逾矩失守的动作，需要年长者手持戒尺从旁指点或示范，"高者抑之，下者举之"，直者曲之，虚者实之，如此方能悟出如何才是进退有节、收放有度、取舍有据。

至今印象深刻的是杨卫东编审对我的译文《躺在苹果树下》里的一个细节的提醒。2013年加拿大作家艾丽丝·门罗获颁诺贝尔文学奖，《世界文学》于次年第2期推出诺奖专辑。我受邀翻译门罗的回忆录《躺在苹果树下》，对待这个任务不可谓不慎重，在用词和行文节奏方面反复推敲，下足功夫，但为了追求译文效果，有时难免偏离原文，发挥过度。作者在这篇回忆录开篇处提到，在20世纪50年代的加拿大安大略省，文化氛围保守，女孩子为了保持自身的淑女气质，上了高中，就"必须放弃骑脚踏车"。紧接着，作者说，"girls who continued to ride"要么住得过于偏远，要么是不顾得体的大怪胎。这句话里的英语短语若直译为"继续骑车的女孩子"，总觉得略显平淡且别扭。我想，这个短语不太重要，或许可稍做发挥，译为"'骑而不舍'的女孩子"，其中，"骑而不舍"与"锲而不舍"谐音，加上一对引号，中国读者自然明白这个仿制的成语为何意。当时我甚至恨不得原作者也能在这里卖弄修辞技巧，来成全自己的一番"苦心"。杨卫东老师编校到此处时，很严谨地指出，虽是小细节，但这样处理，殊为不妥，"骑而不舍"属于修辞过剩，与原文平实说法不符。纠缠于个人执念的我，一经编辑的提醒，犹如受到一声棒喝，幻象立即消散。我欣然听从编者的建议，采用更朴素也更自然的否定表述——"不放弃骑车的女孩子"。在译者的成长路上，这样过度修辞的提醒很难得，也很宝贵，让我意识到即使在无足轻重的细节处，也应紧扣原文，不可耍小聪明。2019年初我调入《世界文学》编辑部，和大多数同事一样，将大部分时间和精力投入到作品策划和译文编校工作中。除了"理解有误"外，也许"过度发挥""未紧扣原文"是我作为译稿的责编，作为过来人，反馈给不少译者（尤其是刚从事文学翻译的年轻译者）的意见里最常用的表述。

《世界文学》杂志致力于译介经得起时间考验的现当代外国文学作品。与其他杂志的编辑团队一样，在《世界文学》编辑的日常工作里，选材和审稿占据了很大一部分比重。但《世界文学》编辑在编校稿件上所耗费的时间和心血，可能会超过不少刊物或出版社的同行。如今，外国文学出版依然是国内出版行业一个热门的细分领域，每年有数百种、数千种新编译的图书涌入文学消费市场，质量参差不齐。面对这个热火朝天的出版态势，《世界文学》作为隶属于研究机构的译文杂志，除了选材要保持社会人文关怀和应有的审美水准外，也要在译文的编校方面为文学翻译行业树立标杆。说到翻译评价，不少人会陷入一个误区，即抛开原文特点来评判译文质量。事实上，文笔出彩的译本未必是合格的译作：可能满篇错漏，也可能与原作风格差之千里。但这一点恰恰处于不通外语或未读原作之人的视野盲区，也在他们的判断能力之外。尽管如此（也许正因为如此），我们仍要立足于编辑团队精通的几大语种，竭力打造经得起中外语言比照的译本。即使在面对用我们无人能通的语种创作的作品时，也尽可能从有人能读懂的转译本来编校，将理解的失误或风格的偏差降到最小的地步。

有位外国作家曾说过，作家打造的是国别文学，而翻译家打造的是世界文学。从国别文学升格为全世界流通的文学，离不开翻译家的辛苦劳作，也离不开译文编辑的引荐和把关。编辑对译文的完善至关重要，正是因为翻译活动不同于原创活动，有自己的特殊属性。在创意写作中，文由心生、笔随意至并非鲜见之事，"一语中的"之后再也无须校正的例子，更是比比皆是。但在翻译活动中，观念本身并非译者的心灵固有，而是从外部植入，"兴发感动"的推力不足，在译者笔下，可以称作灵光闪现、一步到位的瞬间少之又少。而且，从源语到目的语之间理论上存在一个最短距离，译者翻译的过程，就是从一个端点朝另一个端点不断瞄准、调试、变换位置，进而接近直线距离的过程。所有这些因素决定了译文总有改善提升的空间，需要译文编辑的深度介入。

举本人编校的爱尔兰作家安·恩莱特的小说《夜泳》（载于《世界文学》2023 年第 2 期）为例：

原译文：

可她慢慢进到了湖里。她跳进去，抹了抹僵硬的嘴唇，扎进水中，一声巨响后，水面很快又恢复了寂静。然后，她挣扎着，潜出水面，从黑黢黢的水里回到黑黢黢的夜色中。

从语言表述来看，这三句话语法清楚，也有节奏，除了"进"字多次重复、略显不美外，总体质量尚可，不对照原文，只要稍做调整就可以收手。但偏偏很多译文是经不起比对原文的：

原文：

And she was in. She pushed out from the wooden lip as she dropped down into it, was swallowed in a bang of water that turned to a liquid silence, then she struggled back up to where the air began. Black water into black air.

编辑后的译文：

可她进到了湖里。她在湖边的木板上使劲一蹬，扎入水中，一声巨响过后，她被湖水吞没了，水面很快又恢复了清澈的寂静，然后，她挣扎着潜回空气开始的地方。从黑黢黢的水里回到黑黢黢的夜色中。

译文初稿对 the wooden lip 这个短语理解出错，没有将体现湖水气势的动词 swallow（吞没）译成中文，甚至还打乱了原文两短一长的句子节奏。这里首句只有 4 个单词，尾句也只有 5 个单词，几乎都是单音节词，中间夹着一个长长的复杂句。这样的句子安排，如同是以入水前和出水后的动静来反衬中间动静之大；也就是说，句子长短交替与这个场景里的变化是相呼应的。遗憾的是，译者如同当年的我，做了没有必要、也不高明的改动。还有必要指出的是，上述例子里最后那句话是破碎句，而破碎句的大量使用恰恰是《夜泳》的叙述语言特点之一，更不应随便合并或补全。这样的编校例子，若非编者自己披露，无缘或无法比对原文的读者可能无从得知编者的考虑，对译法的高下也难以形成公允的判断。

如今从编辑部同事身上同样能感受到这种对译文"锱铢必较"的态度。每一期《世界文学》出刊后，编辑部照例会召开刊检会，查缺纠错，总结经验教训。从 2022 年起，在本人的提议下，各位责编在刊检会上除了找碴儿挑错外，还要讲述自己当期的编校心得，举例说明自己编稿可圈可点之处，供在场的同事学习和讨论。也就是在此过程中，我超越了一己经验的范畴，更深刻地认识到《世界文学》编辑为打造优质译文所倾注的心力。我们不仅展示了自己如何在不尽如人意的译文上施展化腐朽为神奇的功夫，也分享了自己如何助力优质译者，替其解决文本里的疑难问题，捕捉作品的幽微内涵，再现原文形式的微妙之处。

俄语编辑孔霞蔚曾在刊检会上讲述了自己如何在编校亚历山德拉·尼古拉延科的《小悲剧》（载于《世界文学》2022 年第 6 期）时解开译文初稿里的一个"打孔"之谜。

原文：

……он считал справа и слева автобусного билетика, и хотя съел их примерно столько же, сколько съел их каждый из нас доверчивый, ему ни разу не повезло с исполнением.

原译文：

……他从左右两边给公交票打孔，尽管打孔的次数与我们当中每个轻信这么做可以漏打的人一样多，但他从来也没有得手过。

文学翻译中有个定律：译文说不通（除非原作者有意胡说），十有八九是译者没读懂。这句话里不易解决的难点是如何理解 считал（数数）和 съел（吃）这两个词与 автобусный билетик（公交车票）的关联。从这篇小说本身是找不到答案的，密钥在别处：必须找到那个缺失的文化碎片，才能将这几个词语拼成可辨识的画面。再出色的译者在应对具体任务时也很难面面俱到，做得尽善尽美。就此例而言，译者无法查到相关的背景知识，只能按照自己的理解，将两个动词都译为"（给车票）打孔"，从而导致了对原意的曲解。孔霞蔚老师在编校此处时以上述三个俄语单词为关键词，在俄语网站上查找三者之间的关联，颇费周折后才发现，在俄罗斯民间有一个有趣的迷信说法：如果一张公交车票上的前三位数字之和等于后三位数字之和，这就是幸运车票；如果有若干相连的数字重合，则更加幸运。据说有些俄罗斯人为了获得这份福气，确保心愿成真，会吃掉这种幸运车票。

编辑后的译文：

……他数公交车票上左右两边的数字，尽管那么多车票都被人吃掉了，多到我们每一个容易轻信的人都吃过了，他却从未得手。

经过这样的调整，再配上介绍相关传说的注释，"数数"及"吃"这两个动词与"公交车票"之间的联系就合理且明了了。

即使在语言表现总体不错的译本里，也并非处处都是妙笔。好译者在处理行文节奏时失手的情况并不少见。法语文学编辑赵丹霞在刊检会上举了不少例子来说明如何使译稿里"没劲""无生气"的句子变得鲜活生动。其中一例出自刊登于 2023 年第 1 期《世界文学》的法国中篇科幻小说《爱丽司安》。

原译文：

第一眼看上去，他们的布置看上去像是年终游乐会上的那种不牢靠的舞台。他们在几个从折扣超市弄来的托盘上竖起了一块老旧的小学黑板，黑板上面是一个笨拙的孩子用记号笔画的一幅让人依稀感到熟悉的风景画：村庄、教堂钟楼、第三共和国的市政厅和外省城堡。

编辑后的译文：

一眼看过去，他们布置的舞台很不稳固，像年终游乐会上用的那种。一块小学校用的旧黑板竖在几个从折扣超市弄来的托盘上，黑板上画的是一幅让人隐约感到熟悉的风景：村庄、教堂钟楼、第三共和国的市政厅和外省城堡，像是一个小笨孩用记号笔画上去的。

上述例子由两句话构成，一短一长，赵丹霞老师保留了两个句子各自的长度，但通过调整结构，减少了两个逗号之间的字数，降低了前置定语堆叠的层数，并相应地缩短了前置定语的长度，以灵活的中文句法将法语句子里的"精气神"释放了出来。初学翻译的人常会将作品里的叙述语言译得如同学术评论那般沉闷无趣，多半是因为不懂得如何处理前置定语，控制相邻逗号之间的字数。赵丹霞老师的修改让句子的节奏变得明快，对不少刚入行的译者来说，是一种切中要领的点拨。

　　有时，译者专注于文字细节的打磨，未能从中跳脱出来，把握文本的主体形式或局部安排的深意。这正是编辑需要替译者时时留意的地方。西班牙语编辑汪天艾曾在刊检会上分享了自己在编校胡安·爱德华多·苏尼加的短篇小说《世界上的最后一天》（载于《世界文学》2022 年第 5 期）时如何保住原文里一处别有深意的安排：

原文：

Los muchachos huyeron hacia otro barrio; acaso éste, pasados muchos años, sería amenazado de iguales destrucciones y ellos también preservarían así, en soledad, un brizna de belleza, de amor, de dicha, mientras esperasen que llegara el último día del mundo.

原译文：

　　三个孩子跑去了另一个小区，不过，或许在几年之后，新的这个小区也会一样面临被毁灭的威胁，彼时，或许他们在等着末日来临时，还会在孤单中保留着这一切：一丝美好，一丝爱恋，一丝幸福。

编辑后的译文：

　　三个孩子跑去了另一个街区，不过，或许过不了几年，那里也会面临毁灭。到那时候，或许他们也会这样在孤寂中留住所有——一丝美好，一丝爱恋，一丝幸福——等待着世界上的最后一天。

　　这篇小说的标题原文是"El último día del mundo"。该短语含有"最后"

一词，又是全文的题眼，作者显然有意将该短语放在全文尾句的末尾。译者的处理方式虽然也很不错，但遗憾的是没能再现原文对重点信息的强调。只有具备敏感的阅读神经的编辑才能注意到作者这样安排的特殊用意。另外，就标题的译法来说，"世界上的最后一天"也比已经成为陈词滥调的"世界末日"多了几分陌生的诗意，符合小说主人公以唯美的艺术迎接末世的态度。汪天艾老师的编校对原译来说，无疑有着锦上添花的效果。

这样的刊检会常常一开就是两三个小时，大家热烈讨论着会上提出的译例，从彼此的改稿思路里学习长处，化为己用，常因此错过中午的用餐时间。从刊检会以及日常编稿环节里，我切身感受到合格的译文编辑不仅要精通原文的语言（外语的触须能探及每个词语的音、形、色、意的细微之处），还要有丰富的译文编校经验，广泛搜寻电子文献的本领，甚至要具备比译者更出色的把握文本宏观结构和细微质地的能力。带着这样的能力以及杂志所赋予的荣誉感去编改稿件，我们自然会对最后的成品抱有更高的期待，也会投入更多的时间和心血。有时，编校一页（版面字数为700字）的译稿，需要花上数小时的时间，而七八十页的文学小辑通常要耗费编者一二百个小时的功夫。

目前文学翻译的重要程度在学术产业链条中的位置渐趋下移，仍然活跃在这个领域的人才，除了少量专职译者外，多为高校里的青年教师或刚毕业的文学博士。这对我们培养译作者队伍、提高译文品质带来前所未有的挑战。如今我们的国家已然超越那个急于打开国门、引来"天火"的历史阶段，对外来文学的译介、包括译介的质量，应该多点从容的反思和耐心的检视。正因为如此，《世界文学》的团队更有必要发扬编辑部前贤留下来的优良传统，小心摆渡于中外语言、文学、文化之间，为译作者的工作把好关，为文学解读的首关站好岗，为译文编校的同行立好杆。虽然我们都热爱文学翻译这个行当，在编校译稿时甚至会技痒难耐，想亲自下场，小试身手，但我们深知，我们的首要职责是在《世界文学》这片天地里当好编辑。在通往世界文学高峰的陡路上，我们"愿供拾级作人梯"。是谓：译心所向，俯首为梯。

怎样做"连字符"编辑

魏然，副研究员，博士，毕业于北京大学。2012年进入中国社会科学院拉丁美洲研究所工作，后调入外国文学研究所，现为《外国文学评论》编辑。

魏　然
《外国文学评论》编辑部

从2018年初起至今，我担任《外国文学评论》杂志编辑，这个时段就期刊的生命而言当然不算长，但在个人的学术生涯中势必留下深刻的印记。不同于几位资深的编辑同事，《外国文学评论》是我迄今任职的唯一编辑岗位，因此我无法泛泛谈论做编辑的体会，而只能思量着说出在这个期刊编辑部工作数年后相当具体的想法。一如我无法泛泛谈论学术工作：真正有志于学术的学者内心都清楚，自己是因为认同某几位前辈学人的人格与学品，才举意做某一类型的研究。同理，任职于一个编辑部，也就意味着认同于一种非常具体的工作方式与态度。

外国文学或比较文学专业的毕业生，大体将从事四种类型的工作，即讲、写、译、编。"讲"即授课或以讲座形式介绍自己的研究进展，"写"即论文发表或学术随笔写作，"译"即学术或文学翻译，"编"即学术论著或外国文艺作品编辑。外国文学方向的毕业生入职后，大体以某一领域为主业，同时或深或浅地涉猎其他方面。当下该领域的学术型编辑，便是以学术论著编辑为主业，兼顾讲、写、译三事。四方面的集合，就构成了我所谓的"连字符"编辑。外国文学领域的编辑，往往是教师—作者—译者—编辑的身份联合体。

这当然与当下中青年学者深陷其中的"多线程工作"处境类似：编辑或兼任教师，或被要求高频度地发表论文，同时还可能接手了若干种学术或文学著作的翻译任务。我想，倘若不能合理地安排多项任务，这种多线程工作（或"能者多劳"）未必是好事。韩炳哲说，多线程未必都是进步，原始人不得不兼顾多端，精细分工才是现代社会的进步表现，多线程往往以牺牲专业性为代价。[①] 过度多线程，难免压缩专事编辑业务的时间。我的同事严蓓雯在收入《"作嫁衣者"说——中国社科院学术期刊编辑心声》一书中的文章有言："编有余力，则以写文。"保证充分做好编辑值守，然后兼顾写文、译书等其他领域，才是适量合理的连字符状态。当然，如何找到连字符状态的最佳节奏，我自己也在不断摸索。

适量合理的讲、写、译有助于编辑业务。"讲"，不管是适量授课还是讲座报告，都有助于提醒自己论述问题时如何做到思路清晰、构架井然。特别是在交流中，对生活在中文语境中的学界同人有什么样的共享知识网络能形成一种判断感觉。比如，阐释一个观念，需用十句话由浅入深地铺陈，对于那些学界同人熟识的领域，可以从三四句讲起，而那些冷僻的领域，则需从一二句讲起。这种讲的分寸感，最能从讲课或学术报告中习得。在编辑他人

[①] 韩炳哲：《倦怠社会》，王一力译，北京：中信出版社，2019。

文章时，拥有分寸感的编辑能提醒作者略去赘语或补足中文学界不熟悉的信息；行文中，协助作者营造一种"娓娓道来"的文本情景。同时，编、写、译，都是独自伏案工作，只有线下抛头露面地"讲"，才能与学术世界时时保持鲜活的接触，不至于坠于"深度社恐"。

学术写作对于编辑的训练自不待言。文学毕竟是"没有达诂的暧昧"[①]。我不认为文学的主要功用是"教诲"，文学的职责更应该是照亮生活世界里的暧昧不明之处，让读者获得其他文体所不能提供的知识与领悟。因此阐释文学的文字往往暧昧，不易找到准确而显豁的表达方式。能主动驱遣学术语料库的编辑，才能帮助作者找到论证幽微精细处的最佳方案。因此学术编辑也应写作学术论文，在实战里揣摩表达，搭建自己的学术语料库。

对于外国文学、文化研究期刊的学术编辑来说，译与编的联系最密切。外国文学研究学人撰写论文时，与中国研究任务不同，文章在提出自己观点的同时，有连带介绍尚未译成中文——或不同于现有中译本而另有新解——的语料资源的责任。不掌握某种外语工具的同人，阅读论文后可能会转引使用。那么，首度出现在外国文学研究论文中的文学作品或理论文章，其译文的准确度就尤为关键，否则可能以讹传讹。因此《外国文学评论》编辑部的共识是，外文引文，遇到文意不畅之处须与作者核对原文（如编辑不掌握该种外语，则请教专家），如作者始终不能提供文从字顺的译文，则编辑甚至捉刀试译。《外国文学评论》鼓励编辑与作者一起推敲译文，力求根绝误译，并留下可靠、可信的译文。虽然期刊无权篡改作者的思想，但权威期刊理应刊载权威的译文，理应提供针对现行研究的准确描述，让同代或后代学人放心使用。这就要求编辑平时能适度提笔翻译，熟悉翻译的原则和技巧。我所在的编辑部，几位编辑都有对英、法、日、西班牙、匈牙利几种语言较为丰富的翻译经验。我自己也始终把思果的《翻译研究》和《翻译新究》放在案头，并推荐给研究生，因为在翻译中揣度自己的外语工具与中文之间的转换关系，是外国文学研究者的基本功。此外，有翻译经验的编辑也能看出某些来稿中"食洋不化"的语句，除去作者中文表达不佳的情况，利用这一技能或可发现

---

① 汪晖:《颠倒》，北京：中信出版社，2016。

学术不端的蛛丝马迹。

"编"又有独到的基本功，反过来帮助"写"与"译"。好文章和好作者能让编辑洞悉学术新动态，编辑也能从资深作者那里学到不少文章作法。这几年，我从作者那里学到很多，不仅是学术动态和文章技巧。一位90后学者担任匿名外审专家时，广泛查阅资料，写出三千字匿审意见，这种做学问的态度让人动容。一些学者写作论文时，容易有同义反复、行文冗赘的问题，编辑则可以协助力求精简，让思想容量与其占据的行文版面大体对等。资深编辑谙熟中文学术写作中常见的错别字和易出错的句式，可以快速锁定一页版面中的讹误。简·奥斯丁《劝导》的译者、我的同事龚蓉女士可以不假思索地说出英美主要出版社的所在地……以上种种"编辑力"（借用日式说法），可大大提高学术成品的质量，我自己也有意识地养成种种编辑力。

优秀的学术期刊编辑协助创造高质量的学术文章。至于怎样算是"好文章"，编辑经验也让我形成了一些想法。我本人自2012年入中国社会科学院工作以来，长期从事西班牙语文学和拉丁美洲文化研究。在这一领域中，像当下许多学科一样，对于研究话题，求"大"的呼声高，研究界每每期待学者针对拉丁美洲整体发言，下恢宏的通识判断，具体个案研究则受关注度低。期待、追求"大"的话题本身没有错，在外国文学文化研究领域，同人应该围绕共同的核心话题发言，不能囿于零星琐碎。这也是中国人治学的一贯态度，苏辙《上枢密韩太尉书》中说："且夫人之学也，不志其大，虽多而何为。"但关键是如何理解文章的"大"。没有精审的基础，求"大"很容易流于空论，游谈无根。

史学家严耕望引用杨联陞对优秀著述的赞语，提出好的论著应该"充实而有光辉"。这句话当然出自《孟子》"充实而有光辉之谓大"，所以说"充实而有光辉"恰好解释了何谓"大"。严耕望又提出，这个标准与胡适所强调的文章标准"精细而能见其大"意境相近。在严耕望看来，想要写出好的论著有两个层次：先求"充实而精细"，而后期待"有光辉"。[1] 那么我想，"编辑力"就体现在"充实而精细"上面。

---

[1] 严耕望：《治史三书》，上海：上海人民出版社，2011。

充实而精细，第一步意味着材料丰富、引注准确、组织恢宏、不发空论。例如，以中文为载体的外国文学研究与中国文学研究不一样，前者要花费相当笔墨精当地铺陈域外文史信息。倘若来稿不能使用扎实材料加以说明，仅是援引中文普及读物，则难免让人怀疑作者对相关外国文史知识的把握程度，是谓不够充实。又如，作者在写论文时，往往先做摘录笔记，之后将笔记誊录到论文中，其中难免有讹误，因为最初的笔记未必想到会用在论著里（我自己近期在核对即将刊发的论文时也发现类似问题，十分汗颜），是谓不准确细致。因此，如引用材料是常用书，编辑须核对原文；引用外文，如编辑语言能力过关，遇到文意不畅之处须与作者核对原文，甚至修葺译文。再如，某一核心问题，特别是古典或经典问题，海外学者必然有丰富论述，倘若文章绝少提及，甚至连注释也没有，则建构论文的基础势必不够牢固，编辑有责任向作者建议，补充相关论述。以上种种，也是编辑部时常提醒几位编辑的地方。

第二步要有精审的思辨。例如，论述第三世界文学与文化现象，文章倘若仅使用福柯、德勒兹，而完全忽视第三世界本土学人怎么想、怎么看，那么文章即便表面上对欧美以外的文学著作给予重视，但实则暗自强化了欧美中心主义，因为套用了"第三世界有现象，欧美有理论"的旧模式。倘若文章出现这一问题，编辑也有必要提醒作者，补充相关论述环节，否则就跳过了一个思考层次，算不上思辨精细。

因讲、写、译而获得的编辑力，刚好襄助作者完成"充实而精细"的工作。文章论述娓娓道来，写作架构井然，译文精当准确，而后才能"有光辉"。按照严耕望的说法，"光辉"可指文章显露出创见与魄力，见人所不能见、言人所不能言，显露出超人的见识。编辑协助完成充实精细的基础后，文章能否"向上顶一格"，显示出见识与魄力，就要看作者的个人水准和刊物主编点拨修改的眼光了。

程巍研究员在《外国文学评论》2021年第1期的编后记中说道，刊物"就像一面猎猎作响的风中之旗"。是的，一代代作者与编辑在旗下集结，勾勾画画的稿纸和思考论辩的邮件在他们之间往复传递，而那面不易的旗帜见证了几代学人的成长、衰老、迭代与新生。很荣幸，成为护旗之人。

一本刊物也是一项事业

——我做编辑二十年

苏 玲
《外国文学动态研究》
《世界文学》编辑部

苏玲，编审，博士，毕业于中国社会科学院研究生院。1987 年进入中国社会科学院外国文学研究所工作，曾任《外国文学动态研究》^①主编、《世界文学》编辑部主任。

做一名职业编辑，是我以前从来不曾想过的事。入行之前，与大多数人一样，拿起一本书或者一本杂志，往往直奔主题被文字内容或插页的精彩图片所吸引，完全忽略了一本书的生产过程，只是在潜意识里有一种对铅字的

---

① 创刊于 1955 年，曾用《外国文学动态》一名，2015 年更名为《外国文学动态研究》。

崇拜。从 2001 年开始做编辑，可以说与（作者的）文字打了二十多年的交道，似乎能称得上是"老"编辑了。对文字的认识，也从崇拜铅字经过祛魅而升华为一种敬畏。现在，作为一名学术刊物的编辑，对一篇文章从选题方向到篇章架构，从文字打磨到注释规范，甚至是标点和数字的表达，统统都会自动地被纳入我的考量视野，对于非普通读者的我来说，这种关注近乎是出于一种习惯性的本能。

回顾二十多年的职业生涯，编辑工作不仅为我解锁了一本书或一本刊物生产的神秘过程，更让我认识到作为一份精神产品的力量与意义。

半路出家学"手艺"

1987 年 7 月，我毕业于中国社会科学院研究生院外文系。由于专业方向是俄罗斯文学，便顺理成章地入职中国社会科学院外文所的苏联室，从一名实习研究员、助理研究员一直到评上副研究员职称。2001 年 6 月，我顺利完成了博士学位论文答辩，论文的题目是《契诃夫传统与 20 世纪俄罗斯戏剧》。从硕士研究生毕业到在职博士研究生毕业，我在苏联室工作了十三年。其间，我先后于 1989 年和 2000 年两次去苏联时期的莫斯科和苏联解体以后的莫斯科学术进修。如果没有博士研究生毕业答辩的契机，我可能也就"顺理成章"地在苏联室（苏联解体以后更名为俄罗斯室）工作下去，也就是继续沿着俄罗斯文学研究，尤其是俄罗斯戏剧文学研究的道路走下去了。

外文所根据语种和地区的不同设立不同的研究室，除了各个研究室，外文所还有三本刊物，并为此设立了《世界文学》和《外国文学评论》两个编辑部，其中《世界文学》编辑部负责编辑出版《世界文学》和《外国文学动态》两本杂志。因为语种不同，各个研究室之间并没有太多交集，而编辑部则显得特别不同。记得 1995 年夏天，外文所工会组织职工去山西五台山和大同旅游。这次活动是我记忆中外文所一次空前的集体活动，参加人数之多，印象中是坐满了两辆中型面包车。在一众同事中，《世界文学》编辑部的同事最为热闹和活跃，他们不仅相互亲密无间，老师辈和年轻辈说说笑笑，与其他研究室的同事也相对熟络。这让一旁的我心生好奇和羡慕，因为除了苏联室的同事，我与其他同事最多也只是点头之交。对编辑部这群同事间亲密关系的好感，成了我对这个职业好奇与向往的另一粒种子。

根据规定，博士学位论文答辩需要请相关学术专家进行书面评审。而我的两位书面评审之一，正是当时的《世界文学》编辑部副主任、《外国文学动态》副主编严永兴老师。严永兴老师既是俄罗斯苏联文学的资深专家，也翻译了大量的俄苏文学作品，对当代的俄苏文学尤有研究。因为是研究同一语种的老师和同事，所以与严老师还是相对熟悉的。在严老师家取评审意见的时候，他笑吟吟地对我说："我看你的博士论文内容是当代的嘛，其实你很适合来《外国文学动态》工作。"我随口礼貌性地配合严老师的"玩笑"答道："好啊！"其实，我并没有把严老师的话当真，因为在我心里调动工作岗位差不多就是天大的事，怎么可能说得如此云淡风轻呢。答辩结束以后的一个工作日，时任所长黄宝生老师把我叫到所长办公室，同样是笑眯眯地用他一贯不急不缓的语调对我说："听说你愿意去《外国文学动态》编辑部呀？"我一听知道事情大了，面对领导提出的这个严肃问题，我知道我必须认认真真地回答。对编辑工作完全无知的我，本能地对自己产生了怀疑，于是我忐忑地问了所长一句："黄老师，我合适吗？"黄老师不假思索地回答我："我觉得你很合适呀。"我能感觉到，黄老师的回答不是敷衍，而是一种明明白白的信任和认认真真的认同。也许是内心深处的热情被这样的信任所点燃所召唤，我几乎在两秒钟里就做出了我这小小人生中的一个重大决定："好的，那我去。"多年以后回想这一幕，依然清晰鲜活，可以说是一个在我看来的"玩笑"改变了我的人生轨迹。这是 2001年 6 月。就这样，我半路出家当了编辑，从一无所知开始学习编辑这门"手艺"，而严永兴老师则成了我的入门师傅。

编辑部是一班人马负责两份刊物，一是《世界文学》，二是《外国文学动态》。虽说大体上有分工，但两本刊物的工作大家都有份儿，不管是哪一本刊物的选题会或者刊检会，所有人都得齐刷刷地出席到会。我到编辑部的第一印象就是这里的会真多，研究室大多是年终的总结会，而编辑部则几乎是每周一小会、每月一大会。而开会也不尽是领导在说，而是每个人都要发言，这对天性羞涩的我来说不啻是第一件头疼的事。但正是这各种大大小小的会，让我更直接更快速地了解了编辑部的工作流程，也了解了一本刊物的生产过程。从每个编辑根据对各自语种原作或文献的阅读筛选出选题到在会上对选题的陈述与讨论，从选择译者到跟译者联系沟通，从采用不同方式的催稿到收到稿件后的编辑加工，从目录排序到统稿发稿，从反复校对到最后核红，等等，这还没算上处理投稿、回复读者来信、与印厂沟通，以及接受中国社会科学院期刊管理部门和国家新闻出版署的年检审核。随着刊物的周期，两本双月刊就像两支此起彼伏的旋律，也像两道来自远方涌向岸边的潮汐，既相互交织，又彼此独立，将世界文坛的最新讯息和佳作篇章一波接着一波推送到中国读者的面前。中国作家沈苇的一句话后来常常被高兴主编引用，大意是，中国作家有两种，一种是读《世界文学》的作家，一种是不读《世界文学》的作家。《世界文学》在中国读者心中的分量和意义可想而知。

《世界文学》是我国最早也是最权威的外国文学译介期刊，其历任主编的名字在我国学术界个个都是大名鼎鼎：曹靖华、冯至、陈冰夷、叶水夫、高莽、李文俊、金志平、黄宝生、余中先、高兴，更不用说刊物的创办人鲁迅先生和他的战友茅盾先生了。我进入编辑部时，正是黄宝生和余中先两位主编新旧交替的时期。进入编辑部，我才慢慢开始了解了《世界文学》和《外国文学动态》的历史，而这些历史都不是白纸黑字上的一段段介绍性话语，而是一个个生动的面孔，一段段有趣的逸闻趣事。最常被同事们所提到的趣事还与编辑这个职业有关：高莽先生任主编时，可能是为了强调编辑职业的崇高吧，在编辑部例会上提到了许多伟人的名字，比如马克思，列宁，李大钊，毛泽东，等等，说他们都做过编辑。这时候只听李文俊老师幽幽地接了一句："可是他们后来都不做编辑了。"我是从高兴主编嘴里听到这件趣事的，他在大学没毕业的时候就被编辑部的杨乐云老师相中了，可以称得上是编辑部里年轻的"老人"。我到编辑部时，还有好几位"老人"：主编余中先、主任李政文，以及邹海仑、庄嘉宁。现在常常怀念编辑部那些开会的日子，大家或对刊物的发展提出自己的建议和设想，或是分享自己做选题的心得和遇到的难题，或是指出自己或同事在编校上的不足甚至错误，大家直言不讳各抒己见，带点火药味的时候也是有的。两月一次的刊检常常是编辑部聚餐的日子，好像也是团圆的日子。两本刊物，把我们十几个人紧紧联系在一起，荣辱与共，甘苦共担，让每个人懂得了团队的意义，也形成了对集体的依恋。2003年，刚刚进入编辑部不到两年的我赶上了筹备《世界文学》五十周年的庆典，记得黄宝生所长带着我去院长办公室，邀请了陈奎元院长出席我们的庆典。2013年，我又参与筹备了纪念《世界文学》创刊六十周年的活动。在六十周年庆典上，我们邀请了编辑部的前辈们，向他们致敬献花，感动了在场的每一个人。是啊，一本刊物就是一项事业，每一个默默付出的编辑都是这项事业的功臣，没有一代代编辑的付出，就不会有刊物的今天。无形中，这种敬业和奉献精神感染着年轻的一代代，在这些老编辑的身上，我看到了传统的力量，也看到了文学的力量。

初入编辑部，严永兴老师是我的第一个师傅。严老师在2001年时已是"超期服役"了，非常惊叹他几乎以一己之力在坚守着《外国文学动态》。编辑部当时的人员变动有些频繁，记得有两三个年轻编辑好像跟我打了几个照面就"消失"了。我的编辑业务学习，是从认真阅读严老师看过的校样开始的。严老师看校样的超强能力在编辑部有口皆碑，有"严三校"的美誉。从一个个修改符号的正确写法学起，我开始逐渐建立对文字的敏感度，懂得了什么叫统稿、发稿，懂得了版式要求，也懂得了编辑规范，甚至能发现注释中的问题。而编辑本身的学术素养、文字水平，也能帮助编辑在处理稿件中发现作者的遗漏或错误，不仅让作者钦佩感激，也使刊物避免了难以挽回的失误，而有的错误对一本刊物的声誉几乎是毁灭性的。对我来说，当了编辑似乎才更加明白了"白纸黑字"意味着什么。记得当编辑的头两年，正逢中国外国文学学会换届和增补理事。《外国文学动态》作为学会的会刊，理应刊登新一届理事名单。因为没有重新核对理事的姓名，导致一位理事的名字错了一个字。在刊检会上被同事指出来以后，我真恨不得找个地缝钻进去。这不是一般的错误，这样的错误被那位理事看见肯定会非常生气，他肯定会想这个杂志的编辑是多马虎啊。一边担忧自己会给杂志声誉带来负面影响，一边对那位不相识的理事怀着深深的歉疚，这样想着，我的眼泪不禁夺眶而出。

在场的同事们也许至今都还记得这一幕，记得我当时是如何忍着泪匆匆地跑出了会议室。人生匆匆数十年，也许有些场景是自己一辈子也不会忘记的。在我的编辑生涯中，这一幕始终被刻在了我的脑海中。从此，这样的错误再也没犯过，而且对这样的错误也是零容忍。当然，编辑其实也是一种永远都会有遗憾的工作，看得再仔细的校样，总能在成书之后发现这样那样的错误或者遗憾，如果内容上没有出错，也许版式上也会有瑕疵。如果说编辑是一门手艺，那也真的是"艺"无止境。

当然，我的师傅不止严老师一个。李政文主任当时负责看《外国文学动态》三校，常在校样上修改错误或标出存疑，有时还会把意见和说明写在一张单独的纸上，也反复跟我强调编辑部对发稿的传统要求——齐、清、定。余中先主编任上我成了编辑部副主任和《世界文学》编委，参与了俄罗斯文学选题的组稿与责编，同时也是"世界文坛热点"栏目的组稿和责编。他的勤勉与高效一直都是编辑部的标杆，他的翻译成就也成了我们的"天花板"。庄嘉宁负责杂志的版式、封面、插图以及整个流程，他的工作是确保杂志一直保持鲁迅先生创刊时的形式风格，我经常从他画的版式标记上学到版式设计知识。嘉宁兄不仅亲切开朗，更是一本编辑部历史的活字典，刊物史上的重要掌故和一个个前辈的故事他随时都能娓娓道来，让历史成了一个个生动的画面和一副副鲜活的面容。高兴与我同龄却是资深的编辑前辈，在余中先主编任上他是编辑部主任，我作为副主任协助他。后来他成了主编，我作为编辑部主任与他搭档。我们一起管理着编辑部这个大"家"，一起张罗举办了许多活动，一起为编辑部和刊物的明天尽心尽力地操持，他在文学上的才情和对文字的敏感，让一本文学的刊物始终保持了文学应该有的温度和活力。在我进入编辑部这二十多年间，也有不少同龄或年轻的同事陆陆续续加入进来。他们的加入为编辑部注入了新的活力，让一本刊物如一个机体永远充满蓬勃向上的力量。

编辑知识借助现成的教科书是可以学习的，但只靠学习教科书却成不了一个好编辑。在我看来，这是一门博大精深的"手艺"，需要从书面学习，需要在实践中学习，也需要像学徒一样靠师傅的"传帮带"，有时候甚至需要师傅耳提面命、手把手地教。所以，我心底里始终把先我入行的前辈当成师傅，面对后辈，我也愿意像一个师傅那样倾囊相授。

一切都要围绕办刊宗旨

现在我们常说"不忘初心"，我理解，一本刊物的"初心"就是它的办刊宗旨。

编辑部编辑出版两本杂志，由于行政编制的原因，围绕这两本杂志开展工作是我们每一位编辑的职责。但是两本杂志有很大的区别，这跟外文所对两本刊物的定位策略不同有关系。《外国文学评论》创刊于20世纪70年代末，是诞生于改革开放新时期领时代风气之先的学术期刊，它以前瞻性视野和既传统扎实又开放包容的学术风范成了我国外国文学研究界名副其实的高地。《世界文学》原隶属于中国作家协会，后并入中国社会科学院外文所，以翻译介绍当代外国文学优秀作品为主，有着悠久的历史和强大的影响力，是学界的"老字号"，是当之无愧的名刊。而《外国文学动态》虽然创立的时间很早（1955年），但一开始是作为内参，为我国对外宣传、掌握国际形势（斗争）动向提供意识形态信息和决策参考的。它曾经有《外国文学资料汇编》《世界文学资料汇编》等名称，很长一段时间里是以目录开篇，并不具备一本刊物的标准模样，而且不公开发行。从功能作用上讲，它跟《世界文学》是配套的，《世界文学》用作品说话，《外国文学动态》以中国学者评析外国文坛作家作品动态以及文学趋势走向为主，用信息说话。随着"冷战"结束和全球化时代的到来，《外国文学动态》的功能也从外宣的"参谋"过渡到了对文学本身的认识和关注。1996年，由于办刊经费紧缩，《外国文学动态》面临停刊的局面。时任所长吴元迈与南京译林出版社章祖德社长商议，由译林出版社出资协办，《外国文学动态》从此开始了与译林出版社长达二十年的合作，成为这本期刊史上的一个佳话。两位领导出于对一本刊物的爱护与责任，保全和延续了这本刊物的生命与文脉。2001年，我进入编辑部，作为严老师引进的"徒弟"，自然更多地承担起了《外国文学动态》的编辑工作。严老师很快就退休离职，作为《外国文学动态》这个小团队里最年长的我，自然就产生了一种守住阵地的使命感。

在我国不足十本外国文学研究期刊中，《外国文学动态》一直是不起眼的存在。一是体量小，影响力自然就小。记得刚入编辑部时，《外国文学动态》是三个印张48页，每篇稿件在3000字左右，编辑工作量并不算大。二是因为体量和定位，来稿多是信息类的稿件，也就是只能解决学术研究最基础的需求，有相当大比例的来稿还是直接编译自国外的原文书籍和报刊，编译的质量也参差不齐。当然，也有许多后来成为大名鼎鼎的学者（包括外文所内的）曾经是刊物的作者，但刊物的体量和对时效性的要求反倒成了阻碍刊物发展和提升的障碍。可能也正因如此，才有了时间让我渐渐熟悉编辑业务，对刊物的定位和宗旨有了更深切的认识。同时，也使我有了不少时间和精力兼顾《世界文学》的选材和编辑，熟悉编辑部当时的日常工作秩序。即使到了刊物扩至六个印张98页的时期，由三四个同事组成的小团队还是应对自如的。

《外国文学动态》面临更大考验的时期是进入新千年以后，尤其是信息技术发展日新月异的2010年前后。一个读者要了解国外文坛的最新动态，他可以直接到互联网上去搜索，又方便又快捷。一个作家获奖了，还没等我们的刊物出版，报纸、网络以及很快出现的自媒体平台上各种信息就已经铺天盖地。一个研究者要想更加深入地了解某个话题或某个作家，《外国文学动态》上三四千字的文章完全不能满足这样的需求，因为刚刚进入正题文章就要收尾了。一句话，从时效性上我们比不过报纸和网络，从学术深度上我们又比不过学界已有的兄弟杂志。我们未来还会被需要吗？我们今后的路怎么走？为此，我们陷入了深深的思索和焦虑，甚至不止一次地请所内外专家学者建言献策，为我们把脉。2015年，经过了近两年的筹备，《外国文学动态》正式更名为《外国文学动态研究》，并扩版至七个半印张120页。可以说，《外国文学动态》在这一年完成了真正的转型。这样的转型，是顺应了时代的变化和客观形势的需要，同时，也是编辑同人们对一份杂志的责任心和使命感使然。我们的收入没有增加，但我们的工作量增加了，因为刊物的升级就意味着对编辑的要求要升级，编辑需要付出更多的努力。经过五年的摸索，编辑团队扩大到五人，大家终于鼓起勇气奋起一搏，在2020年将杂志扩版至十个印张160页。随着刊物的扩版，投稿量增加了百分之三十甚至更多，每个编辑的审稿编辑量增大了，且难度也是加倍地上升。

目前，刊物已被列入中国社会科学评价研究院和南京大学中国社会科学评价研究中心评价体系的核心期刊方阵，从一本以信息类为主的一般刊物成了名副其实的学术期刊。编辑部的书架上摆着不同时期的《外国文学动态》和更名、扩版以后的《外国文学动态研究》，常常让人不禁感慨。回顾我做编辑这二十多年的岁月，最开心最值得安慰的是当我拿到2020年第1期的那一刻。陈众议所长曾好几次开玩笑说："你有两个孩子，一个是你儿子，一个就是《外国文学动态》。"仔细想来他说得有道理，作为一个编辑，我从"小白"已成长为一个主编，刊物的成长伴随和指引了我的成长，我成了"老"编辑，刊物也如孩子般变得成熟和健壮。换句话说，如果不能像爱孩子一样爱这个刊物，怎么能把二十多年的岁月都交付于它，让自己的生命"虚度"呢。很骄傲的是，我把编辑当作了我的职业，把一本刊物当作了我的事业。

我们常喜欢说任何事物万变不离其宗，刊物的变化似乎也不例外。在我看来，《外国文学动态》自诞生之日起就有着自己肩负的使命，它的基因里带着的是"动态"。对"动态"的偏向首先是它可以为读者的好奇打开一扇窗，让人们看看外面的文学世界发生了哪些新事趣事，哪些是值得我们借鉴学习的，哪些现象是让我们警醒的。同时，它也如同一个排头兵，为后续部队的深入探出一条有效的路径。在20世纪50年代，它的聚焦点在苏联。六七十年代，它和《世界文学》一样，把目光又投向亚非拉。改革开放以来，随着欧美文学大量翻译引进，也是它首先讨论起了"黑色幽默"、"魔幻现实主义"、现代派以及各种"主义"。我们可以看到，世界文学的每一次浪潮和波动，都在它薄薄的册页中留下了印记。它虽然不厚重，却是人们喜爱的手边资料，直至它的及时性抢不过报纸、它的丰富性比不过网络。

我们也曾经尝试过进行一种长期的跟踪和综合性的呈现，以连续性和多语种的丰富性来弥补我们在时效性上的劣势。2011年，我们开辟了"外国文学年度报告"栏目,集中呈现了世界主要语种和地区在新世纪头十年的文学现状,组稿将近二十篇。我们的规模效应取得了明显的效果。第二年开始,我们每年用一期的篇幅来刊登上一年度的文学现状报告,每篇七八千字,大的语种偶尔会上万字,这在当时已经是最大限度的体量了。没想到,这个栏目一做就是十年,这应该是我们刊物持续最久、作者最稳定、约稿最有规律的栏目了。事情证明,坚持走"动态"的道路,刊物也是能够产生一定影响力的。直到2021年,我们才结束了长达十年的集中组稿,但仍保留了这个栏目。之所以停止这个栏目的集中约稿,首先,因为目前已有书籍和报刊有同样的选题内容,要寻求差异化不如另辟蹊径。其次,强调时效性就很难保证更深入全面的学术性,因为人们对刚刚发生的现象进行思考和解读需要一定时间的沉淀。最后,随着刊物的扩版升级,对内容的要求也有所侧重和改变。扩版以后刊登的稿件一般都要求在8000字左右,这样的长度显然为作者深入探讨某一话题提供了足够的篇幅,也使刊物增加了更多和更深入的学术性探讨。刊物扩版以后,我们又在"专题"栏目上开动脑筋,组织了有关现实主义文学、西方当代左翼文艺思想、阿拉伯剧变与文学世界、网络文艺与青年亚文化、灾疫与文学书写、数字技术与电子文学、侦探推理小说、科幻文学与"后人类""战后思想"与右翼话语反思、中亚文学、文学中的英国与欧盟等话题性的稿件,对当今人们所关心的热点、焦点话题进行较为深入集中的探讨,而所有话题的展开,还是没有离开我们所要坚守的"动态"这一阵地。

《外国文学动态研究》在这二十多年来几经变化,不论是更名还是改版和扩版,但始终没有放弃对现状的追踪和研究、对动态与趋势的把握,而事实也证明,对"动态"的挖掘完全可以是多层次多角度的,刊物也做到了在不同时代和历史背景下对外国文坛信息进行不同层面的挖掘和不同方式的呈现,做到了与时俱进。组织专业话题、开展平等讨论、引导学术方向,历来都是一本学术期刊的职责和作用。而我们的刊物在这方面还应该有更大的作为,因为人们对当下的关心永远都是最强烈的。

是"裁缝"，更是"桥梁"

人们常常把编辑比喻为"裁缝"。的确，编辑面对一篇文章一定会按照出版规范和刊物要求进行修改和规整，难免要剪剪裁裁、增增减减，与裁缝还真有些相似。可完全不同的是，裁缝面对的是没有生命的布料，而编辑面对的则是一字一句背后的作者。当编辑在做稿子的时候，他的面前从始至终都站着隐形的对手或者伙伴，他要去审视、猜测、赞美、说服或纠正对方。在编辑的心目中，一头装的是作者，一头装的是读者。所以，我觉得编辑更像是一座桥梁，要协助作者把想要表达的思想力量、情感温度和语言之美传递给另一头的读者。

在我从事编辑工作之前，作者、读者对我来说就是一个个概念。进入具体的编辑工作了，除了文稿的标题，首先映入眼帘的就是作者的名字了。从事编辑多年以后，我们常常会在来稿上看到一些熟悉的名字，像是旧相识，也像是老朋友。不看正文，我们大体上知道他会怎样"说话"，对哪些话题有偏好有研究，哪些话是他以前说过的，哪些是他的新思想新观点，等等。编辑需要跟作者联系，对陌生的作者，我们会礼貌周全，会清清楚楚表明我们对来稿的意见（常常也是需要修改的意见），这时候肯定需要编辑注意措辞，以把想表达的信息（批评修改意见）传递过去为目的，但前提是对对方的充分理解和尊重。当反反复复与同一个作者联系（往往是通过电子邮件）之后，我们也会在信里聊聊对其他相关话题的看法，甚至聊聊自己的近况生活。就这样，我们彼此间建立了信任，成了可以交谈许多话题的朋友，有时候也会想念没有见过面的对方。多年以后，也许在某一个学术会议上，我们就会偶遇，虽说是初次见面，但我们却是神交已久的朋友，那么亲切，那么开心。对我这个编辑来说，作者不再是几个印刷体的汉字，而是一副副鲜活生动、亲切温暖的面容。这样的作者（也包括译者），我在《世界文学》上有，在《外国文学动态》时期以及更名之后的《外国文学动态研究》上则更多。

期刊作为公开发行的出版物是有共性的，而具体到某一份期刊，则又有个性。作为编辑的我对自己作者的这份感受和情感，我想也是跟《外国文学动态研究》这本刊物有必然的关系。作为一份不那么"热门"的刊物，发现好的作者、培养好的作者更加不容易。《外国文学动态研究》的作者大多是在读的年轻学子，或者是高校的年轻教师。出于答辩或评职称的压力，他们的投稿量非常大，稿件的质量也不可能尽善尽美。对于我们能挽救的选题或经过修改可以刊发的稿件，我们都会热心联系、耐心引导。有时候一篇稿件要经过十几轮的来回交流，拖个一年半载的情况也有。这样的交流和改稿的"折磨"过程，对作者和编者而言都应该是难忘的经历和体验。许多作者最后都会对编者表达感激，可对我来说这样的感激是双向的。刊物与作者一样需要进步与提升，我们与作者就像一起爬坡的同伴和战友，相互扶持，共同努力。多年以后，我的很多作者都在自己的岗位上成了骨干力量，成了中国外国文学研究界、翻译界和教学界的后起之秀，我在心底里为他们骄傲。我想，作为一个编辑，这就是这份职业带给我的荣誉与回报吧。

一般来说，每个刊物都有自己的作者群。围绕一个栏目，其实也会有一个作者群。"外国文学年度报告"是一个我们办了十年的栏目。这个栏目的作者，囊括了英语、法语、德语、俄语、波兰语、意大利语、西班牙语、葡萄牙语、阿拉伯语、韩语、希伯来语等世界各主要语种和地区的文学研究专家。在这群作者中，有坚持数年后因为各种关系离开的，也有后加入进来的，还有从栏目创办一开始就加入进来跟我们一起足足坚持了十年的。紧紧围绕"动态"主题，一直是我们坚定不移的大方向，而年度报告就是最鲜活的动态。几乎每个作者在岁末年初之际都会放下手上的其他工作，全力以赴地撰写报告。他们没有现成的中文资料可供查阅，要花大量时间阅读原文，他们要在浩如烟海的文献材料中筛选分辨出自己需要的素材，他们要条分缕析地整理出成为一篇文章的逻辑，他们要为一本书名的译法绞尽脑汁，他们也要为一个作家的背景资料而各处求索……有时候我在想，我们太难为这些作者了。每年，我们会以"外国文学年度报告"为题召开学术研讨会，让这些作者个个现场为大家解读自己的发现和思考。这样的学术活动，不仅吸引了年轻学子和各语种的研究者，也同样吸引了出版社的编辑们，他们从中寻找到了图书出版的亮点和热点，为此也引进了不少最新的外国文学作品，他们甚至在这些作者中找到了他们心目中理想的译者。后来，我们甚至以此为题，推出了"为你推荐一本书"的活动，更大程度地发掘和展示了报告所提供的信息和每个作者的工作成果，也很好地完成了刊物追踪研究外国文坛最新动态和趋势走向的目标和初衷。

过去，每逢新年编辑部都会提前给作者寄明信片，当然也能收到作者的明信片或信件。自从有了电子邮件特别是微信，人们联系沟通更方便快捷了。逢年过节，我依然会在邮件或微信上与作者朋友互动。常常会收到来自他们的消息："苏老师，我今年评上职称了！""苏老师，我根据咱们的选题申报项目成功了！""苏老师，我结婚了！""苏老师，在遥远的异国他乡祝您新年快乐！"……每当收到这样的问候和信息，我都感觉自己在从事一个温暖的职业，还有什么比得到如此温暖的惦念和问候更幸福的事呢。

不管是《世界文学》还是《外国文学动态研究》，我们做的都是与文学相关的刊物，我们要让它像文学一样有真诚的态度、有善意的情感、有美好的表达。能在这样的期刊工作，是我一生最大的幸运。

写作此文期间，恰好是我退休离职前后，所以这也算是我对自己职业生涯的一个心得小结和简短的回顾吧。千言万语不知从何说起，所以我迟迟没有动笔，眼看交稿时间已经过去。对一个编辑来说，最怕碰到患拖延症的作者，所以自己感到了加倍的歉疚。细细想来，我的难以下笔其实是因为有太多的话想说，也是因为难以与我的刊物和多年的工作伙伴告别。在告别的时刻，最想说的不是工作有多辛苦，而是有多感恩与这份职业的相遇和与工作伙伴的相伴。我想，在一个被称为"为他人作嫁衣"的行业里，纵使有千种焦虑万般辛苦，但是面对文字，面对以一本刊物的形式投入到时代前进的行列、投入到国家民族的精神文化建设之中的使命，任何一个编辑都是责无旁贷的，也会是无怨无悔的。对我个人而言，不管是否在岗，这份职业经历都会沉淀下来，成为我终生的精神财富，让我始终保有对文字的敬畏和对编辑这个职业的崇敬。

《中国语文》编辑部的故事

陈　丽
《中国语文》编辑部

陈丽，编审，毕业于北京大学。1997 年进入中国社会科学院语言研究所工作，现为《中国语文》编辑部副主任。

1997 年 8 月，我入职中国社会科学院语言研究所《中国语文》编辑部，不知不觉间，已在期刊编辑这个岗位上工作了近 26 年。二十多年来，随着国家的日益强盛和科学技术的日新月异，《中国语文》编辑部的工作环境和工作方式也发生了很大的变化：从一篇篇五花八门的手写邮寄投稿到如今的全程网络投审稿处理系统；从铅字排版（尤其还有国际音标、古文字造字等繁难问题），下印厂核红的艰难，到如今漂亮的方正排版、可 PDF 电子版校对的便捷；从查阅文献、引文需要去图书馆翻找，到如今有大量的数据库可以搜索使用；从办公室仅有一台电脑（那时善用电脑的作者、编辑也寥寥无几），到如今疫情期间长时间居家网络办公……作为一名亲历者，见证了编辑部这些年的变化，也与这本刊物背后默默奉献的许多人一起经风雨、见彩虹。26 年的编辑生涯中有很多难忘的人和事，今从记忆中撷取几个印象深刻的片段，就当是讲讲我们"编辑部的故事"，记录一下普通编辑平凡生活中的苦与乐。

一　老编辑

《中国语文》创刊于 1952 年，1966 年停刊，1978 年复刊。刚复刊的时候，据说编辑部成员曾达到二十多人，除了《中国语文》还同时编辑《中国语文通讯》（1986 年改名为《中国语文天地》）等刊物。1997 年我到编辑部工作的时候，《中国语文天地》已停刊，很多老同志也已退休，还有的同志调动去了其他单位或所里的其他研究室，编辑部成员精简到了 10 人。记得当时办公室唯一的电脑桌面屏保上总会飘过一行大字"中国语文兵强马壮"，确实如此。

那时候编辑部内部气氛融洽，工作时大家严肃认真，一到休息时便热闹活泼起来，也是苦中作乐。林连通主任是办公室的开心果。刚上班的时候，听到所里的同事都叫他"林总"，我们这些新来的小年轻也跟着没大没小地叫，"林总"也不以为忤。每天的午饭时间就是小型茶话会，大伙吃着盒饭，听林总和编辑部的老同志们讲各种故事：早年间编辑校对是如何的不容易，如何下印厂跟工人师傅们打交道（那时候铅字排版，改动一处有可能整版都得重新处理，大铁疙瘩字模搬来换去，所以三校或核红时如果还须动版，他们面对印厂的工人师傅便非常发怵）；《中国语文》复刊后曾经一度发行 60 多万本的辉煌历史；复刊后分 A 组、B 组同时编辑《中国语文》和《中国语文通讯》，《中国语文通讯》如何受到语文工作者的欢迎；发起组织各种学术会议、举办培训班和讲习班、编辑"中国语文丛书"，投身如火如荼的思想文化建设；等等。真是说不完的峥嵘岁月，激荡人心。每年的元旦或春节，编辑部还会组织茶话会，邀请离退休的老同志们回来，与新来的年轻人见面、交流，共话桑麻。记得1998年的元旦我们就是在办公室里开的茶话会，几个办公桌拼成长条，新老编辑围桌而坐，济济一堂，听老先生们讲他们年轻时的故事：建所初期、创刊伊始罗常培、丁声树先生的严格要求、谆谆教诲，去昌黎方言调查、去各地"推普"、举办语音培训班的激越往事，1960年代语言所集体下放干校的难忘经历，吕叔湘先生在干校卖饭票的故事，学术圈的逸闻趣事……欢声笑语间，我们这些初出校门的年轻人逐渐熟悉了刊物的历史，适应了紧张的工作节奏，融入了编辑部这个集体。

除了过年过节，平时也有几位退休的老先生会时不时地来编辑部，说是"回娘家"看看。常来的有陈治文、饶长溶、苏培实。陈治文老先生那时已是七八十岁的老人，但精神矍铄，经常拎个袋子自己坐公交、坐地铁来所里。老人家特别喜欢运动，每周都要去游泳；嗜书如命，常去琉璃厂、地坛书市淘书。陈先生在20世纪50年代初语言研究所建所不久就来所工作了，是《中国语文》的创刊元老，跟他同时期来所的同事们都尊称他为"大师哥"。老先生辈分很高，却没什么架子，特别愿意与年轻人交流，和刘祥柏一起出去开了一次会，回来就成了忘年交；因跟我同姓，每次见到我便亲切地唤我"大侄女"，真是一位可亲可敬的长者。饶长溶先生瘦削干练，一看就是那种"咬定青山不放松""打不折压不弯"的硬骨头——在我们来所工作前饶先生已因胃癌做过胃部切除手术，他总说自己早已超过了医生预判的生命期限，每次来办公室时都会大声宣布"我又赚了，又多活了5年！"这两位先生退休后依旧笔耕不辍，先后出版了专著，那种精气神着实令人敬佩！苏培实先生是福建人，风度翩翩，儒雅谦和，言谈举止间令人如沐春风。我们都很喜欢听他说话，带着闽南普通话特有的韵味。那时候常来编辑部串门的还有其他研究室的老先生，可谓谈笑皆鸿儒，有被称为"杨三哥"的八思巴文研究专家杨耐思先生，西装笔挺、做派新潮的赵世开先生，《中国语文》曾经的副主编、长得很像末代皇帝溥仪的徐枢先生——这几位先生都是经历丰富、生动有趣的人物。他们一来，时不时开个玩笑，说个笑话，讲个段子，办公室里总是笑声不断，那种风雅随性、活跃轻松的气氛，至今想来依旧很亲切。

当时的主编侯精一先生，颇有开风气之先的胆魄，刊发了不少引领学术潮流的文章。2000 年前后，在侯先生的主导下，《中国语文》成立了国际化的编辑委员会，积极推动中国语言学研究与国际接轨。侯先生一直提倡编辑部的同志要编研结合，他自己是《现代汉语方言音档》《现代汉语方言音库》等大型集体项目的负责人，组织全国语言学界的力量，前后历经十数年，采用有声形式保存现代汉语方言，这在当时是极有超前意识的。副主编施关淦先生做事特别细致认真，稿子有哪里漏校了，他就笑呵呵地拿过来给大家看。记得有一次，可能是因为刚开始使用方正排版系统，机器出了问题，二校时无误的地方三校却莫名其妙地出错了，老先生惊得连连感叹："这可麻烦了！这以后怎么办！"也真是"老编辑碰到了新问题"！隋晨光、孔晓、丁欣兰三位资深编辑，当时比我们年龄大一些，但在老编辑眼里，还是小字辈，所以同事之间都习惯性地称呼他们小隋、小孔、小丁，直到今天，说起他们来，我们还是改不了口。他们三人除了承担《中国语文》期刊出版中各种琐碎繁杂的事务性工作、中国语言学会的工作，还合作编写出版了《〈中国语文〉索引（1952—1992）》《〈中国语文〉索引（1952—2002）》等。在当时电脑尚未普及、没有数据库可用的情况下，这两本索引对语言学研究者来说，都是非常实用的案头必备资料书。

进入 21 世纪后，三位"小"字辈"老编辑"也相继退休了，我们这些当年更"小"的编辑慢慢地成了老编辑，编辑部里又陆陆续续地来了几位新同事。近几年，时不时传来某位老先生离世的消息，每闻之则唏嘘不已。老先生们为《中国语文》奉献了一生，《中国语文》在学界享有的口碑和影响力，《中国语文》获得的每一份荣誉，都有他们的贡献在其中。新来的年轻同事已经不太知道他们的故事，像当初老先生们给我们讲故事一样，如今轮到我们给年轻的同事讲故事、"传帮带"了。这就是薪火相传吧。

二 稿子的事比天大

刚到编辑部的时候，印象最深的就是"校对比天大"。记得刚上班没多久，就看到主编侯精一先生发火，起因是在本该校对的时间编辑部的同事安排了别的事情。从那以后，加之日常的耳濡目染，我们知道了在《中国语文》编辑部，稿子的事最重要，校对比天大，无论什么事情都不能影响了编辑校对工作。那时候每到年底，当时的"管家"隋晨光老师会把第二年全年六期每一期编辑（加工）、换读、主编通读、发排、校对（三个校次）、核红的时间表安排好，人手一张发给大家。编辑部成员也都默守一个不成文的规定，如有出差、开会、调研、探亲、休假等事项都要选择避开校对的日子。

《中国语文》的校对流程一直有"三校九读"的传统，每个校次每篇稿子的校样至少要三人交叉校读。写文章的人都有这样的体会，自己的文章看了很多遍，还是会有些错看不出来。做编辑久了也有此问题，会出现一些视觉盲点。这时候可以看出交叉换读的好处——每位编辑的知识储备和关注点都有所不同，各有所长，各有短板，交叉换读可以取长补短，发挥集体优势，最大限度地减少可能出现的疏漏。

早年间，每逢校对的时候编辑部还会邀请在北京的作者来编辑部自校，近几年随着科技手段的发展，每个校次都会将校样扫描后发给作者自校。可以说《中国语文》发表的每一篇文章从初校到付印，都经历过十几人次的打磨。也正是因此，《中国语文》的编校质量多年来一直保持着很高的水准。

前段时间看到苏培实先生三十多年前写的一篇回忆文章，提到20世纪五六十年代《中国语文》编辑部的工作情况："那些年月，政治运动多……编辑部的同志总是白天参加政治运动，晚上加班编校《中国语文》，从没有因为政治活动多而使刊物误过期。"[①]

看来《中国语文》从不延期、拖刊的传统是由来已久的啊。犹记得每年的8月院里集中休假时，或是春节假期前后，办公楼里往往人不多，就见我们编辑部还在挥汗如雨、紧锣密鼓地工作，同事间常常互相调侃一下，我们这是在抢种抢收，时间不等人！2003年"非典"的时候，有段时间风声鹤唳，无法去办公室上班，但是《中国语文》的稿子不能停啊，不仅要校对，一篇

---

① 苏培实:《〈中国语文〉往事杂忆》，载刘坚、侯精一主编《中国语文研究四十年纪念文集》，北京：北京语言学院出版社，1993，第404页。

文章必须由不同的编辑交叉换读的规矩也还得继续——为了尽量减少人员接触，当时编辑部的同事们便两两组合，跟影视剧里的地下工作者似的，约好接头地点，各自戴着口罩，迅速交换手中的稿件。如此几轮，赶在规定时间前完成了校对任务。受新冠疫情影响的这三年，编辑部的同事们更是摸索出了适应新情况的校对模式——扫描校样，将电子版发给不同编辑和作者同时看，再由编务将同一篇文章的几份校对稿逐一过录到同一份纸样上。虽然平白增加了很多工作量，但大家也都克服各种困难，保证了疫情期间刊物的按时出版。

三 螺丝钉

《中国语文》从创刊至今，尤其是 1978 年复刊以后，形成了一整套严格、完整的审编校流程。每一篇发表的文章，从投稿到刊出，一般要经历收稿、初审、外审、三审、退改、终审、备用、体例核查、编辑加工、换读、常务主编通读、一校、二校、三校、核红、主编通读、蓝样书签字付印等多个环节，编辑们的工作日常便是在这漫长的流水线上运转。一年又一年，一期又一期，每次拿到新鲜出炉的尚存墨香的杂志，只能有片刻的轻松，马上又要投入到下一期的工作中去。编辑部的每位编辑，就像一颗颗的螺丝钉，坚守在《中国语文》这架不停运转的机器上。

螺丝钉不能生锈，审编校的每个环节，都不能有丝毫懈怠与马虎；螺丝钉也不能动摇，刊物的出版有固定的时间，每位编辑个人的科研、教学、外出乃至日常生活只能随着刊物的周期来调整，如遇冲突，也只能以编辑工作为重，舍弃其他。对编研结合双肩挑的编辑来说，正在进行的研究工作节奏被打断和扰乱是经常发生的事。长年累月持续付出大量心力都是在为人作嫁衣——若没有对编辑这份职业的敬畏心和使命感，没有不计名利、甘于奉献的精神，恐怕很难做到。

编辑的日常工作很多时候是隐形的，并不为人所知。期刊年检需要编辑部提交三审三校材料，整理这些材料可以看到，《中国语文》已发表稿件的三审流程单打印出来都是厚厚的一沓，少则五六页，多则十几页。有的文章，退改意见长达四五页，快赶上写一篇论文了；有的文章，反反复复退修了三四遍。再看退改回来的文章，有的与刚投稿时对比，在观点的提升、材料的充实、表述的精简、细节的推敲等方面均有大幅提升，有的与原稿相比简直可以说是脱胎换骨、面目一新。

三个校次的校样更是花花绿绿。《中国语文》的版面寸土寸金，为了能在有限的篇幅里刊发更多的文章，我们的编辑经常要对某页有大段空白或尾页只有几行文字的文章校样进行精简压缩——有心的读者会注意到，《中国语文》的版面上很少会出现一行只有一两个字、末页只有七八行这种情况。删减时若遇到有表格、图片或是当页的超长附注，处理起来就很伤脑筋——如果你看到我们的编辑像小学生一样在数校样上有多少行，并在旁边标上数字，那么大概率他是正在想办法调整版面，也许为了能使一张表不跨页、一段话和它的附注不分离、一张图片和一段文字能排在一起而绞尽脑汁。至于修改病句、抽检文献、核实数据、上下文对照、繁简字体转换等，那都是最平常不过的工作，甚至标点符号是用英文的还是中文的、某个符号是全角还是半角这种一般读者不太注意的细节，我们的编辑也不会轻易放过。

《中国语文》编辑部还有一种螺丝钉——编务。他们承担着最烦琐的工作，每天坐班，接电话，接收稿件，回复邮件，扫描校样，过录，核红，校样存档，与作者、读者沟通，与排版人员交接，与出版社、印刷厂协调，计算稿费、外审费，寄送杂志，交换刊物，填各类表，报销……头绪繁多，每一个小环节都不能出错。有时候还要干体力活儿，搬杂志、整理旧刊。他们的工作看似普通，却是编辑部运转中非常重要的枢纽，不可或缺。同事们有时开玩笑说，主编、编辑可以离开一个月、两个月，对杂志影响不是很大，而编务这颗螺丝钉看着不起眼，却断然不能松动，否则《中国语文》这台机器有可能会出故障。

四　传承与挑战

2022 年是《中国语文》创刊七十周年，编辑部策划出版"《中国语文》

七十年纪念丛书"，其中《〈中国语文〉七十年纪念文集》收录了部分《中国语文》作者、编者撰写的回忆文章，老一代编辑同人的采访录音整理，吕叔湘先生与前辈主编们关于期刊工作交流的书信等珍贵史料。编辑文集的过程，相当于是对《中国语文》七十年的历史进行了回顾。我们这一代编辑无缘得到吕叔湘先生亲炙，只能通过这些回忆文章，看着泛黄的纸张上吕先生修订过的笔迹，读着吕先生关于刊物工作的种种要求，字字句句，如同当面受教，顿觉警醒。

《中国语文》1978 年复刊后，"从刊物的大政方针到编辑部的规章条例，从组稿审稿到版式体例，吕先生无不倾注了大量的心血"[1]。侯精一、徐枢两位先生的文章从三个方面介绍了吕先生对《中国语文》工作的指导，可以看出，《中国语文》的办刊宗旨、制度建设等都是在吕先生的直接指导下奠定基础并形成了优良的传统，历经几任主编一直传承至今。

文中提到的诸多事例，今天读来依旧深受教益。如提倡务实与创新相结合的办刊宗旨，文中写道：

"提倡'务实'的学风是《中国语文》的特点。我们对于那些行文故作'高深'，貌似理论性很强的空讲语言学的文章是不欢迎的。

……他（指吕先生）特别告诫我们'不要被貌似艰深的行文唬住'。诚如吕先生所说，写文章是为了'供人读'，即使内容真的很艰深的文章，也要考虑'供人读'这样一个最基本的问题。"

"务实"与"创新"，正是《中国语文》多年来选用稿件的标准。提倡调查研究、少做空谈，"有几分材料说几分话"，提倡朴实的文风，是《中国语文》一直以来的坚持。

文中还有一个事例给我留下了深刻印象。引原文如下：

"1978 年 6 月 30 日吕先生来信：

……

现在按目录次序把我认为有问题的地方提出来，请大家研究研究。（1）《说

---

[1] 侯精一、徐枢：《吕叔湘先生与〈中国语文〉》，《中国语文》1994 年第 1 期。

'之所以'》是个小题目，不宜放在第一篇。不能因为是叶老（叶圣陶——笔者注）的文章就得放在前头。稿件的取舍以及编排的先后，都要'对事不对人'。对事不对人，日子长了，所有的人都会谅解，对人不对事早晚要闹出不愉快。"

稿件的取舍以及编排的先后，都要"对文不对人"——这也是《中国语文》一直以来贯彻的原则。当今很多刊物只看作者名头，碰到在读博士生、硕士生文章一律不用，在《中国语文》不会出现这种情况。《中国语文》一直以来非常注重作者队伍的发掘与培养，青年学者的发文比例一直很高，有不少在读博士生、硕士生，甚至本科生的论文入选。

在传承优良传统的同时，近年来《中国语文》也有了许多新的发展。2010年1月启用在线投稿系统，所有稿件投递、作者查询、审稿流程（包括外审专家评阅意见）、内部编辑等工作全部实现了网络化管理，所有环节均有完整电子存档。建立了500多人的匿名审稿专家库，评审环节更加规范。2016年《中国语文》为满足学界需求进行了扩版。与时俱进，开设专栏、组织国际学术研讨会、举办青年学者论坛等，扩大国内国际影响力。重视拓展数字化传播渠道，充分利用语言所微信公众号"今日语言学"的传播力，在公众号上及时推送每一期新刊的目录和主要文章的详细摘要。

新的历史时期,《中国语文》也面临许多挑战。如何在众多的语言学刊物中继续保持领先水平，保有鲜明特色；如何将刊物的发展与国家、时代的发展紧密结合，关注现实需要，服务国家社会；如何更快更好地反映学术动态、引领学术发展（如人工智能带来的新的研究课题）……对我们这一代编辑来说，还需要不断完善自身的知识结构、提升学术水平，任重而道远。

素心事业守夜人：境界和底线

王伟，副研究员，博士，毕业于中国社会科学院研究生院。1998年进入中国社会科学院语言研究所工作，现为《当代语言学》编辑。

王　伟
《当代语言学》编辑部

一　素心事业守夜人的"无"之境界

我做《当代语言学》的编辑，已经25年。学术编辑这一行，是个什么样的职业？钱锺书先生说，"大抵学问是荒江老屋中二三素心人商量培养之事"。这就是人文社科学者的人生况味——在寂寞、清苦中做功夫，砥砺思想，赓续文明。学术者，天下之公器。"素心"者，志虑精纯，淡泊名利，心里存着公器的念想，惟学是从，醉心于名山事业。学问是素心事业，学术编辑就是素心事业的守夜人。

守夜人，就是夜里打更巡视，保一方平安的人。这份工作的特点，就是没有什么存在感，只有出了事儿才会受关注。学术编辑就是这样，如果你干得好，期刊正常出版，运作良好，那也就是尽职而已，不会有人关注你；只有当学术或者编校质量出了问题的时候，才会有人关注你。俗语云"报喜不报忧"，学术编辑正好相反，值得"报"的，往往都是"忧"。

没有存在感，那就是"无"啊。但是，"无"并不是什么也没有，不是无用，反而有大用。大家读书的时候，只会注意书上的文字，谁会注意纸张的存在？但是，没有纸张这个"无"，文字之"有"何以呈现？道家讲"无中生有"，不仅有"生成"之义，也含着"承载"的意蕴。学术期刊编辑，就是纸张，就是"无"。没有我们的工作，学者的学术成果就失去了依托，无从体现。

学术编辑是通过为作者服务，服务于学术共同体。成果、荣誉、名利、热闹，都是人家的，自己就守着这个寂寞的平台，一年又一年。学术是阳性事业，考虑的是创造，打破旧的，建立新的，取的是攻势；编辑是阴性事业，在乎的是要合乎规范，不要出政治问题，不要出差错，取的是守势。一阴一阳谓之道。在任何学术领域，期刊等固定连续出版物，和学会组织、院校以及学术机构一样，都是最基础机制中不可或缺之一环。为学术公器，做好"无"的本分，这就是学术编辑的命。

心理学研究表明，学术编辑是比较容易出现心理问题的职业，这跟编辑容易心理失衡有关系。想要心理不失衡，必须认命，也就是懂得，既然选择了这一行，就要摆正自己"素心事业守夜人"的定位，爱岗敬业。这样反而能在职业生涯中发现几许乐趣，几分收获，苦中作乐，乐此不疲。

二　素心事业守夜人的行事底线

当初硕士毕业刚来编辑部时，还是个听摇滚的愣头青，两眼一抹黑。刚开始，我讨厌这一行。天天对着翻译腔浓重、技术性极强的专业论文，心里气不忿儿，凭什么让我"伺候"他们呀？我学英语出身，读了六年外国语学校、四年英语专业本科，大一就开始做翻译挣钱了。这行对我来说，太寂寞。一路走来，要是说没有诱惑，那是假话。好几次，同乡故旧拉我下海，要干大买卖，动过心。可是，我不好意思。

为什么？因为是老先生手把手带我入的行。

我们编辑部的老先生，都是精通外语的高人，但是他们都甘于寂寞甚至一度清贫的生活，把一生奉献给了语言学事业，数十年如一日做期刊编辑，有的退休了还帮编辑部审读外文文献和例句。

我的师爷赵世开先生，在新中国刚成立时，就已通晓五种外国语，可谓人中龙凤。可就因为当年他的老师吴宓先生一句话，他选择了语言学，一干就是一辈子。抗美援朝时期他给志愿军做翻译，帮着审美军战俘，当年的同学、战友，后来都做了将军。可他晚年时对我说过，他一点也不后悔选择语言学作为毕生的事业，反而觉得精神上很充实，很愉快。他去世后，墓碑背面的铭文是"为语言学的一生"。2016 年，为纪念赵先生九十周年诞辰，编辑部在同济大学的当代语言学大会上设了纪念专场，现场播放了胡建华主编亲自主持制作的纪念视频。在鲍勃·迪伦充满怀旧感的歌声中，赵先生的一生通过影集徐徐展现。现场的青年学子，很多从未听说过这位学界前辈，但是一个个都看得热泪盈眶。我想，那一刻，他们应该是明白了"风骨"这个词的含义。

我们的前辈林书武先生，精通英语、法语、日语、德语，有多本经典译著。他的英语之好，连钱锺书先生都觉得"出人意外"，广为流传的"钱锺书的三封英语信函"，就是与他的书信往来。2020 年，中国知网评选中国语言学高被引论文前十名，林书武先生一个人占了两篇。1963 年，他从北京大学西语系毕业后，就来到当时还在中国科学院的语言研究所，一干就是 35 年。除了承担学术翻译和研究工作，他一直做我们期刊的编辑，直到退休。2020年 12 月，他去世之后，《新京报》记者闻名来采访，为他写了一篇纪念文章，里面引用了我对老先生的一句评价："编辑是为人作嫁，笔译是将身为桥，都是不出头露面的事业，林先生一生为中国语言学默默奉献。"

一个机构、组织，是有魂的。老先生的言传身教，就是我们期刊的魂。受到这种精神的感召，编辑部形成了一种追求卓越的期刊文化。前主编顾曰国研究员，工作繁忙。但就是再忙，他的公文包里永远装着期刊清样，一有时间，就拿出来审读。他常说的一句话是，"这稿子，就是命啊。"已经退休的张慧芬同志，有"社科院第一校对"的美名，曾担任社科院前院长李铁映同志的著作《论民主》的责任校对。她校对期刊清样，所有表格中的数字都要重新核算一遍，以确保无误；她的一个绝活儿就是虽然不懂英文，但往往能发现英文拼写错误，方法就是对多次出现的较长单词，一律核对比较每一次出现时的拼写。退休后，她仍然参加期刊校对。她经常说，"泡一杯茶，静下心来，校读清样，是一种精神享受。"现在编辑部的主体是 80 后，他们也继承了老一代干活儿不惜力、精益求精的作风。

《当代语言学》这块中国语言学的金字招牌，是多少老先生一路辛苦开拓创下的基业。我们对期刊有敬畏心，总觉得，我们这些后辈再怎么不才，也绝不能做任何损伤学术信誉、降低学术要求的事情，无论如何也要替老先生守好这份基业。这就是我们行事的底线。所以对期刊的工作，我们绝不敢偷工减料、马马虎虎，必须打起精神、精益求精。要不然，如果牌子砸在我们手里的话，我们死了，有什么脸去见老先生？

当第一次责编遇上新冠疫情

彭馨葭，助理研究员，博士，毕业于美国俄勒冈大学。2021年进入中国社会科学院语言研究所工作，现为《当代语言学》编辑。

彭馨葭
《当代语言学》编辑部

最近在与所里的一位同事讨论一个学术问题，同事说起，相关话题2022年他在所里的"五四青年演讲"中已经做过报告。所里的学术报告一般我都积极参加，但对于他的报告我真的一点印象都没有。算了算时间，才意识到那段时间是2022年中北京因疫情大规模居家办公的日子，当时我是在线上听的报告，彼时的狼狈，历历在目……

我是 2021 年 10 月加入语言研究所《当代语言学》编辑部的。此后半年，在接受编辑部王伟老师系统培训的同时，参与了刊物三期不同校次的编辑工作，逐渐对刊物的体例有了一定的了解。2022 年 4 月初，时任主编胡建华老师给我安排了一项重要的工作：负责《当代语言学》2022 年第 4 期的责编工作。终于等来了这一刻！我的心情颇为复杂。这种心情就像一个已经知道自己获奖的人在台下终于等到主持人念到自己的名字，起身准备上台领奖，既有旁人的注目，也有鲜花、掌声，但又更像一个敢死队战士被点名出列，要去完成一项极其艰巨且风险极高的任务。没有当过责编的人，大概很难理解这种感受。

《当代语言学》实行的是当期责编制。在非责编刊期，任务相对轻松，只需要对转来的稿件进行校读，按时返回即可。但是在作为责编的刊期，压力则非常大。除了要统筹安排当期文章所有校次的流程和人员、汇总三校六人次（加上核红共八人次）的校对意见并与作者沟通确认修改，更重要的是要按时完成每一个步骤——如果作者或校对人员拖延了时间，只能由责编压缩自己的工作时间，以赶上日程。《当代语言学》当期责编有一个"殊荣"，就是名字会出现在正文目录下方显眼的位置，但这也恰恰是我们压力的来源——万一真出现什么问题，追究起来，责编要负最大的责任。

《当代语言学》2022 年起从季刊改为双月刊，当时还在探索和适应新的节奏，没有固定的时间安排。在接到任务的第一时间，我按照同事转来的上期排班时间表规划了各个校次的时间，发现加上五一假期，虽然离 8 月中旬的刊期还有四个月，但是时间并不算富裕，于是当天开始着手稿件的初加工。

2022 年 4 月 26 日是原定提交所有稿件进行初校排版的日子，但有些稿件格式问题较多，因此只能多给作者几天时间，请他们进一步修改完善。一方面，《当代语言学》对于非汉非英的例子参照国际通用的莱比锡标注法有一套类似的格式要求。这一期有两篇文章，一篇用了几大段梵文的例子，另一篇则给出了 30 多种语言的语料，身为责编，我不仅要检查作者引用的例子是否和原文一致无误，还要确认作者是否按期刊体例统一、规范地对这些例子进行了标注。另一方面，作为刊物一大亮点的双语文献格式也有一套严格的要求，大部分作者都无法一次就修改出符合要求的格式。这两方面原因叠加，我只能期望作者和我都能充分地利用接下来四天的时间，赶在五一前交稿。

4月28日（周四）早上，本来又是斗志满满的一天，一大早却收到幼儿园通知，北京市朝阳区新冠疫情形势严峻，当天停课。我估摸着，周五大概率也不会复课了。本来为期五天连续带娃的前景已经让我内心足够忐忑了，现在突然又延长成了一整周。最要命的是，我这两天的责编时间基本就被挤没了！一听说当天不用上学，家里的两个孩子满意地又躺下，只留下我在那里黯然伤神。吃完早饭，拉着两个两岁多的孩子去做核酸，然后又找了个小区里无人的角落"放电"，想着我剩下的几篇还没交给排版室的稿子，当下却也只能干着急，束手无策。我们的排班时间一环扣一环，默认参与校对流程的每个人员都能保证各自的工作时间。可是现在连这种最基本的保障都没有了，时间只能靠挤。

接下来，意想不到的事情发生了。孩子五天的假期最终延长到两个月。我从一开始愁眉苦脸地想着我的稿子、带孩子下楼"放电"和做核酸，到逐渐接受这种身份的转变——从"编辑+母亲"转变为七天无休的"编辑+母亲+幼儿园老师+厨师"。特殊时期的所谓"工作与生活的平衡"，一是降低对生活质量的要求：孩子活着就行，饭能吃上就好——家庭自制冷冻菜（咖喱鸡肉配米饭、意大利肉酱配意面），西红柿鸡蛋面，肉丸青菜面都是我们饭桌上的常客；二是降低（孩子）对亲子时间的期待：在居家的这段时间，家里两个不到三岁的孩子已经被我训练出了独立玩耍的本事——尽管他们只是选择性地、有条件地接受了这种状态，但聊胜于无；三是降低对健康（特别是睡眠质量）的要求：争分夺秒地利用孩子午休和半夜睡觉的时间完成工作，这点才是最有效的，最后真可谓是"为伊消得人憔悴"。

翻看我和作者沟通的记录，初校意见返回后，我大多是在半夜阅读稿件、汇总意见、给作者反馈。连续好几天，有凌晨1:40、4:15，也有清晨6:14的邮件记录，想来可能是因为时间实在来不及，只能趁着孩子睡觉熬通宵，撑到他们起床的时候再瘫倒，然后交给"队友"接管。作者大概觉得我半夜发消息、周末打扰、假期工作多少有点不合适，有一位上来就回复了一句"您好，祝端午安康"，我也才猛然意识到，这是个节日啊！但刊期要紧，情况特殊，哪还顾得上什么礼貌、客套！虽然是个周末，又是个节日，还是得连珠炮地向作者抛去意见，并催促他们尽快修改返回。

其中让我印象深刻的一篇文章，讨论的是一个声学问题。我的语言学训练主要是在语言学句法方面，语音学、声学我只是略懂皮毛。所以在汇总校稿时，我就抱着学习的心态仔细地通读了这篇文章，但是发现有几个段落特别艰涩。于是一通查术语、反复翻阅上下文，甚至自作聪明，帮作者重新调整了几大段的表述，以为这样该清楚了。后来与作者沟通，才发现核心问题是两个相似术语造成的混淆，以及一段与观点关系不紧密的佐证的插入影响了理解。作者认真处理了这几段文字，最后的面貌也相当文从字顺了。

另一个让我印象深刻的事情也有一番我自己画蛇添足的意味。那段时间，编辑部开始强调非英非汉文献格式的规范化。比如，文末出现的日文文献格式需要遵循日文的书写规范："东京"应作"東京"，日文著作应使用立式书名号标识等。这一期姜南老师的稿子中使用了梵文语料，来源于几部早年日本学者修编的梵汉对勘佛经。按照我们最新的要求，这类文献不仅要提供作者、出版地和出版社名称，最好还能看到出版信息页，确保使用的是日文汉字而未误用中文汉字。作者发来了其中两份文献的出版信息页，但唯有一份始终无法提供。她也万分无奈：参考文献是十几年前读书时统一复印的，当时就没有出版信息这一页。我只好亲自出马，找到一位日语专业的老同学，请她上日语网站搜索，最后似乎是在一个日本的二手图书网站找到了一张这个页面的图片。另外，我还请她给我提供了这几位日本学者名字的英文拼写，检查了日文汉字是否正确（比如，日文中的"综合佛教研究所"写作"總合仏教研究所"）。核实这三条文献至少花费了我们三个人大半天的功夫。但最后，因为这些文献不是"引用文献"而是例子来源，所以按期刊的体例应放在脚注中；而脚注夹杂着中文的说明，如果提及文献时使用了日文汉字，反而是不规范了（感谢现任主编完权老师在核红时指出）。最终费了一番功夫确认的几个日文汉字，全部都改回了对应的中文汉字。从这几件事中，我清楚地意识到，自己要成为一名专业的学术编辑还有很长的路要走。

在勉强赶上原定的时间完成初校后，就出现了文章一开始的那一幕。所里的"五四青年演讲"因为疫情推迟到了六月初，并且采取线上线下结合的方式进行。作为听众的我们都是在线上听报告。轮到那位同事开始报告，题目早就提起了我的兴趣，但家中的两名"困兽"却毫无分寸感地挑在了这个时候不可开交地争抢着玩具的归属权。即使我把电脑的音量开到最大，也无法盖住他们的哭闹，我动之以情晓之以理又颇费了一番口舌才把他们安抚好。整个报告只有12分钟，转瞬即逝，精彩的内容自然一点都没听到。

后来，情况开始好转。首先，孩子的嫲嫲（闽南语的"姥姥"）从老家过来了。在特殊时期，生活在十八线小城市意味着远离疫情。但为了支持我的工作，母亲经过一番思想斗争还是逆行北上。另外，孩子的爸爸，一名高校"青椒"，终于放假了。在孩子停学的那段时间，他的工作一刻不停：除了每周三四门课程的备课和线上授课、参与学院的各种评审、学生论文答辩，在学校严格执行各种疫情防控政策的时期，作为班主任的他同时还是几十名学生的家长，需要密切关注学生的身心健康。

再后来，7月初，孩子的幼儿园终于通知复课。送孩子上学的那一天，阳光格外明媚，我的脑海里响起路易斯·阿姆斯特朗那首爵士名曲《What a Wonderful World》：

> I see trees of green, red roses too
>
> I see them bloom for me and you
>
> And I think to myself what a wonderful world

我第二次担任责编是在同年底，同样的停学、封控再次上演。但因为有了之前的"战斗"经验，这次我已经能够从容应对。

2022年，全国人民靠着艰苦卓绝的精神熬过了新冠疫情形势最艰难的阶段。回想当时两次在疫情期间赶刊期的情形，可谓步步惊心，稍有差池，就可能延误刊期。编辑部各位同事都上有老下有小，但每个人都努力克服个人困难，准时并高水平地完成工作，最终保证了两期刊物如期付梓。虽然作为责编，我的名字被印在了刊物上，但我实在不配一人独揽荣誉。我的背后有家人不遗余力的支持，有编辑部同人的通力合作，更有组织的体谅关怀。

谨作此文，感谢责编们背后默默付出的无名英雄。

在平凡的感动中坚守初心和使命

李 薇
《哲学研究》编辑部

李薇，副编审，博士，毕业于中国社会科学院大学。2009年进入中国社会科学院哲学研究所《哲学研究》编辑部工作，现为《哲学研究》编辑部副主任。

一 "传帮带"

2009年7月，我有幸进入《哲学研究》编辑部工作，在这里结识了不少给予我帮助的前辈。当时，由于工作岗位的缘故，我与苏晓离老师和孙建老师接触最多，他们对我的编辑生涯产生了很大影响。对我而言，他们不仅是教导有方的良师，更是对晚辈关爱有加的长者。

起初，我主要跟随孙老师学习编务。但凡了解编辑工作的人，都知道编务的整体特点就是量大事杂、头绪繁多，稍有疏漏就会影响整个出刊的进度，非常考验一个人处理问题的综合能力。孙老师根据工作的轻重缓急循序渐进、分门别类地教授我，帮我在诸多头绪中整理出一条十分清晰的线索。由于经验不足，我难免出现各种疏漏，她不但没有任何指责，反而耐心地帮我分析原因并助我成长。孙老师还会经常带一些自己亲手做的小食品，让我拿回宿舍和小伙伴分享，这让身为北漂的我感受到了家的温暖。逢年过节，孙老师也总是主动承担起值班的责任，让我踏踏实实回家和亲人团聚。

为了让我更顺利地接手编务工作，孙老师在退休之前留下了一份文字版的工作指南，十分详尽而条分缕析地介绍了所有与编务相关的工作内容、工作方法及注意事项。这份指南是她在临近退休的半年前开始准备的，她说这是领导交给她的最后一项任务，必须保质保量完成。几乎在每个工作日下午的某个固定时间，我都会看见这位头发花白的慈祥长者，安静地坐在电脑前，用她并不娴熟的录入方式将自己的经验事无巨细地记录下来。我经常看见孙老师边写边小声地默读，逐字逐句反复推敲和琢磨其中的每一句表述，力争使文字简洁流畅、通俗易懂。孙老师说，她会尽可能将自己的所知所想都毫无保留地记录下来，如果以后工作内容有了新变化，就让我继续更新和完善。依此行事，无论谁从事这份工作都能在前人的基础上尽快熟悉和掌握要领。孙老师于2009年12月底正式退休，在她刚刚退休的一段时间中，每当工作中遇到棘手问题和困惑时，我还是会第一时间向她咨询和请教，她依旧像在岗时那样耐心地教我如何化解问题。

苏老师的工作非常单纯，他负责每期稿件的全文通读，并在核红当天解答我和孙老师在排版厂发现的一切疑难问题。苏老师是一个极其守时、自律和严谨的人，他总能在每周返所日的上午9点之前，准时坐在办公桌前开始一天忙碌的工作。苏老师会仔细和每位编辑商榷文中的改动，遇到自己领域外的专业问题就会立刻去其他研究室向相关领域的老师请教。当我接过苏老师手中的清样时，上面总是密密麻麻布满了校对符号，像极了物理学中的串联和并联混合的电路图。苏老师还为编辑部留下了一份宝贵的财富，他在参考了大量中外编校规范体例之后，制定了《哲学研究》的"内容注释和参考文献注释体例说明"。这种文内夹注与文后著者－出版年制相结合的注释体例方式，能够最大限度地保留正文内容，节省版面，我们直到现在还在沿用这份规范。

自从孙老师退休后，苏老师便主动请缨和我一起去核红。或许是出于对晚辈的照顾，也或许感觉到资历尚浅的我在独立承担这份工作时表现出了惴惴不安，在一起核红的整整 4 年中，苏老师没有请过一次假。即便他得了重感冒，依然会带病和我一起去排版厂完成最后的校对。苏老师是一个善始善终的人，他直到完成最后一期稿件的编校才卸下了这份重任。在退休之前，苏老师也留下了一份关于统编工作的文字版指南，并向编辑部推荐了适合这一岗位的人，圆满地完成了他的编辑生涯。

尽管两位老师已经退休 10 余年，但是他们对我的谆谆教导至今记忆犹新，他们与我共事的那些点滴回忆也历历在目。做好一件事不难，难的是一以贯之地做好一件事。我在两位前辈的身上见证了他们把一件事做到极致和圆满的坚持，这是需要多大的坚韧和毅力才能完成啊。在我的眼中，他们的工作是平凡的，精神却是伟大的。他们不仅发挥了《哲学研究》"传帮带"的优良传统，还身体力行地弘扬老一辈办刊人对工作无怨无悔的奉献精神和匠人精神，这种精神以润物细无声的方式感染着我，并持续激发我将他们的期望、嘱托自觉地传承下去。

二 和作者建立良好的合作关系

我认为，作者和编辑的关系应该是一种相互尊重、相互成就、相互合作的关系，我们的共同目标都是更好地为学术服务，我始终将这种理念贯穿于期刊出版的每个环节。在此，我想重点谈谈如何在编校中来践行这一理念。2012 年，我正式参与编校工作。起初由编辑部自己逐条完成文中参考文献的信息版权记录、引文以及页码等内容的核对，除非有检索不到的信息才让作者自己提供，这样的模式大约持续了 5 年。但是，专业学科的日益细化和文献版本的多样化，逐渐增加了编辑核对的难度。于是，我转换思路，充分调动作者的积极性，让他们按照编辑部的要求提供相关材料，并拍照整理后反馈给我。

起初，一些作者不太理解我的行为，认为自己在写作中已经完成了校对，为何还需要重复提供这些材料。但是，当我指出他们稿件中存在的明显问题时，他们才意识到自己仍有疏漏。随着编校经验的日益丰富，我逐渐意识到，出现问题的关键在于，编辑出版本身就是一门学问，一些基本的编校知识对于作者而言很可能是一个全新领域。作者将主要的精力都用于专业内容的写作，对非专业的编校方面自然不甚了解。正所谓闻道有先后，术业有专攻，每篇文章都需要作者和编辑的通力合作才能圆满完成。

随着编校流程的进一步细化，我逐渐从作者反馈的材料中发现，他们越来越用心地对待这项工作。有的作者甚至还用带颜色的笔记将我们需要核实的内容做出高亮标识，方便我们尽快锁定目标。我通常会将这类材料作为模板，提供给下一期的作者，让他们参照制作。如此一来，不仅增强了作者的参与感，还让他们进一步熟悉了编校的基本规范和流程，也让编辑将更多的精力放在完善和提升稿件的质量上。此外，我会让所有作者参与每个校次的清样审读和确认，和他们反复沟通其中出现的所有疑问，在我和作者的共同协商中顺利完成稿件的编校工作，尽可能让稿件以最好的面貌呈现于学界。

不少作者在与我们的配合中反复表达了真诚的谢意，感谢让他们了解不少编辑和出版的知识与规范。一些作者后来成了其他刊物的兼职编辑，在空余时间与我分享一些编校经验，还有一些作者在平时也会向我咨询一些文字和词语的表达规范，甚至希望我从编辑的视角给他们的其他作品提出一些建议和意见。正是在这些日常的交流和探讨中，我和一些作者成了朋友。

三　为过期刊物寻找好的归宿

随着信息获取渠道的不断拓宽，纸版刊物的销售量逐年有所下降。但是，编辑部没有坐以待毙，而是群策群力，积极应对这一问题。因为，我们都真诚地希望每一份刊物都能发挥应有的价值，而不是安静地沉睡在仓库的隔板上。从2011年起，我们采用非常传统的方式，在刊物封底定期刊登关于过期刊物的征订启事，希望能有效缓解这一问题。意想不到的是，我们竟陆续接到不少咨询过刊的来电。其中不乏一些亲自来编辑部购买刊物的人。在一个雨天的上午，我突然接到一位读者的电话说中午要自己来取刊物。我了解这位读者的购买记录，数量不少，而且都是合订本。我告诉他，雨天不便，我们可以提供邮寄服务。但这位读者十分坚持，他非常担心因最近家中地址变动收不到刊物，所以想趁在附近开会的间隙把刊物领走。还有一位高校老师，因申报材料急需刊物原件，但数量不够，而我们刊登的征订启事正好解了她的燃眉之急，她来编辑部领走刊物时再三向我们表达了谢意。从当年的销售情况来看，还有许多购买者通过征订信息各取所需。

2013年之后，编辑部积极响应中国社会科学院"五统一"的政策，将发行工作全部交由社会科学文献出版社期刊分社统一负责，我们与购买者的接触逐渐减少。但是，我们还是会温馨提醒每位作者多储备一些刊物，以备不时之需。当然，过刊的征订业务也在继续开展，就是希望为有需要的人提供便利。近年来，随着新媒体的推广，我们实现了征订方式由传统向现代的转型，开始借助微信公众号有计划地推送过刊征订启事，特别是在每年的开学季重点推送。此时，社会科学文献出版社期刊分社成了我们有力的合作伙伴，他们的微信团队总能设计出令人耳目一新的推送内容，活泼而有趣的风格让《哲学研究》这本严肃的刊物持续焕发青春活力。

在每一期的征订结束后，我们都例行和期刊分社做好对接工作，及时了解和汇总过刊发行的相关信息以及更新库存数据，在储备足够用于存档的期刊后，我们尽量把其余的过刊都用于发行。看见仓库中逐年减少的过刊，我们甚感欣慰，因为它们正以不同方式在其他地方发挥着作用。许多年轻编辑也积极参与到过刊的整理中，我相信见证了自己倾注心血和汗水的成果有了归宿，他们一定是充满喜悦的。在今后的工作中，我们会将这一传统延续下去。在我们的眼中，这些刊物不仅实现了自己的价值，还实现了我们的价值，更是传递着购买者对我们的信任和期望。在我近14年的编辑生涯中，很少有惊天动地的大事件，更多是在平凡中度过。然而，正是在平凡中汇聚起来的这些点滴感动伴随我一路走来，让我始终怀抱感恩之心，坚守着作为一位编辑的初心和使命，努力为我国哲学社会科学事业贡献自己的力量。

以编辑为业：成文、成事与成人

冯书生，副编审，博士，毕业于北京师范大学。2021 年进入中国社会科学院哲学研究所工作，现为《哲学动态》《中国哲学年鉴》编辑。

冯书生
《哲学动态》编辑部

入职时，《"作嫁衣者"说——中国社科院学术期刊编辑心声》已近成书，唯叹没赶上！不曾想还会有"续集"出版。获悉征文，诸事历历，心潮澎湃，提笔急就！拙思一二，求教方家！

以编辑为业

2021 年 7 月 23 日，恰好在中国共产党 100 周年诞辰之际，我来到中国社会科学院哲学研究所报到，正式入职《哲学动态》与《中国哲学年鉴》编辑部。彼时我已年届 40 岁，属于同期新进人员中的最高龄。对此，我一直心怀感激。感激中国社会科学院哲学研究所给我一次重新选择的机会。在此之前的近一年五个月，我先后担任天津市南开区体育中心街道和兴南街道的办事处主任。再往前的近十三年六个月，我在天津社会科学院《道德与文明》编辑部工作，在奉调街道办事处主任时，已任主编两年三个月。在离开编辑岗位的一年多时间，虽然在基层工作很忙碌，但是肉体的奔波难以换得精神的片刻宁静和灵魂的稍息安顿。经过一年多的实践经历，我深感自己并不适合从政，坚持下去既有可能辜负组织培养，也对不起自己的下半生。于是在征得组织同意后自由求职，最终得以重返老本行。很多人疑惑我的人生选择，常不知如何作答，也许可以回应：以编辑为业。从根本上说，以编辑为业是以学术为业的一种，在从政与为学之间，我选择了为学。离别街道时正赶上组织部门考察副区长人选，同事说："你是唯一符合条件的，可惜选择了辞职，看来终究是没有做官的命。"我回应说："各安其命！"众多好友感叹我过于潇洒，其实是自知无能，不想浪费组织资源，尽己之业而已。屈指算来，我已从事学术期刊编辑工作十五年，参与编辑过三本风格不同的学术刊物，也调研过全国多家学术期刊。关于编辑工作，可算熟悉，之前听过很多人谈论编辑，自己也写过不少文章讨论编辑。不管是为他人作嫁衣，还是甘为人梯，我认为都不能恰当地反映编辑工作本身。当然，这两种说法本身没有错。相对于作者，编辑确实在作嫁衣，在为人梯。但是如果仅仅把编辑定位为服务作者的角色，格局似乎小了一些。有很多年轻人，干了一段时间编辑之后选择转岗到科研岗位，就是因为只看到自己在作嫁衣，无法像作者一样通过论文的发表或著作的出版实现自身价值。在我看来，这里有一种求名的虚荣心和发财的功利心在作怪。如果怀有成名成家的心态，不管对于编辑，还是科研，都是具有消极意义的。我倒愿意把编辑定位为三成：成文、成事与成人。从编辑主体的角度来看待著述与发表，也许是另一番风景。

成　文

初看起来，将编辑和作者联系在一起的是作者的文章，具体到学术期刊编辑，就是作者的论文。但是，这只是初看起来。细品起来，真正连接编辑和作者的是作为产品的期刊或者图书。原料和产品是两种不同的东西，不可混为一谈。产品是要进入公共领域的，原料再好，仍然是属私人的。在文章正式发表之前，只能称之为"成稿"，不能称之为"成文"。由成稿到成文的跨越，编辑的角色必不可少。在帮助作者跨越的同时，编辑自身实际上也在跨越。人们常说教学相长，相应地，我们也可以说编研相成。深度进入一个学科，认真做编辑是一个很好的途径。以我本人为例，我在初入《道德与文明》编辑部时，只是一个毕业于马克思主义理论与思想政治教育专业的法学硕士，对哲学尤其是伦理学只知皮毛，相当肤浅。干了一段时间，发现自己哲学基础太过薄弱，于是在职考入北京师范大学哲学与社会学学院。因为有做编辑的经历，经过老师的略加点拨，很快就把握了学科发展脉络以及重点难点。老师和同学们惊讶于我的快速变化，认为我有哲学天赋，其实背后真正的原因在于长时间编辑工作的加持。在调入《哲学动态》与《中国哲学年鉴》编辑部之后，领导安排我负责马克思主义哲学栏目。之前的同事好奇我如何能如此快地变换角色，跨入新的学科。这自然离不开我在本硕读书期间的些许积累、担任主编时的知识拓展以及在基层实践工作的经验支撑，而除此之外，更重要的契机还在于编研相长。在帮助作者成文的过程中，遇到不太懂或者有共鸣的地方及时查阅资料，阅读文献进行学习，潜移默化中就在和作者共同进步。如此来看，很难说谁是谁的人梯。也许应该把作者看作帮助我们编辑自身进步的老师，互为师友。不仅如此，我们在帮助作者成文的过程中，实际上也在为自己的写作积累经验。我有一个同事，在做编辑之前为出版社做外文翻译，成稿后经常需要出版社的润色加工。在做了一段时间的编辑之后再做翻译，出版社反馈同事的文字功底进步好大。不仅翻译做得更好了，同事自己的学术写作水平也上了一个层次，可以在高级别刊物独立发表论文了。这就是编研相长，渡人实际上就是在渡己。

成　事

我想谈的第二个方面是成事。初看起来，学术小编与成事之间似乎是风马牛不相及。在很多人看来，编辑整天面对的不过是各种稿件，没有什么大事要做，谈何成事呢？记得硕士刚毕业时，同学们得知我去编辑部，纷纷表示我适合。大家普遍认为编辑不需要和人打交道，我这耿直的性格躲在编辑部可以少得罪人。其实不然，编辑表面看起来是在雕琢文字，实际上需要的工作能力是全方位的。行业内有一个共识，做编辑要求的素质要比做科研更全面。从选题策划到出版发行，编辑的各个工序熟悉起来，至少要有三年的实践经验。悟性差一些或者不肯下功夫，甚至需要五年，才能真正弄明白。更有一些人，实际上根本不能入门，只能转岗。如果不了解社会需求和学科发展，如何能够做好选题策划呢？如果不能有很好的学术鉴别力，如何能够从大量来稿中慧眼识珠呢？而没有学术功底，何来学术鉴别力？在新媒体时代，如果不了解传播规律，如何能够做好出版发行呢？如果不了解作者，又怎么能够做好约稿呢？作者可以任性，编辑不能任性，而是要能屈能伸，严防意气用事。作者只对自己负责，而编辑则需要对作者、读者以及本学科的学术生产负责。编辑成事很难，但要坏事则很容易，但凡一个环节稍有不慎，就会造成大错误。选题策划不当、安排栏目不佳会影响期刊声誉，把关不严会导致滥竽充数，甚至引发不当舆情以及涉外风波。如果做主编，还要考虑人员安排、经费花销、编辑团队的管理和提升、作者队伍的凝聚以及上下左右各种领导与合作关系的处理。总之，如何写好编辑部的故事，不仅仅是文稿的处理那么简单，而是涉及方方面面的工作协调。尤其是在发表需求和发表空间的矛盾愈演愈烈的当下，各种人情世故的妥善处理，也是对编辑的一个考验。我在两个基层街道办事处合计任职一年五个月，虽然没有做出什么成绩，甚至还有不少小的失误，自我评价并不是太满意，但也算是守住了底线，没有出现较大的工作失误，各项工作能够平稳完成。这在很大程度上得益于做编辑所形成的底线思维和系统思维。虽然之前没有任何从政经验，倒也能够坚持一年五个月而没有被基层的复杂情况所击垮。我的体会是，编辑工作处于科研与行政之间，但更偏向科研。编辑角色从来都不是单一的，貌似平平淡淡，其实内涵很丰富。纯粹科研，也许过于轻飘；纯粹行政，也许过于干瘪；恰在二者之间，编辑得以成事谋篇。

成　人

成文与成事之后，就是成人。学者们常常自我标榜学以成人，但如果仅仅限于学术之学，还真的难以成人。从职业工种来看，编辑相比科研人员更加接近学以成人之学，一种做人做事的综合之学。有些学科，尤其人文学科，做科研做到一定境界，往往就是"孤独之学"，个人创造大于团队协作。有一种说法，科研院所很多"学术个体户"，就比较形象地描述了这一现象。但是做编辑就不能如此孤勇，必须团队协作。这大概是做编辑和做科研的一个重大区别。编辑部是一个信息集散地，各种信息汇集到编辑部，经过审核、把关、编校等处理后，以一本刊物或图书的形态传播出去。读者看到的期刊和图书，是作者群体和编辑团队集体合作的产物。所以，做编辑的最高境界在做人，做一个视野开阔的人，一个心胸宽广的人，一个有情怀和担当的人。精致利己主义者不适合做编辑。一个精致利己主义者可以带坏一个编辑部的风气，影响团队的协作和期刊的健康发展。学以成人具体到编辑人员，也许可以说是"编以成人"。成就他人就是在成就自己，成就作者就是在成就编辑。编辑处在学术生产的关键环节，参与的是一个系统工程。所以，编辑一定要跳出个体小圈子，多从大处着眼。不固守编研相对，也许就不再有为他人作嫁衣的感叹！如果没有价值认同的支撑，单靠为人作嫁衣和甘为人梯的精神倡导，是很难支撑一个行业的健康发展的。习近平总书记在给《文史哲》编辑部全体编辑人员的回信中指出，"高品质的学术期刊就是要坚守初心、引领创新，展示高水平研究成果，支持优秀学术人才成长，促进中外学术交流。"① 做高品质的学术期刊，最核心的人才支撑就是高品质的编辑团队。不可否认，在很长一段时间内，编辑尤其是学术期刊编辑，在学术生产过程中处于不被重视的位置。一些高校和科研单位的编辑部在某种程度上沦为安排教师家属的部门。这一状况随着我国学术发展向高质量阶段迈进已经有了很大改观，人们越来越意识到学术编辑的重要性，意识到学术编辑是学术生产的重要组成部分。借用一句流行套语就是：编辑的存在感越来越强了。在全面建设社会主义现代化强国的历史进程中，编辑要有大国工匠精神，仔细把关和雕琢经手的每一篇文章，于细微之处见真功夫。"编以成人"，成人即成己，成己亦成人。

从脱离学界到重回学界，尤其是重回自己熟悉的学术编辑职业，我万分珍惜这来之不易的二次机缘。只有在与学术打交道的过程中，我才能感到心灵的平静。重新做回学术小编，少了很多应酬，多了几分自由。兢兢业业编刊，常常吹牛聊天，偶尔写作论道，闲事付诸笑谈，就是目前我这位"千年老编"的美好生活。惬意不失追求，忙碌而不庸碌，愿所有编辑小酌醉人！

---

① 《习近平给〈文史哲〉编辑部全体编辑人员回信》，《人民日报》2021 年 5 月 11 日，第 1 版。

做学问家、思想家、社会活动家

——我对编辑工作的一点体会

窦兆锐，副编审，博士，毕业于日本冈山大学。2015年进入中国社会科学院中国社会科学杂志社工作，2019年调入中国历史研究院历史研究杂志社，现为历史研究杂志社副社长。

窦兆锐
历史研究杂志社

2015年4月，我进入中国社会科学院中国社会科学杂志社，成为一名历史学期刊的专职编辑。成为学术期刊编辑之前，我对于这一职业的认知仅止于"读遍天下好文章"。入职当年的杂志社暑期工作会上，时任中国社会科学院秘书长兼中国社会科学杂志社总编辑高翔同志做工作报告，鼓励大家要立志做"编辑家"而不是"编辑匠"，并对"编辑家"提出了三个标准：学问家、思想家、社会活动家。三个"家"的要求正如一个三维立体坐标,为我指明了路径和方向。2019年,中国社会科学院中国历史研究院成立,我随《历史研究》编辑部调入历史研究院,参与组建新的历史研究杂志社以及改版升级《历史研究》,并参与创办《历史评论》《中国历史研究院集刊》《中国历史学前沿报告》等。在守业中创业的难得经历,加深了我对三个"家"的理解。

一是立场要坚定彻底。哲学社会科学是围绕人类社会而展开的学术研究,社会性是其根本属性,所以立场问题便是从事具体的社会科学研究之前必须明确的基础性问题。正如朱熹所言,"读史当观大伦理、大机会、大治乱得失。凡观书史,只有个是与不是。观其是,求其不是;观其不是,求其是,然后便见得义理"。① 求木之长者必固其根本,欲流之远者必浚其泉源。立场游移不决,研究结论定然飘忽不定;立场暧昧不明,研究结论自然似是而非。所谓站稳立场,并不是随意的、武断的主观选择,而是立足所处社会的时代方位,把握历史发展的主要潮流。为人民群众研究历史、借鉴历史、把握历史,是当代中国史学的根本立场。立场彻底的关键是理论彻底。要站稳人民立场,必须坚持以马克思主义中国化时代化最新成果——习近平新时代中国特色社会主义思想为指导,展开历史研究。这是理论逻辑、历史逻辑和实践逻辑的高度统一,是经过历史和实践反复证明的真理性认识。当然,我们既要站稳立场,又不能在立场问题与具体的学术问题之间画等号。如何在编辑实践中做出明确的区分,掌握好"度"的问题,不仅需要经验的积累,更需要不断地加强和深化理论学习。

二是要有贯通性视野,这种视野应该包含时间、空间、学科三个维度。贯通性是历史学的典型特征。中国拥有悠久的历史著述和史学研究传统,无论是纪传体史书,还是典志体史书,都体现了三个维度的贯通性特征。时间上,《史记》从"五帝本纪"写到"孝武本纪",《通典》上溯"五帝"下迄隋唐;空间上,《三国志》的《乌丸鲜卑东夷传》收录了朝鲜半岛和日本列岛

---

① 黎靖德编《朱子语类》卷11《学五》,王星贤点校,北京:中华书局,1988,第196页。

的历史信息，尤其是《倭人传》关于"邪马台国"的记载，可视为"历史日本"的"起点"，《明史》的《外国列传》更是蔚为壮观，不仅有"朝鲜""安南""日本"，还有"意大里亚"等；学科上，《史记》已有"八书"，《汉书》扩展到律历、礼乐、刑法、食货、郊祀、天文、五行、地理、沟洫、艺文共"十志"，《通典》《通志》《文献通考》更如古代的"百科全书"。当然，古代史著呈现的贯通性，与现代史学主张的贯通性研究尚有很大距离，在史观、视角等方面也有历史局限。今天的历史学研究，学科越来越细，分野越来越小，壁垒越来越高。学科分化和专业细化原本是人类社会发展对哲学社会科学提出的要求，也是学术发展规律和学术进步的表现。但是在后现代思潮特别是解构主义思潮的冲击下，当今历史学的学科分化，却出现只分不合、为分而分的倾向，甚至解构贯通性已经成为一种历史学主张。我们不禁要问，失去了贯通性的"历史学"还是历史学吗？宏观与微观是辩证统一的整体，而不是二元对立的关系。强调贯通性，并不是否定微观、局部、短时段的研究，更不是跳过必要的论证环节、仅仅依靠"想象"来串联"故事"。恰恰相反，好的贯通性研究与好的微观研究一定是相得益彰、相互成就的。所以真正需要担心的不是专业细化，而是贯通性视野和思维在专业细化中被放逐、被否定、被遗忘。从编辑工作来说，没有任何一个历史学期刊编辑部能够配置齐备所有研究领域的编辑，也没有哪一个编辑能够兼通全部哪怕是大部分研究领域。因此，对于编辑而言，做一个具有贯通性视野的学问家既是历史学专业的要求，也是编辑业务的要求。

三是有方法论的自觉。对于学者而言，研究方法是展开学术研究的手段；对于编辑而言，研究方法则是检验稿件质量的手段，从根本上说二者是统一的。但就实践而言，编辑的方法论意识应该更加系统、全面和自觉。如果把编辑与作者比喻为磨刀石与刀子的关系，那么一块磨刀石要能够适应不同的刀子，其对材质成分和硬度的要求，就要比刀子更复杂。比如，一般作者对研究方法的认识主要集中在选题是否新颖、材料是否扎实、论证是否严密。但对编辑而言，选题不仅要新颖，更要有时代关怀，提出问题的过程要符合学术规范；材料不仅要扎实，更要丰富并且经得起检验；论证不仅要严密，更要看全文逻辑是否自洽。就我个人经验来说，编辑在方法论上要时刻保持批判的自觉，即从编辑的视角出发，没有不证自明的选题，也没有绝对可信的史料，更没有完美无缺的论证和百分之百的结论。多从反方向乃至对立的视角发问，更有助于提升稿件质量。也正因如此，关于编辑的职业特点，一直有一种半开玩笑的说法——"眼高手低"。其实，眼界高是编辑工作的内在要求，就像古玩鉴定专家并不一定是神乎其技的能工巧匠，美食品鉴家也不一定是精通烹饪的大厨。

四是要追求具有思想穿透力的历史研究。司马迁说，"究天人之际，通古今之变，成一家之言"。思想是学术的灵魂，历史学尤其如此。没有思想的历史研究，只是一堆毫无生机的史料碎片，只有思想的火花才能点燃智慧的火焰，照亮人类的过去与未来。还原历史场景、复原历史细节，只是历史研究的手段。历史研究的根本目的是透过复杂的历史现象，揭示历史本质和规律，为人类社会的当代实践贡献经验、智慧和启迪。

当然，我们所说的思想不是纯粹的主观臆想，它至少满足三个条件。

其一，回应时代主题。时代是思想的母体，思想是时代的回声。当今世界，百年未有之大变局加速演进，社会现实的内在结构更加复杂、致密，政治经济文化等领域界限和内部结构关系被打破；人工智能等新技术革命挑战着既有的认知框架和实践逻辑；经济全球化纷争，逆全球化思潮涌动，民粹主义和民族主义的蔓延，导致国家间关系更加扑朔迷离；新型经济体的强劲发展态势，西方国家发展的困境，加速了国际力量分化组合，推动了国际战略格局发生重大变化。我们的历史研究要立足于这样的时代条件，才能找到真正具有思想价值的选题。

其二，科学的理论指导。经过近二百年的实践检验，唯物史观仍然展示着坚固的科学性和有效性，仍然是我们研究历史、探索真理的根本武器。当然，随着时代演进，我们也要丰富和发展历史唯物主义的理论、观点和方法，自觉地丰富、完善自己的研究视角、研究范式和理论范式，更加有效地思考和应对当今的现实问题。如此，历史唯物主义的解释力才能得到进一步提升，我们才能从纷繁复杂的变革过程中把握历史与现实的内在联系，从而为我们的史学研究提供新的问题意识和研究视角，为汲取真正的思想养分提供强大的理论武器。

其三，扎实的史学论证。思想不是无根之水、无本之木，不能凭空产生，更不能不证自明，必须"论从史出""史论结合"。"史"与"论"出现"两张皮"的现象在思想史领域较为常见。比如就某种思想观念的历史研究，如果只考察其内涵流变过程，或者仅把其流变过程与历史背景进行简单的对应，都是不够的。思想史研究，应该将思想置于社会流变中加以考察，研究对象既不是社会也不是思想，而是社会与思想的互动。

五是积极参与社会实践。编辑不是孤独的看门人，而是时代的弄潮儿，要从幕后走向前台，去中流击水，引领潮流。

其一，培育出回应时代需求的历史学成果是编辑的根本任务，所以编辑必须走出书斋，深入社会基层，在社会实践中感知历史和时代。在入职当年，我就被组织派往甘肃酒泉的一个乡镇，进行为期一年的挂职锻炼。当我亲眼看到全村近三分之一村民的生活用水从混浊的窖水变成清澈的自来水的时候，我对精准扶贫、全面建成小康社会在中华民族复兴史、世界减贫史上的重要意义的认知，才真正与时代需要产生同频共振。当我在村支部党员大会上发现全村最年轻的党员居然是年逾五旬的支部书记的时候，我才真正感受到应对人口老龄化、农村空心化的迫在眉睫。当我亲身参与乡镇选举换届、项目招标、司法综治尤其是化解形形色色基层矛盾的工作以后，我才真正找到从历史文献的字里行间探寻鲜活的历史"细部"的"法门"和路径。我们常说不了解历史就不了解现在，这句话反过来说同样成立，不了解今天的人也未必看得懂过去。

其二，推动和活跃学术界和编辑界的内外交往。在学科分化日益细密的今天，打破学术壁垒、实现多学科融合创新发展，是实现学术进步的重要条件。学科与学科的交流互动，首先要推动不同领域学者之间的交流，推动不同领域编辑与学者的交流，推动不同领域期刊之间的交流。实现这一点，不仅要有卓越的议题设置能力，准确把握学科总体发展趋势，切中各领域的内在联系，还要具备强大的组织协调能力。学术会议的水平，往往体现着编辑部的整体水平，所以举办学术会议也是检验和提升编辑综合业务能力的重要途径。

其三，积极参与国际交流。编辑一方面要紧盯国际学术前沿，引介最新的研究动态和学术成果；另一方面要立足中国实际，推动国内学界客观分析国际学术成果的利弊优劣，取长补短，去粗取精。在当今中国，刊物国际化水平的提升，不仅是衡量办刊质量的硬指标，更是推动中国学术走向国际学术舞台、向国际社会发出中国学术强音的时代要求。我们不仅要让世界知道"舌尖上的中国"，还要让世界知道"学术中的中国""理论中的中国""哲学社会科学中的中国"，让世界知道"发展中的中国""开放中的中国""为人类文明做贡献的中国"。

"为人梯者"是本书编者对编辑这份职业的褒奖和赞美，我个人实在是惶恐而忐忑的。因为作为编辑，我们可以做到以学问家、思想家、社会活动家为目标，搭建坚固的三角形"人字梯"，至于是否真正做到"为人梯者"，恐怕登梯之人才最有评判的权利。"甘为人梯"意味着无私奉献，这是不容易做到的。我觉得编辑工作更像是在奉献别人中成就自己。编辑可以把"自留地"作为"试验田"，把在编辑工作中得到的经验和启迪在"自留地"上试验一番，如若开花结果，便是编研相长，何其美哉。正如《诗经》所谓"雨我公田，遂及我私"。

愿以萤火光，璀璨万星辉

——《考古学报》编辑工作的思考

黄益飞
《考古学报》编辑部

黄益飞，副研究员，博士，毕业于中国社会科学院研究生院。2013年进入中国社会科学院考古研究所工作，现为考古编辑室副主任、《考古学报》编辑部主任。

我2014年底从夏商周考古研究室调到考古编辑室（对外称考古杂志社），从事《考古学报》的编辑工作。细细算来，做《考古学报》的责任编辑也八年多了。八年多走过来，所领导、考古编辑室的前辈、同事们一直提携、关照、支持我，让我从一个对编辑工作一无所知的编辑小白，逐渐成长为一个能胜任相应的编辑工作、在完成编辑工作之余还能做一点个人研究的小编。

我在《考古学报》编辑部工作的这些年，心中一直满怀感恩，感恩之余也更热爱这份工作，同时对目前的工作状态有了一些思考。今蒙院科研局看重，嘱我为本书略尽绵薄之力，遂将经年所思所虑诉诸纸上，这既是对我八年编辑工作的回望，也是对刊物发展的一点思考，希望对刊物和同人们略有裨益和启发。

一 探索编研相长的可行途径

2016年3月4日，习近平总书记在参加全国政协十二届四次会议民建、工商联界委员联组讨论时，就构建新型政商关系做了重要的论述，总书记指出，新型政商关系，概括起来说就是"亲""清"两个字，具体来说就是做到"亲""清"统一①。习近平总书记关于政商关系"亲""清"的重要论述，在很大程度上也适合学术期刊与作者的关系。

就《考古学报》的实际工作情况而言，"亲"包括但不限于"亲学术""亲学者""亲田野""亲科技"和"亲新秀"几个方面。

其一，"亲学术"。要办好刊物，一定要关注学术前沿。例如，养成阅读最近出版的史学类及相关学术刊物上发表的最新文章的习惯，了解新的资料、观点和学术动向，在力所能及的范围内多听考古学及相关学科的学术讲座，努力让自己不落伍、不掉队。这样不仅有利于办刊，也可以拓展学术视野、熟悉学术动态，并通过阅读最新学术成果、参加学术讲座认真发掘一些高品质的稿件和高水平的审稿专家。

其二，"亲学者"。跟学术亲近了，自然就会跟相关的学者亲近。在实际的办刊工作中，可以以国家重大课题、依托重大课题的学术讲座和重要学术成果为契机，了解、跟进最新考古发现和研究的进展情况，进行重要稿件的组稿和约稿工作。有条件的情况下，也可多与高校、科研机构进行学术交流，保持密切的学术联系。

---

① 《习近平在看望参加政协会议的民建工商联委员时强调：毫不动摇坚持我国基本经济制度 推动各种所有制经济健康发展》，《人民日报》2016年3月5日，第1版。

其三，"亲田野"。中国考古学的发展很大程度上仰赖新的重要考古发现的推动。作为期刊责任编辑，还是要经常到考古工地去调研和学习，向主持发掘的考古学者请益。经常跑工地，一方面可以稍稍弥补田野工作不足的缺憾，另一方面也可以及时了解各地最新的重要考古发现、当前的发掘技术、重要发掘项目的进展等，这无论对于刊物的约稿，还是对于稿件的编校以及个人的学术研究都益处多多。

其四，"亲科技"。科技考古在考古发掘和研究中的重要意义日益凸显。习近平总书记在"5·27"重要讲话中即指出："现在，我们运用生物学、分子生物学、化学、地学、物理学等前沿学科的最新技术分析我国古代遗存，使中华文明探源有了坚实的科技分析依据，拓展了我们对中国五千多年文明史的认知。"[①] 因此，主动学习新的科技考古方法和手段，努力推动把科技考古的重要成果纳入考古发掘报告，使其成为考古发掘报告的重要组成部分，已经成为编辑新型考古发掘报告的必然要求。

其五，"亲新秀"。习近平总书记在给《文史哲》编辑部全体编辑人员的回信中就高屋建瓴地指出，高品质的学术期刊要"支持优秀学术人才成长"[②]。作为考古学界的老牌学术期刊，更应该把支持优秀年轻学者的成长作为自己的使命和担当。我们在实际的办刊工作中也坚持不唯作者的职称、学历、工作单位、是否正式在编、是否有国家重大课题资助等，坚持以稿件的政治方向和学术导向为评价标准，这也在一定程度上保障了年轻学子有公平的发稿机会。

编研关系既要"亲"，也要"清"。按照我的理解，"清"至少包括以下几个方面。

其一，清清白白做学术研究。《考古学报》一直秉持学者办刊的优良传统，要发扬好这一优良传统，期刊负责人和责任编辑应努力拓展自己的研究领域，并努力撰写相应的研究成果，保持自身的学术热度。值得注意的是，编辑做学术研究一定要更加注重优良学风和学术规范，避免做与待审、待刊

---

① 习近平：《把中国文明历史研究引向深入 增强历史自觉坚定文化自信》，《求是》2022年第14期。
② 《习近平给〈文史哲〉编辑部全体编辑人员回信》，《人民日报》2021年5月11日，第1版。

稿件学术观点关联度高的研究；必须要引用本刊待刊发的重要资料和相关研究成果的，也必须等该成果正式发表之后方可引用；与其他学者合作研究的成果不在自己所在的刊物上发表。

其二，清清白白做学术交流。期刊编辑与学术界的学术交流和学术讲座应以纯学术为目的，切磋学术，交流学问，相互提高。不做与刊物待审稿件作者相关的学术讲座和交流，不做与刊物审稿相关的学术交流，不做任何可能影响稿件公正评审的学术交流和讲座。

其三，清清白白做学术考察。在学习考察的过程中，除了虚心向田野一线的考古工作者学习、请教，做好重大考古发现的约稿及后期发掘报告编校的相关工作之外，要严守中央八项规定精神和工作纪律、职业操守，不擅自公布重要考古发现，不使用未经正式报道的新资料发表学术文章。

其四，清清白白做编校工作。在日常的工作中要严守工作纪律，稿件排期尽量兼顾学术公平和学者合情合理的个人诉求。在考古报告的编辑过程中，要最大限度尊重发掘者的意见，不把审读专家、编辑部及编辑个人的观点强加于作者。学术论文的编校过程中，一旦发现问题，要真诚、耐心、细心地和作者交流沟通，为提高稿件的学术质量贡献自己的力量。

"清"的核心是严格按照编辑出版的相关规定，对包括约稿在内的所有稿件严格把关，无论多么重要的考古发现只有达到刊发的要求才能发表，同时要严格遵守职业操守，杜绝任何形式的违规操作。只有与业内的专家学者、田野一线的考古工作者和各兄弟单位保持"亲""清"统一的编研关系和学术联系，才能促进编研关系的良性发展。

这是我对编研关系的浅显认识，也是我给自己的编辑工作立的规矩。

二　不断加强编辑部自身能力建设

要做好编辑工作、办好刊物，仅仅做到"亲""清"是不够的。学术期刊的立身之本还是学术和编校，二者不可偏废，尤以学术为重。学术期刊可以借助学术界之力为稿件进行学术把关，但审稿专家把握的是大的学术方向，最终的学术把关还要依靠编辑部自身的力量。编辑部要把好最后的关，就要不断提高编辑部成员自身的政治素养和学术涵养。《考古学报》刊发的都是两三万字的大文章，责任编辑只有努力让自己具备写大文章的能力，才能驾驭好、编辑好大文章。大文章既重架构，也重细节。很多政治问题和学术硬伤往往出在一些看似微不足道的细节上，需要用心、用力认真品读、琢磨，才能把好政治关和学术关。这个工作是一个良心活儿，校样每看一遍总能多多少少发现一些问题，很多细节问题和行文逻辑问题也只有在不断校读中才能发现、改进。

在编校过程中，和作者在学术、学理层面的深度交流是编辑工作中最能赢得作者尊重、最能提高刊物学术品质、最能提高编辑学术品鉴力的部分。在和作者的往复讨论中，带着放大镜找出资料的不足、文献的误用、逻辑的缺环和学术的盲点，从而补苴罅隙、堵塞漏洞，使文章以更为扎实的资料、更为准确的文献、更为严谨的逻辑和更为融通的识见面世，唯如此大约才能算得上是真正的编研相长。如果编辑工作不能做到这一步，而只是日复一日重复着排版作图、修改病句别字、规范注释格式、按刊物的体例包装稿件等简单琐碎的机械劳动，在作者眼里顶多是一名编辑匠，既难赢得尊重，于己也很难有所进益。如果止步于此，那恐怕真的是单纯地为人作嫁衣、为人作阶梯了。

长远来看，能否打造一支学术素养过硬、能打学术硬仗的学术编辑队伍，直接决定了期刊能否把好终极的学术关。没有扎实学术把关的学术刊物，终究是免不了要出这样那样的硬伤。学术期刊离开了学术是很难长久保持较高水准的。做好编辑队伍的学术梯队建设，特别是青年编辑学术能力的培育，关系到学者办刊的优良传统的传承，关系到刊物的未来和根本，是一个要高度重视的问题。

我一个人的时候，时常会在夏鼐先生的铜像前驻足，仰望夏先生。《考古学报》的学术地位是由夏先生这一辈学者奠定、经几代学者尽心办刊营造的，前人基业后人守。每每读到杨泓先生的回忆编辑部的文字，都会感慨当年《考古学报》的编辑力量多么强。进入新时代，踏上新征程，面对新问题、新挑战，更深知开拓固难，守成亦是不易。努力保持《考古学报》的学术水准和学术地位，是吾侪的职责和使命。每每想起这些，总觉得肩上的担子分外的沉重。

回首望去，我几乎把人生中最美好的年华都献给了《考古学报》，也把我大部分的心力和精力都花在了办好《考古学报》上。《考古学报》带给了我超越自身学术、资历和职务所能承载的荣誉，也带给了我困惑和毁谤。常年艰辛的编校工作带给了我不少病痛折磨；也在一定程度上迟滞了自己的学术研究，一些重要的研究课题未能按照原计划推进；也因为个别稿件未能采用以及刊期的问题，让我遭受了很多毁谤和无中生有的中伤。我为此困惑过，也彷徨过，但我从未后悔过。人生如下棋，落子便无悔。到《考古学报》编辑部来过，为刊物的发展筹划过、付出过，这便是我与她的福缘。如果有一天我离开了《考古学报》，回首我们相伴的岁月，希望《考古学报》还是《考古学报》，我也还是我，她未曾负我，我也未曾负她。

编辑工作的酸甜苦辣

邵蓓，编审，毕业于北京师范大学。1997年进入中国社会科学院历史研究所（后更名为古代史研究所）工作，现为《中国史研究》编辑部主任。

邵　蓓
《中国史研究》编辑部

1997年，我从北京师范大学毕业，进入中国社会科学院历史研究所（现古代史研究所）《中国史研究》编辑部工作，成为一名学术期刊编辑。斗转星移，20多年过去了，我从一名编辑小白成长为一名"资深"编辑。成长过程中的酸甜苦辣，在这里和大家分享一下。

甜

虽说是酸甜苦辣，但是作为一个从事和热爱编辑工作的人，还是应该从甜开始。所谓甜，就是编辑工作的获得感和成就感。与作者看到自己成果发表的那种直观的获得感、成就感不同，编辑的获得感和成就感是间接的。发现了一篇好稿子，把它努力推向学术平台，看到它被学者接受和引用，难免会有这篇文章是我发现的自豪感；发现了一个年轻有潜力的学者，把他的成果推介出去，目睹他逐渐从寂寂无闻成长为学科的带头人，难免有慧眼识人的欣慰和满足感。

2012年，我收到了一份在读硕士研究生的稿件。文章写作的成熟度让我非常吃惊，我反复确认，作者确实是一位还在攻读硕士学位的在校学生。稿件送审后，不出所料，顺利通过专家审稿和决审，在杂志上刊出。后来，这位作者又在《历史研究》《清华大学学报》等高水平的期刊上发表了论文。现在这位作者已经是学界小有名气的后起之秀，我们杂志是第一个刊登他文章的重要期刊，我想这次刊发对他的成长应该是有促进作用的。他的投稿，让我想起我们现在有的学术期刊，给投稿作者设置了学历门槛，不接受博士研究生学历以下的作者的投稿。我想，作为学术期刊，稿件的质量应该是唯一的标准。虽然比起博士研究生的文章，硕士研究生的稿件可能质量会有差距，但是博士生也有平庸的论文，硕士生也有优秀的论文，不应该因为身份，连审也不审就将作者拒之门外。这样做，不仅可能会遗漏一些好稿子，更可能会打击一个刚刚走上学术道路的年轻人的信心。

2017年我收到了一篇投稿，送审之后，主编认为根据专家意见来看，文章问题不少，很难进一步修改，但是文章本身又有它的创新点和独到见解。两难之下，我将专家意见原原本本地告知作者，又几次和作者邮件往来，对文章的修改进行讨论，最后文章通过决审，得以刊发。现在这篇文章已经是我们刊物这一年高下载量的论文。去年，我偶然看到作者在一次年轻学者的访谈中提道：投稿还是应该优先考虑《中国史研究》等高质量的学术期刊，虽然审稿周期可能较长，修改过程比较烦琐，但是编辑认真负责，对自己的成长很有促进作用。看到之后，我感觉这是对我工作的最好回馈。

自己编辑的文章被学界接受和赞扬，自己工作的杂志被学界肯定和看重，这大概就是编辑的获得感和成就感，是编辑工作中收获的甜吧。

苦

所谓的苦，指的是编辑工作中的辛苦付出。学术期刊的编辑工作并非简单的疏通文句，改错别字，而是一份要求具备专业的学科素养和细心、耐心、尽心的工作。

说来惭愧，我选择成为一名学术期刊编辑，是为了逃避做学问的"苦"。三年的研究生生活，让我深深体会到做学问的不容易，从而萌生退意。我自忖既无天赋，也不是吃苦耐劳型的，所以想从事些简单省事的"边缘性"工作。成为一名学术期刊编辑成为我的选择，进入编辑部我才发现自己以前的理解是错的，做编辑既不简单也不省事。

如果说做研究在某种程度上强调的是专，是在某一领域深耕细作，做出自己的一番成果，那么做编辑要求的是博，并不一定很深入，但一定要对学科的各个领域的发展和成果都有所了解。正式进入编辑工作，我才发现自己的知识储备远远不够。在学校集中学习的三年，我主要对传世文献有个初步的了解，而作者投稿却涉及古文字、考古，以及先秦政治、经济、社会、思想、文化的方方面面，不少是我知识上的盲区。刚进入编辑部的时候，还没有实行专家审稿制度，我的压力巨大，生怕因为自己的无知而错过了一篇好稿件，或是放过了一篇不该放过的文章，一开始的审稿完全处于一种不自信的状态。我一头扎进所图书馆，去恶补有关先秦史的各种知识。那时候还没有现在这么完善的数据库和海量的电子书，要了解学科研究的历史和现状，一是阅读学科综述，二是查找报刊索引中的分类索引，将相关的文章信息记下来，然后按图索骥，一本本地去翻过刊，看文章。刚进入编辑领域的我比在校学习还认真努力，因为责任在身，以前只是对自己负责，现在要对文章、对杂志、对作者负责。直到 2000 年,《中国史研究》开始实行专家和作者双向匿名的外审制度,有了专家的保驾护航,我头上的紧箍才松了一些。专家外审制度建立以后,与专家进行有效沟通也成为编辑的日常工作之一。这对于"社恐"的我,也是一项苦工作。经过几年的尝试,我想无论专家还是编辑、作者,大家的联系都是建立在专业的基础之上,了解专家的专业特长,大概是建立有效沟通的基础。

出版前的编校工作是编辑工作的重中之重,也是最为辛苦的工作。它需要耗费大量的精力和时间,又是周而复始、躲也躲不掉的工作。无论你在干什么,校样来了,都得停下来,校样先行。有时候自己的论文刚有了点思路,校样来了,就得停下来看校样,等校样看完,思路也断了,又得重新开始。从核对引文、改正错别字,到文句的疏通、文章逻辑关系和行文结构的梳理,都需要编辑以高度认真负责的态度进行。为了保证编校质量,需要多次阅读校样,很多作者都不曾发现的问题都是编辑发现并改正的。为了确保文章的质量和准确性,我们有时候是"上穷碧落下黄泉",寻找原始材料进行核对。一项优秀科研成果的最终呈现,跟编辑的幕后辛苦工作是分不开的。

所谓一个萝卜一个坑,编辑部工作有明确分工,大家相互合作,缺一不可。你的工作同事并不能替代完成,所以轻伤不下火线、带病工作是编辑的日常之一。要对文章、对杂志、对作者负责,这种责任心是激励编辑辛苦工作的背后动力。

酸

编辑工作中的酸,大概就是编辑工作中遇到的一些不顺心的事。

比如和作者的沟通不畅。一次有位作者加我的微信,和我谈他的一篇稿件。必须要说,这位先生在这个问题上深耕多年,确实也有精到的研究和见解,遗憾的是稿件最终没有通过专家审稿。我将专家意见转告作者,他在微信上跟我说了一个晚上,第二天早上我想再和他沟通时,却发现他已经把我拉黑了,这是我人生第一次,也是到目前为止唯一一次被拉黑。

在 20 多年的编辑工作中，和作者发生冲突是难免的事。我想因为我们杂志是学界有声望的杂志，作者给我们杂志的投稿往往是他最得意、觉得写得最好的文章，心理的预期是超过别的文章的。所以一旦发生退稿，往往接受不了。从这个角度来说，作者的失落是可以理解的，但是作者由此而迁怒编辑，实在是让编辑心酸的事。

有时候作者的投稿被录用后，对我们很感谢，但当发给作者校对时，对方却看得并不认真，应该核对的材料不核对，应该看出来的错误没看出来。在我看来，文章就像作者的孩子，孩子最后好不好，作者却不尽心，而让编辑费心，实在让人心酸。

另一种心酸是对编辑工作的不重视。很多人看来，编辑是简单的文字工作，没有什么技术含量，与研究工作不能比。文章发表了、得奖了，荣誉也是作者的，幕后的编辑很少能被提及。在研究所，编辑往往处于边缘位置，评职称第一个要过的是研究所评选的关，主要依靠的也是科研成果，而非编辑成果。对杂志的学术质量和编校质量都有硬性的要求，而对编辑在背后付出的辛劳却多少有些忽略。

辣

所谓的辣，大概就是编辑工作中遇到的"惊悚"吧。比如在正式出刊之前及时发现了问题，挽救了编校失误。

前不久我们杂志编一篇稿件时，作者用了一种不常见的符号，编辑出于经验改为了引号，整个文章读起来并无障碍。几天后我偶然看了一个古文字学的报告，报告人使用了同样的符号，急忙询问作者，才知道裘锡圭先生的《文字学概要》对这个符号有所规范，已经成了古文字学界的共识。于是我们请作者在作者校对时重新改了回来。事后，我深深感叹，我们险些犯了不专业的错误。虽然这个错误在一般人眼里看不出来，但到古文字学者那里就贻笑大方了。

虽然大家在编校的时候都是百分百的认真，百分百的付出，但是谁也不能保证自己编辑的文章百分百没有问题，所以社科院期刊审读工作是我们既紧张又担心的环节。往往杂志出来后，我们不敢翻看，等到审读专家的意见到来，才敢打开杂志。

2022年第2期杂志审读的时候，审读专家给我发来一张图片。我看了以后，脑袋"嗡"的一声就大了，这么明显的错误？！我看了三遍校样，同事看了三遍没有看出来？！当时还是疫情期间，二校是在电子版上校对的。我赶紧调出电子版，没有错。上班后我又翻三校、四校、五校都没有错，但是核红稿错了。问题出在哪儿呢？核红的时候不知为什么动版了，造成了莫名其妙的文字错误，而核红时我们仅针对改过的内容进行检查，没有改过的内容就不看了。错误就这样出现了。这个事情也成为典型案例出现在那一期的审读报告上。虽然这是个极为罕见的、匪夷所思的事故，但是也着实让我们惊出了一身冷汗，至今都难以释怀。

以上就是我在编辑工作中的一些收获和感悟。表面看来，编辑工作围绕一份刊物日复一日、单调地循环，但是我认为编辑工作是一份与时俱进的工作。高翔院长在担任中国社会科学院秘书长负责管理期刊工作期间，多次在院期刊工作会议上强调，一名优秀的学术期刊编辑，应当是思想家、学问家和社会活动家，应当是学术公共话题的策划者、提出者和组织者。在学术繁荣发展、交流日益频繁的今天，学术期刊不仅是学术成果发表的平台，还是促进重大学术问题研究和讨论的平台，是发现和培养未来的学术大师的平台。以往的编辑主要是和文字打交道，和作者、专家的接触都很有限，现在学科的发展要求编辑从幕后走向台前，化被动为主动，担任学术活动的组织者——要策划栏目和选题，选择合适的学者约稿组稿，充分发挥学术期刊在学术研究中的作用。在旧的编辑方式下我已经是一名"老兵"，在新的编辑方式下，我还是一名在不断摸索和成长的"新兵"。无论是新还是老，初心是不变的，就是希望经自己手的论文能够在学术发展史上留下它的位置。

自讨苦吃　初心无悔

—— 创办和主编《台湾历史研究》感言

李细珠
《台湾历史研究》编辑部

李细珠，研究员，博士，毕业于中山大学。1998年进入中国社会科学院近代史研究所工作，现为《台湾历史研究》主编。

　　说来也奇怪，我在2012年完成《地方督抚与清末新政》一书，似乎对近20年来的晚清史研究做了一个小结，就在这时非常意外地被调到毫不相干的台湾史研究室。作为"救火队员"，本来可以在适当的时候抽身而退，却不由自主地越陷越深，以至于搭进去自己学术人生的"黄金十年"（从45岁到55岁），而再也没有退路了。人生没有如果，好像只有必然。我不是一个宿命论者，但我知道事实上没有回头路，走过的路都是不可逃避的，无论风光无限还是荆棘丛生。

台湾史是一个特殊的学科。本来，作为中国历史学一个分支学科，与其他省区的区域史研究一样，只不过是一个地方史而已。但是，因为敏感的"台湾问题"，而使台湾史显得非常特殊和重要。近代史所设立台湾史学科，也有其特殊的历史背景，说来话长，此处不赘。从时段上说，台湾史不完全属于近代史范畴，而是从古迄今有一个广阔的历史纵深，又因其与众不同而可大有作为。我阴差阳错地接手台湾史研究室后，从学科建设的角度考虑，原先有很多想法与计划，但除了一些按部就班的工作外，有计划地顺利办成的事其实并不多。有的甚至已经提上了日程而终归无法落实，比如计划与华艺出版社合作出版《中国社会科学院台湾史研究中心专刊》，曾经愉快地签署了合作协议，却因出版遥遥无期而不了了之。稍感差强人意的，还是几经蹉跎办起了这个《台湾历史研究》期刊。办刊是个苦差事，但还能做什么呢，想来也就勉力而为了。

近代史研究所的台湾史研究的源头最早可以追溯到著名马克思主义历史学家刘大年先生，而在所里把台湾史研究作为中国历史学一个特殊分支学科建设的开创者与奠基人则是张海鹏先生。[①] 2002 年，时任近代史研究所所长的张海鹏先生创建台湾史研究室，并依托该研究室成立中国社会科学院台湾史研究中心，从此开始台湾史学科建设。起初，海鹏先生便有创办一份台湾历史研究刊物的想法，但苦于没有合适人手而作罢。我到台湾史研究室之后，很快便提出创办《台湾历史研究》集刊，得到海鹏先生的鼎力支持。2013 年，我们与社会科学文献出版社合作，正式创办以书代刊的《台湾历史研究》集刊，计划每年一辑，当年出版了第 1 辑，到 2016 年共出版 4 辑。随后又编辑了第 5、6 辑，但因故未能如期出版。2018 年，我们开始申请创办《台湾历史研究》学术期刊。在中国社会科学院、国台办及本所与社会科学文献出版社等各方面领导的大力支持下，2021 年 2 月获得国家新闻出版署正式批准刊

---

① 参见李细珠《学术的传承与创新——中国社会科学院台湾史研究中心 20 年的努力和追求》，《台湾历史研究》2022 年第 3 期。

号，同年 10 月《台湾历史研究》正式创刊。

如何办好一个新刊对我们是一个不小的挑战。所里决定把编辑部设在台湾史研究室，但研究室人员虽然编过集刊，却没有一个做过期刊编辑。期刊与集刊对编辑的要求有天壤之别。我们只能在工作中摸索，在学习中成长。好在中国社会科学院有巨大的人文社科期刊阵营，近代史研究所也有《近代史研究》《抗日战争研究》两个蜚声学界的名刊。我们邀请资深编辑来传经送宝，并积极主动向所内两个名刊请教学习。在吸收各方面经验的基础上，根据自身基本条件与特点，努力形塑自己刊物的独特风格。

一个时代有一个时代的刊物。也就是说，一个时代的刊物有其基本的办刊规则，并呈现基本的刊物样貌。这是时代的要求。任何刊物都不能自外于这个时代。在新时代刊物的基础建设方面，老刊要与时俱进，新刊可以弯道超车，一开始便立于时代潮头。我们订立编辑部工作条例，并参照《近代史研究》等刊物的技术规范要求，制定《台湾历史研究》技术处理规范，建立三审三校制度与专家匿名审稿制度；同时，通过社会科学文献出版社期刊分社搭建网上采编系统和网站，并在近代史所网站开辟网页，还建立了"台湾历史研究"微信公众号。从来稿、审稿、编校到出刊、传播，这一套完整的基础建设，使《台湾历史研究》一创刊便以非常现代而具新时代特色的形象在学界亮相。

作为主编，其办刊理念可能决定一个刊物的发展方向。我谨在此把自己一年多来的办刊做法和想法略述其要，以供学界同人批评指教。

一是要先"立其大者"，坚持正确的历史观。台湾史是兼具政治敏感性和学术性双重特性的新兴学科。台湾史研究有一个大是大非的问题，就是是否坚持台湾历史是中国历史的一部分的中国史观、反对割裂台湾历史与中国历史有机联系的"台独"史观。这是台湾史研究最根本的问题。坚持中国史观，反对"台独"史观，是台湾史研究不可逾越的政治底线。作为大陆学界第一份台湾史专业学术期刊，《台湾历史研究》以坚持正确的政治方向、理论导向和学术导向，刊载台湾历史研究领域学术成果，促进学术交流，服务对台工作的大政方针为办刊宗旨。我们从创刊号开始便设有"唯物史观与台湾史研究"专栏。我自己撰写了《台湾史"三大体系"建设论略》（创刊号，2021年第1期）和《"台独"史观平议》（2023年第1期）两篇理论文章，系统阐述了台湾史"三大体系"（学科体系、学术体系、话语体系）内部结构的辩证统一关系及其对台湾史研究的指导意义，并剖析了"台独"史观政治化、学术化、社会化三个发展路向及其危害。该栏目还发表了刘相平教授的《以"中华民族史观"为主轴构建台湾史"三大体系"》（2022年第2期）和陈支平教授及其博士生刘慧钦的《本末倒置的台湾"南岛语族"问题研究——驳"台湾南岛语族原乡论"》（创刊号，2021年第1期）等文章，不仅正面阐释了台湾史研究的正确历史观，而且严肃批驳了"台独"史观的学理谬误。坚持马克思主义唯物史观指导台湾历史研究，批驳"台独"史观谬论，牢牢掌握台湾历史研究的学术话语权，是我们办刊坚守的根本宗旨。

二是要发挥编辑人员积极性，主动出击，加强与学界联系。编辑部是一个整体，主编的职责在于把握办刊的大方向，并调动编辑部人员的工作积极性。新刊最紧迫的问题是缺乏稿源。在现行评价体系内，对于尚未进入各种核心期刊系列的新刊，稿源将非常困难。好在我们此前所办《台湾历史研究》集刊已经被列入"中国社会科学院创新工程科研岗位准入考核期刊名录"，我们的同名学术期刊便自然享有这个优待。院内尤其是所内同人的稿件有了一定的保障，但院外学者的稿件就只能靠友情赞助了。我鼓励编辑部同人主动出击，向学界同人约稿、组稿，主要有五种方式。第一，近水楼台先得月，约请编委赐稿。我们不仅特约学部委员张海鹏研究员、荣誉学部委员陶文钊研究员及著名台湾史研究专家杨彦杰研究员、邓孔昭教授等赐稿多篇，还约请了美国斯坦福大学胡佛研究所林孝庭研究员撰写《〈蒋经国日记〉与近代史研究》（创刊号，2021年第1期）和《蒋经国与宋美龄关系再探究——以〈蒋经国日记〉为中心》（2022年第4期）两篇论文。林文利用新近开放的新史料《蒋经国日记》，引起学界高度关注。第二，策划重要选题，约请相关领域专家撰稿。我们在2022年第2期设立"台湾地区历史教科书研究"专栏，约请朱汉国教授撰写《简析台湾地区高中历史课程的设置与教材编写》和陈忠纯教授撰写《台湾地区教科书的两岸关系论述探析——以高一台湾史教科书为例》两篇文章，深入剖析了台湾地区历史教科书中存在的"去中国化"问题及其危害。第3期设立"台湾史'三大体系'建设笔谈"专栏，刊发陈孔立教授的《关于台湾史学术体系的三点思考》、赵立彬教授的《从中国史的视野理解台湾光复初期的意识形态建构与民众心态变迁》、冯琳研究员的《关于构建战后台湾史话语体系的几点思考》和吴巍巍研究员的《构建闽台族谱与两岸社会文化史研究的学术体系》四篇文章，是老中青三代学者对台湾史"三大体系"建设与创新的多方位思考。第4期设立"纪念'九二共识'达成30周年"专栏，发表丁艳灵、孙亚夫撰写的《"九二共识"30年回望》、张文生教授撰写的《"九二共识"是两岸关系的理性选择》和郝幸艳助理研究员撰写的《〈海峡评论〉论"九二共识"》三篇文章，从不同角度深化论述了"九二共识"达成的历史经纬与现实意义。第三，举办台湾史研究学术研讨会，通过会议约稿。我们依托的中国社会科学院台湾史研究中心有每两年举办一次大型台湾史研究学术研讨会的传统，这是约稿的一个重要渠道。《台湾历史研究》创刊以后，还从2022年开始以编辑部名义与相关高校合作每年举办一次台湾史青年学者研讨会，又开辟了一个约稿的新渠道。第四，参加涉台学术研讨会，通过会议组稿。这是我们"走出去"联系学界的一个重要途径，但此前在疫情期间并不顺利，今后当勉力而为。第五，鼓励编辑直接向有学术交往的专家学者约稿。这方面事先约定，所约稿件只是意向稿，最终采用与否得由编辑部通过既定审稿流程决定取舍。一年多来如此孜孜以求，总算使各期如期出刊。可喜的是，《台湾历史研究》有幸入选《中国人文社会科学期刊 AMI 综合评价报告（2022 年）》核心期刊。这对本刊稿源的拓展想必有所助益。

三是要着眼未来，培养青年作者队伍。台湾史是一个比较"小众"的学科，尽管涉及台湾史研究的学者不少，但真正专门研究台湾史的学者并不多。关注和培养青年作者，既是拓展刊物稿源的需要，也是台湾史研究学术传承的需要。《台湾历史研究》在这方面的举措有三。第一，开设"青年论坛"专栏，给青年学者提供专门的发表园地。2022年第1期"青年论坛"发表三篇论文：苏颂的《台糖外销与近代台湾银行向上海的金融扩张》、许浩的《无果而终：台湾对1958年印尼内战的干涉》与翟金懿的《"转型失范"：台湾地区第七次"修宪"研究（2004—2005）》，其中有两篇被《中国人民大学复印报刊资料》全文转载。这是对青年学者的激励，也是对我们办刊的鼓励。"青年论坛"将是本刊常设的重要栏目。第二，举办台湾史青年学者研讨会，为青年学者搭建专门的学术交流平台。这是向本所《抗日战争研究》编辑部学习的重要举措。我们先通过网络发布征文启事，然后经过专家委员会评选20余篇论文参会讨论。会议时间两天，不分组，每场讨论精心安排一位资深学者主持，一位指导专家、两位评议人，还在青年学者报告论文之后设立他们之间的互评环节，并留出30—40分钟的自由讨论时间。这样安排的目的，就是希望每篇论文都能够得到较为充分的讨论。会议的宗旨就是帮助青年学者修改论文，同时选择合适的稿件在本刊发表。2022年7月、2023年4月，编辑部分别与中山大学历史学系、厦门大学台湾研究院在广州、平潭举办第一届、第二届台湾史青年学者研讨会，受到与会青年学者的广泛好评。青年学者研讨会得到孙中山基金会的资助，以后每年举办一届，将成为台湾史研究青年学者的学术盛会，也是本刊重要的稿源之一。第三，破除陋习，不拘年资，不带任何附加条件地刊发青年学人独自署名的论文。因为评价指标的缘故，不少期刊追求名人稿件，据说是名人稿件容易被转载、引用。多刊载名人稿件，便于提高期刊评价需要的转载率、引用率指标。因此，有的刊物发表年轻学生的论文，便要求导师署名在前。对此，我表示理解但并不认同。我多次表示，我们刊物发表硕士生、博士生及博士后的论文，可以在适当的地方对给予指导的老师表示感谢，但不要导师署名，除非是师生真正合作的作品，单纯挂名的不要。我觉得，这既是对学生负责，也是对导师负责。我们刊物已经发表了几篇博士生、博士后的论文，因为他们的论文符合刊物的要求，这就够了，实在没有必要再挂上他们导师的尊姓大名。我们在2023年第2期甚至还发表了一位北京大学历史系在读本科生的论文，没有别的理由，就是因为这篇论文达到了在我们刊物发表的水平。如果这位同学将来走上学术研究道路，我们相信，这将是其学术生涯一个永远值得回味的起点。作为新刊，我们可以不拘俗套，希望这将成为本刊的一个优良传统。

学术乃天下公器。我一再强调,《台湾历史研究》虽然由台湾史研究室编辑,但绝不是编辑部几个人的刊物,也不是研究室的刊物,而是近代史研究所的刊物,更是整个学术界的刊物。一个刊物就是一个学术交流平台。我们期望《台湾历史研究》可以成为凝聚台湾史研究学术共同体的纽带,并成为台湾史学科建设的基础,可以为中国历史学乃至中国哲学社会科学学科体系、学术体系、话语体系建设与创新贡献一份力量。

有人说学者办刊就是给自己套上一副枷锁。是耶?非耶?任凭后人去说吧。俗话说铁打的营盘,流水的兵,对于《台湾历史研究》这个营盘来说,我们都是流水的兵。如果每个在此工作过的人都能尽一份心力,这个营盘一定会被打造成铜墙铁壁,成为坚守台湾史研究学术旨趣的坚强阵地。

不忘初心，服务边疆研究

刘清涛
《中国边疆史地研究》编辑部

刘清涛，副编审，毕业于南京大学。2005年进入中国社会科学院中国边疆史地研究中心（后更名为中国边疆研究所）工作，现为《中国边疆史地研究》编辑部副主任。

　　我是2005年从南京大学硕士研究生毕业以后就来《中国边疆史地研究》编辑部工作的，之前对编辑工作并不熟悉。记得开始编辑工作做的第一件事就是核红，由此开始慢慢熟悉编辑工作。我参加了当年的编辑职业资格考试并顺利通过，但编辑技能的学习是个长期的过程。自己开始编辑稿件后，总是发现不了多少问题，编辑过的校样经过主编李大龙老师之手后，又是"满篇红"。记得后来我们编辑部还请了一位民族所退休老编辑做外校，看到老先生改回的校样后，我知道了编辑这一职业的功夫高处有多高，使我对编辑职业有了真切的敬畏和更深的理解。要做好编辑工作，不仅需要文字功夫、各方面专业知识、编辑技能，更需要那种沉静的修养功夫，不能浮躁。看到前辈们的编辑功力，深知自己当不断求索。因为编辑部人手少，所以开始那几年每期责编就由我来担任。李大龙老师常说，要想不出大的错误，该有的工作步骤一个都不能省，要按部就班把该有的程序都完成。这虽然是基本要求，但确实是应当牢记的行之有效的编辑工作"教条"。随着工作时间越来越长，愈加体会到编辑工作是一项系统工程，每个环节都不能掉以轻心。

编辑工作循环往复，时间过得很快。2010年后我参加了三年援藏工作，回来后继续在编辑部做编辑，又历经10年。这10年来，在李大龙主编的带领下，《中国边疆史地研究》有了很大发展。虽然编辑部人手较少，但为了进一步推动学科的发展，适应边疆史地研究愈加繁荣发展、稿源充足的状况，在受到国家社科基金资助后办刊经费有充分保障的情况下，期刊做了两次扩容调整，从150页增为182页，后又增为216页。虽然我们期刊是季刊，但发文量已经不少于一些双月刊。重要的是，增加页码后期刊保持了质量和影响力。

十多年的编辑工作，回顾起来也谈不上有多少体会，这里就自己的学习成长，简单谈三点。

一是不忘"作嫁衣者"的初心。编辑既然作嫁衣，就要给人做好，尽到作嫁衣者的责任。在对一篇文章的编辑过程中，只要有不通或可以进一步完善之处，就要不厌其烦地与作者沟通修改。这样有时候会显得自己麻烦一些，但最终效果往往会较好。有时发现自己反复较真敦促作者修改的文章发表后产生了较好的影响，自己也感到些许欣慰。有些文章，选题与资料都很好，论述上也过得去，但就局部一些地方如再进一步理顺，严谨、精练一些，文章自然会有提升，反之，就可能会影响文章传播。总之，作嫁衣者，要不忘初心，尽责任为人做好每件衣裳。

二是认识到编辑工作承担着促进学术发展的重要责任。期刊既是学术成果的发表园地，也是引领学术发展的平台。近代以来，我国边疆研究经历了清末、民国和新中国改革开放以后三次高潮。《中国边疆史地研究》1991年正式创刊，就是顺应潮流的体现。之后期刊几次调版增容，影响不断扩大，见证了我国边疆史地研究乃至我国整个哲学社会科学的繁荣发展。这一过程中，《中国边疆史地研究》对我国边疆研究的学科发展发挥了很好的引领作用。我参加工作后，正是李大龙主编着重引领开展中国疆域理论研究的时期，刊登了一系列有关疆域概念、疆域形成、藩属与朝贡、"中国"与"天下"等理论主题的论文，推动了中国疆域理论研究的开展。作为一个年轻编辑，我从中学习受益很多，也认识到期刊对学术探讨的引领作用。

我国边疆史地研究从来就有经世致用的优良传统，历史研究离不开现实需求。进入民国时期，随着现代民族学、社会学、政治学等多学科引入中国，边疆研究成为一门综合性的研究，出现边政学、边疆学等提法。当代从事中国边疆研究更是如此，不仅要研究历史，更要着眼于解决现实问题。20世纪90年代，《中国边疆史地研究》原主编邢玉林先生率先系统探讨建构一门中国边疆学的问题。之后，原中国边疆史地研究中心主任马大正先生提出构建中国边疆学是新一代边疆研究学人的责任。进入21世纪后，随着我国哲学社会科学的繁荣发展，以及边疆治理与发展对相关研究不断增长的现实需求，构建中国边疆学得到了来自历史学、民族学、政治学等多学科学者们的呼应，相关探讨至今方兴未艾。在中国边疆学"三大体系"建设的探讨方面，《中国边疆史地研究》发挥了重要的引领作用。

三是关注学科理论问题，以求更好服务学科发展和"三大体系"建设。作为学术期刊的编辑，关注本学科的理论前沿问题是一项基本要求。说到自己对边疆理论问题的兴趣和关注，也有最早切入的就是相关理论问题这个机缘。我参加工作后，申报了一个研究所课题，之后《中国边疆史地研究》以纪念新中国成立60周年为题组稿，课题成果便以《60年来中国历史疆域问题研究》为题发表。现在回想起来，选择这样一个课题不失为从事中国边疆研究领域期刊编辑工作的好的开端。中国边疆史地研究不是仅做史实考辨，其必然涉及史观和理论问题。而梳理新中国成立后历经几十年有关中国历史及其疆域范围的讨论，无疑有助于把握边疆史地研究的正确方向，加深对中国边疆及疆域构成的理论认识。对这个问题的梳理也开启了我对边疆理论问题的思考兴趣。

边疆虽是个常见词，但由于学科切入点和思考视角的不同，不同的学者对边疆的理解或理论认识也呈现多样性。就自己而言，对边疆的认识也是一个不断思考深化的过程。边疆是我们国家历史及疆域构成不可分割的一部分。理解边疆，需要在"中国历史发展的整体性"特别是内地与边疆一体性构筑的整体疆域中去思考国家历史的整体发展和疆域演变。理解边疆，更要牢记习近平总书记对我国统一多民族国家"四个共同"的历史定论——"我国辽阔疆域是各民族共同开拓的，悠久历史是各民族共同书写的，灿烂文化是各民族共同创造的，伟大民族精神是各民族共同培育的。"[①]

当前，我国边疆史地研究虽然在一定程度上实现了繁荣发展，但仍面临国外一些理论话语的挑战，在理论话语建设方面有待加强。包含广阔边疆地区的我国多民族国家及其疆域问题，需要进一步在学理上做好研究与解释。作为《中国边疆史地研究》期刊编辑，我们当发挥期刊引领作用，推动我国的边疆理论话语体系建设。

总之，做《中国边疆史地研究》的编辑，使我认识到中国边疆研究这一领域的广度和深度以及重要意义。感谢编辑工作给自己提供了一个不断学习成长的机会。编辑工作涉及的方面很多，不一而足。回顾过往，虽有些许体会和收获，但更多是感到自己的差距和不足，需要继续努力。

---

① 《习近平著作选读》第二卷，北京：人民出版社，2023，第508页。

燃起"甘作嫁衣"的一束光

徐志民，研究员，博士，毕业于北京大学。2007年进入中国社会科学院近代史研究所工作，2019年调入历史理论研究所，现为《史学理论研究》副主编、编辑部主任。

徐志民
《史学理论研究》编辑部

我从小学开始相对喜好文科，经常翻阅教材、教辅或课外书，虽常看到"编辑"二字，但没想到自己今后的人生、职业会与编辑挂钩。大学期间，懵懵懂懂，竟斗胆给一份专业期刊投稿，虽然未被录用，但想必也给收取稿件的编辑同志平添了不少麻烦。因为那时不像今天用电脑写作，通过电子邮件或投稿系统平台如此方便，所以编辑同志收取我虽恭恭敬敬但又歪七扭八的手抄稿时应该是看得比较辛苦吧。一次不中再次投稿，再次不中接着投稿。那时的屡败屡战虽未感动编辑同志，却似乎感动了自己。硕士研究生期间，在导师黄尊严先生专业又细心的指导下终于在核心期刊发表了文章，那种将手写体变成铅印体的快乐是他人难以体会的。当时的自己虽不能说"年幼"，但也"相当无知"，只记得自己的文章和发文期刊，却未能体会编辑同志的辛勤付出。博士研究生期间，在导师王新生、宋成有诸先生的指导下，我又有了几次投稿和发表的经历，特别是受邀担任北京大学研究生学术杂志——《北京大学研究生学志》编辑，使自己在学生时代的末班车上竟当了一回编辑，难道预示着此后的人生道路与编辑职业有关？

真是无巧不成书，原本立志从事学术研究的我于 2007 年 7 月获得博士学位后，到中国社会科学院近代史研究所从事博士后研究，但在博士后入站仅仅半年后便兼任《抗日战争研究》编辑，从此开始了"八年抗战"的编辑生活。2006 年 10 月，时任日本首相安倍晋三访华期间，同中国领导人达成了中日共同历史研究计划。为此，从 2006 年底至 2009 年底，中日两国各 10 名学者组成了中日共同历史研究委员会，开展中日共同历史研究活动。该活动的一项重要内容是近代中日关系史的共同研究，而其重中之重是抗日战争史的共同研究。作为中国社会科学院近代史研究所、中国抗日战争史学会主办的《抗日战争研究》，是发表抗日战争研究最新成果和进行学术交流的重要平台。2008 年初，《抗日战争研究》含执行主编荣维木先生在内只有三名同志，其中一名因工作需要调离了该编辑部，因而急缺人手的荣先生，通过我的博士后导师、时任近代史研究所所长步平先生，将我借调至编辑部，让我一边从事博士后项目研究，一边担任《抗日战争研究》编辑。如此，我开始跟着荣先生学习编辑技术、编辑规范、抗日战争史专业知识，以及开始与抗日战争史学界的前辈专家、青年才俊、编辑同人等联系并向他们学习。一出道即遇良师，人生夫复何求？此后至 2016 年我调入近代史研究所革命史研究室工作，整整八年的《抗日战争研究》编辑生活，深深改变了我对编辑、科研工作的理解与认识。

编辑工作绝不仅仅局限于修改文字或标点符号，而是一项内容丰富的社会活动。一是"杂"，也可以说是广或博。众所周知，在知识爆炸的时代，即使专业期刊的编辑，也难以掌握本专业各领域的所有知识，毕竟各领域的细化或精深研究成果越来越多，这就需要我们坚持学习，不仅学习本专业各领域的知识，而且学习相关专业和其他学科的相关知识。边编辑边学习，保持"杂家"本色，既是工作需要，也是我喜欢编辑行业的重要原因——无时无刻不在接触新的知识。二是"静"，也可以说保持耐心与定力。我从事编辑工作初期，对于所编文稿中经常出现、反复出现的简单错误，或者说本行业领域不应犯的错误，容易产生烦躁、急躁的情绪。尤其是那些明显的技术性错误，如此简单而又循环往复的修改，确实容易产生怀疑人生价值的崩溃情绪。怎么办？只能自我安慰，或暂停手中工作，调整心态，平复情绪。否则，即使你看过了一遍稿件也仅仅是"看过了"，因为情绪不稳导致眼、脑、手等不能协调一致，所以只是在形式上看过一遍而已，无法发现问题或容易错漏问题，还须重新编校一遍，如此更加浪费时间。因此，我每次编辑稿件都是平心静气、集中精力、专心致志，疲劳后及时休息，有情绪时尽快调整，然后再以饱满的状态投入编辑工作。三是"复"，也就是循环往复或多轮编校。稿件处理有"三审三校制"，那么除了审和校外，稿件究竟应该有几编？这个似乎未见明确规定，但每校之前至少有一编，如此至少三编，实则远远不止三编，可能是编了再编，反复编校。除了每一期的多轮编校外，一期又一期，环环紧相扣，体现了编辑工作的重复性与时限性。四是"联"，也就是编辑的联络工作，主要包括与领导、作者、读者、主管单位、印制单位、数字化建设单位等方方面面的联络。凡是与人联系的工作，或将可能经历人类社会复杂运作方式的一切。因此，编辑不得不成为一名合格的社会活动家。

然而，在当前加速运转的社会机制下，编辑的身份焦虑、职业认同危机日益突出，已成了影响编辑行业发展的一个重要问题。一般而言，大多数博士、博士后，往往希望选择以高校教师或科研机构的科研岗为业，虽也有人选择编辑职业，但相对较少。随着编辑任务越来越重、要求越来越高，而编辑的价值却似乎越来越模糊，不少高校和科研单位往往将编辑视作"教辅""科辅"人员，在职称评审、评奖评优、发展前景等方面被"边缘化"，影响了部分编辑的工作积极性和职业认同感。2021年5月9日，在习近平总书记给《文史哲》编辑部全体编辑人员回信后，前述情况有所改观，但仍不容乐观。朱剑的《如影随形：四十年来学术期刊编辑的身份焦虑——1978—2017年学术期刊史的一个侧面》、刘普和顾旭光的《编研一体制度下期刊编辑职业认同实证研究——以中国社会科学院学术期刊编辑群体为例》等，围绕学术期刊的编辑身份、职业认同以及如何打破身份焦虑、破解职业认同危机的现实问题进行探讨，具有较高的参考价值和现实意义，但从提出问题到解决问题终归需要一个过程。"远水解不了近渴"，但通过编研一体制度可以相对有效地提升自己。

我也有一个学术梦，但从事编辑工作后反倒为自己的梦想插上了自由翱翔的翅膀。首先，我没有发表论文的任务和压力，在做好编辑工作的同时，可以按照自己的研究计划进行自由研究。我虽然主持或参与过国家社科基金项目和其他一些集体项目，但更喜欢自由自在的研究。其次，编辑既是一项工作也是拿着薪水的免费学习。总体而言，稿件大多是作者的倾心打造和倾情奉献，虽有质量和水平差异，但选题、结构、材料、表述等各有长短。学人之长，避人之短，在不知不觉中校正自己的研究与写作。三审和外审的意见，既是评审稿件的参考，也对自己很有启发。例如，荣维木先生每次通读并反馈意见后，我都认真学习，发现有些问题是自己看漏的，有些表述是自己无力修改的，但经荣先生稍做修改，甚至是一字之改，立觉妙笔生花，顿感充满灵性。这种学习与训练使我受益颇深，至为感怀。最后，既要做好编辑又要追求学术理想，看似冲突，实则一致。修改错别字或标点符号等技术编辑，是编辑工作的基础，非常重要，但没有学问家的底蕴，就难以把握学术前沿和进行学术评判，难以策划引领学术方向的重要选题。一个优秀的编辑，既应是一名引领时代潮流的思想家，也应是一名知识广博的学问家。

因此，虽然历经近代史研究所革命史研究室、历史理论研究所综合处等部门工作，当组织调我到《史学理论研究》编辑部工作时，心中非常高兴，也抱有些许期待。因为无论在近代史研究所从事抗日战争史、中日关系史、中国革命史研究，还是作为中央第五批援藏干部在西藏自治区社会科学院从事当代西藏地方史研究（主要是实证性研究），无论是编辑工作的需要还是现实研究的需要，我都深感自身史学理论素养的不足和历史理论知识的匮乏，期待有朝一日可以学习与补充这方面的知识。真是想什么来什么！我不仅与同事们一起编辑，而且坚持精读每一期的每一篇文章。《史学理论研究》的每期刊物，既有中国古代史、中国近现代史方面的文章，也有世界史方面的文章，即使自己具有世界史和中国近现代史的知识背景，但仍感力有不逮。我担任《史学理论研究》编辑部主任第一年的确头疼，不仅咬牙坚持通读、精读每篇文章，而且还要发现编校中的错漏与问题，因而学习、请教是常态；第二年通读各期相对轻松，但感觉这些文章的思想性和理论性相对较弱，大多集中于史学史、史学流派、史学家的介绍与总结，批判意识渐浓；第三年通读各期文章渐入佳境，逐渐认识到这些文章虽不一定都有很强的思想性或理论性，但正是这些文章不断构建起自己相对独立的中外史学理论与史学史的知识体系。

在编辑中学习与研究，在研究中提升编辑能力与水平，真正做到编研一体，确实为既从事编辑工作又怀有学术梦想者点燃了"甘作嫁衣"的一束光。编辑不仅仅是编辑，也是学习和积淀学术研究的基础；学术研究与写作也不仅仅是研究与写作，还有对自己文字的编辑。两者本是相辅相成、相互促进、辩证统一的，但现实中常常看到两者的矛盾与冲突。原本的"甘作嫁衣"似乎变成了"只作嫁衣"，而编研一体使"只作嫁衣"变成了"既作嫁衣，也作自衣"，当"嫁衣""自衣"均裁缝得当，获得强烈的"作衣"认同感时，就有了乐于奉献的学术自信，那么服务于学术共同体的"甘作嫁衣"又再次回到现实中来。不管他人如何认识编研一体，早年的我就是以阿Q精神坚持编研一体，坚持编辑、科研"两条腿走路"，坚持编辑、科研和社会活动"三位一体"。但是，坚持很苦，要付出比常人多一倍或两倍甚至更多的努力，且坚持三年五年依旧迷茫，八年十年也未必见效。不过，编研一体的这束光，却照亮了学术裁缝们依然坚持"甘作嫁衣"的前行之路。

志为科研铺基石　乐为学术作嫁衣

覃　毅
《中国工业经济》编辑部

覃毅，副编审，博士，毕业于中国社会科学院研究生院。2014年进入中国社会科学院工业经济研究所工作，现为《中国工业经济》编辑部副主任。

缘　起

成为一名学术期刊的编辑，纯属机缘巧合。2014年，我博士毕业后，非常有幸地留在了中国社会科学院工业经济研究所工作。这是我求学时就十分向往的学术殿堂。当时，我正踌躇满志地想在工业经济领域继续自己的经济学研究。在即将入职的某一天，人事部门的同事通知我，《中国工业经济》编辑部有一个岗位空缺，所里统筹考虑后觉得我比较合适，先安排我过去锻炼。没想到，这一去，我便留在了编辑部。要说起来，我和《中国工业经济》是颇有一些缘分的。求学期间，我的第一篇学术论文就是以第一作者身份发表在了《中国工业经济》上。回想起来，有的时候命运就是这么奇妙。

初到编辑部工作，我常常忐忑不安。作为一名合格的社会科学期刊编辑，必须具备很好的学术素养和文字功底，而我的经济学研究是半道出身，之前一直都擅长理工科思维，笔头功夫相对偏弱，自认为这是个不小的挑战，因此丝毫不敢懈怠。好在经济学研究强调理论逻辑的严密性和模型推演的科学性，此前理科生的严格训练反倒有了用武之地。

刚来编辑部的时候，工经所还在月坛北小街2号院。从硕士入学时，我就喜欢上了这个只有一栋四层红墙围楼的院子。四楼走廊最顶头的两间小屋就是《中国工业经济》编辑部。里面除了办公桌，其他地方都堆满了整捆的过刊，满屋子新鲜的油墨味儿，再搭配上斑驳的墙皮和随意摆放的书架，自然地营造出既简朴又富足的氛围，能让人沉下心专注手中的编辑工作。楼下就是经济所《经济研究》和《经济学动态》两个兄弟编辑部。后来因2号院修缮，我们两个所又一起迁到了国谊宾馆的临时办公楼。再后来，也是最近一次办公场所调整，经济所回了2号院，工经所搬到了王府井东厂胡同1号院。

这期间，《中国工业经济》编辑部经历了几次比较大的调整，陆续推出了一系列被学界广泛认可的新举措，给我们新入编辑部的年轻人提供了难得的学习和锻炼的机会，也让我对学术期刊和学者们相辅相成的关系有了独特的观察和思考的视角。

成　长

初为编辑，让我感到幸运的是，能够从《中国工业经济》这个平台起步；更幸运的是，一开始就得到了时任编辑部主任李海舰老师的"传帮带"。李老师在编辑部深耕数十载，带领大家把《中国工业经济》打造成了国内经济学和管理学领域的权威期刊，况且社科院"牛"刊如此之多，能够出类拔萃实属不易。李老师对审稿要求严格，看文章的眼光独到而犀利，不放过任何"挑问题"和"给意见"的机会。那段时间，我在审稿会的陈述环节，常因担心讲述不到位而紧张到后背衣服湿透，回想起自己博士学位论文答辩时都没有如此紧张过。正是在李老师的耐心指导下，我顺利地从"写文章的人"转型成"挑文章的人"，逐渐适应了编辑部的工作。当时的副主任是待人温和的王燕梅老师，审稿时也是直中要害，丝毫不拖泥带水。前辈们的言传身教，让我认识到了一名优秀编辑对稿件评审的苛刻和对作者指导的用心。受此感染，我始终对学术创作抱有敬畏之心，对自己评审的文章都如获至宝般尽力发掘其中的"金子"，用编辑部传承的"手艺"助其成器。

作为国内顶级的学术成果发表平台，编辑部收到的来稿基本是国内优秀的中青年学者和学界前辈花费大量心力创作出来的得意之作，最终发表的成果可谓"万里挑一"。身为编辑，自认为必须学会"驾驭"这些创作使其"为我所用"，从中体现和坚守期刊的宗旨与特色。《中国工业经济》编辑部审稿的一大特点是编辑会深度参与文章的创作，会给文章制定比较详细的个性化修改方案。我审一篇文章平均会花掉两三个小时，从头到尾认真阅读，空白处写满了各式记号和参考意见。经编辑部讨论后，会打电话跟作者详细沟通，从主题聚焦、篇章布局、理论逻辑、实证分析、结论启示以及文字表述等多个方面充分交流，认真听取作者的反馈，有些文章在交流中还碰撞出不少特别有意思的火花，让我体会到了身为学术编辑的乐趣。在与作者就修改方案达成共识后，再交由作者去深入完善。这一过程通常来回两三次甚至更多次，直到修改满意，虽然会占用不少时间，也很"折磨"作者，但是等文章最终发表了，作者会满心喜悦，我也会从中收获作为责任编辑的成就感。这给了我坚守这份职业很大的动力。

在投稿过程中，评审期的等待焦虑是学者们经常反馈的问题。我在求学和工作期间也曾数次投稿，对此深有感触。每次投稿后，我都会不断访问期刊网站，期待着状态的更新。来到《中国工业经济》编辑部工作后，发现编辑需要考虑的因素远比作者想象得要多，需要用心耗时去斟酌筛选。比如，编辑在初审和会审环节通常会重点把握文章的选题，看中思想性和创新性，倡导立足中国实践经验，构建中国自主的知识体系。由于相近主题的来稿通常很多，所用数据和变量也都大同小异，因此，最终被录用的文章往往是在选题、理论见解及启示等方面做出了足够多的亮点。这都需要经过编审流程的多轮审定。作者其实大可不必顾虑，编辑部一定不希望错过任何有创见的稿件。被退稿的文章也并非没有创新，只是在编辑看来不太符合杂志的选文方向罢了。认识到这一点，就少了很多不必要的焦虑。而身为学术编辑，必须高度重视和认真对待每篇文章的评审工作，方能不辜负作者对期刊和编辑部的信任。

感　悟

我在编辑部工作的这几年里，学术期刊一直面临着转型和发展的问题。特别是新媒体、开放获取等新型出版方式和业态的出现，对传统的出版业和学术期刊出版造成了一定的冲击，当然也带来了一些创新的可能性。《中国工业经济》近年来就从很多方面做出了积极的尝试和突破。作为主要参与者，我切身体会到了期刊编辑在推动学术发展上大有可为。例如，在坚持做好纸刊出版的基础上，推出优先出版、增强出版以及构建多层次、立体化的会议矩阵以提升学术影响力，打造微信公众号特色栏目"观点精粹"以提升社会影响力，翻译出版英文数字版、英文长摘要以提升国际影响力，转化成果要报以提升决策影响力，等等。在这里，不得不提到2016年底推出的一项重要举措。时任常务副主编、编辑部主任张其仔老师刚上任便提出了开放办刊的理念，尝试公开文章的原始数据和程序代码。一年之后，又公开部分文章的评阅书。在张老师的大力推动和宣传推介下，这项工作取得了明显的成效，期刊口碑大好，特别是得到了青年学者的广泛支持。此举也开创了国内经济学、管理学期刊之先河。据我所知，近期《世界经济》《数量经济技术经济研究》等兄弟期刊也在陆续尝试数据公开了。国务院学科评议组的一位老师曾在交流中表达了对编辑部的感激之情，说自己团队的老师和同学们经常访问《中国工业经济》的官方网站，下载数据和程序代码来模仿学习，大家进步很快。有学者通过查阅公开的程序代码来学习和提升自己的计量编程水平，说比编程教科书更受用。还有学者通过学习公开的评阅书来摸索如何写出高质量的同行评议意见。

改革开放以来，我国经济学在研究范式上经历了数理方法引进应用和回归学术思想的几次大讨论和大转变，期刊发文在定性和定量方法的运用上有所调整。随着学术资源获取更加便捷、国内外学术交流日益频繁、大量海外求学人员回国任教，尤其是匿名评审制度被广泛采用，国内研究中先进的实证方法迅速普及，定量文章占满了各大期刊的版面。然而，在论文整体质量大幅提升的同时，文章的实证部分却越发冗长且千篇一律。在与同行和审稿人的交流中得知，大家也都或多或少地表现出了"审美疲劳"。编辑部经常在审稿会上对文章中的方法使用和创新做重点研判，又发现存在大量方法误用的问题。这些现象和问题的出现让我意识到，当今学术的发展对期刊编辑同样提出了更高的要求，必须紧跟学术前沿，及时了解新的研究方法。出于引导学者正确掌握科学的研究方法、同时提高编辑评审能力的目的，我跟现任编辑部主任王燕梅老师商议策划方法类选题，做法是在国内众多优秀学者中遴选合适的作者，请其就普遍存在的方法误用问题做详细分析，给出科学的使用方法。2021年底，在征得主编同意后，由我代表编辑部向中国人民大学江艇老师发起约稿，邀请他针对存在不同程度误用的中介效应和调节效应做深入讲解，给出正确的方法使用和操作建议。约稿后近半年时间里，我与江老师数次沟通文章的重点和写法，最终于2022年4月成稿，5月便顺利见刊。一经发表，就引来了学界热议，论文下载量很快突破了1万人次。截至2023年11月，杂志网站和中国知网的累计下载量逾8万人次，被引用超900次。这类学术"公共品"的策划发表，很好地体现了《中国工业经济》构建学术共同体、引领学术创新的责任担当。

在注重定量分析的科学性和规范性的同时，合理分配突出思想性的定性文章的发表比例，是编辑部选题策划的重点之一。在编辑部的内部评审中，对定性文章的要求并不比定量文章低，甚至会更高，除了强调新的观点和思想之外，还需要严密的逻辑阐释。这往往要求作者有深厚的学术积累和一定高度的学术视野，才能驾驭此类文章的创作。《中国工业经济》在这方面下大力气，向国内各领域的权威专家针对重大问题发出约稿。编辑部对此类稿件坚守原则，同样会反馈编辑意见和严格实行匿名评审制度，邀请同领域的权威专家参与评审，某种程度上所提意见更为严苛。有此保证，这类文章发表后，在中青年学者中传播和学习的效果都不错，很好地发挥了头部期刊的学术引领作用。

九年时间说长不长，说短也不短。博士毕业后的十年内，是一个学者成长的黄金时期。作为一名学术期刊编辑，我把工作重心放在了编辑上，这或多或少地占用了自己做学术研究的时间。然而，随着工作阅历的不断丰富，我越来越深刻地认识到编辑工作在整个学术研究过程中的重要性。相较于学术研究，编辑的工作更多的是在铺基石、作嫁衣。尽管这份工作很多时候是默默无闻的，但是一想到只有在更坚实的基石上、更靓丽的嫁衣下，学术研究才能更好地被呈现、被认知，心中就莫名地涌起一种强烈的责任感和自豪感，不断鞭策自己在编辑工作中积累更丰富的专业知识，磨炼更娴熟的业务能力。可以肯定的是，这份选择，为我的学术之路开启了另一种模式，让我能够领略别样风光。

职业、事业和人生：一个小编的工作心得

李先军，副研究员，博士，毕业于云南大学。2018年进入中国社会科学院工业经济研究所工作，现为《经济管理》编辑。

李先军
《经济管理》编辑部

进入《经济管理》编辑部已五年有余，从初进时无所适从的迷茫，到熟悉流程后面对编辑压力时的自我否定与反思，再到现在试图实现的编辑、学习和科研的"三位一体"融合，我对编辑工作的认识不断深化。编辑不仅是一份专业的职业，还是一份有丰富内驱力的事业，更是有助于良好职业习惯养成和个人素养提升的机会。

一　编辑需要专业也是一份职业

在进入编辑部之前，从未想象过自己会进入编辑这个领域，根源在于自己之前对编辑工作的不了解。"无知者无畏，知而深深畏"，从对编辑工作的"无知"到"有知"，使我对编辑工作产生了深深的敬畏感，尤其是在选稿和编稿过程中"拿不准"时尤为明显。进入编辑部之后，在向前辈学习和自己编稿的过程中愈发感受到，学术编辑不是简单的文字修改工作，它不仅需要准确的学术判断能力，更需要具备与作者对话的专业能力。前者要求编辑能够对期刊所涉学科的整体知识体系有一个较为系统的了解，并能迅速在学科知识体系中找准论文的定位，以便发现研究的价值性和创新点；后者要求编辑在多个领域有相对全面的认识，能够发现论文可能存在的问题，更重要的是能够给出中肯的意见和建设性的建议。

学术判断力和专业能力一部分可能来源于先天禀赋，同时后天的学习也是必不可少的，在工作过程中加强学习是每一个编辑成长的必要条件。一个非常深刻的感受便是，在每一篇稿子编辑过程中的拓展性学习对自己知识面拓展和知识点深化十分有效。我一般会根据论文题目和核心内容（往往是后者）来简要地梳理学术史，基于此，明确文章在学科"知识树"中的可能位置，再与作者的研究视角、研究方法、核心观点等进行比对，以确定文章可能的创新点和增量贡献。这个过程不仅能帮助作者进一步梳理研究的理论脉络，也能够帮助自己不断丰富工商管理这一学科领域的知识，形成以编促学、以编促研、以研促编的良性循环。当然，在这个过程中也经常面临一些困惑，例如花大量的时间和精力来梳理学术史乃至重新定位论文的研究视角，是否会背离作者研究的初衷？在论文已有比较规范的实证研究内容之后，是否还有必要花费很多精力去关注前期的基础工作？我有幸在与一些作者的沟通中得到对这些困惑的解答，他们也能够在这个过程中深化对理论体系的认知，一些作者也在这个"逆向思考"过程中进一步找准了自己的研究计划和目标。

二 编辑是一份有内驱力的事业

编辑工作月复一月、年复一年，除了在周期性的工作中提升专业能力和学术能力之外，还要有源自内心、发自肺腑的热爱，以驱动每期的按时出稿、高质量编稿。作为编者，收获知识的喜悦、编辑与研究工作的融合互促、对编辑工作服务国家战略的使命感和荣誉感，让我在工作中不断满足和激励自己，形成持久的激励动能和力量源泉。

收获知识的喜悦是编辑工作中最激动人心的事情。编辑知识的学习、学术能力的提升以及良好的组织氛围，这些内在因素成为激励我热爱编辑工作的内在动力。一是通过逐步掌握编辑工作的相关知识和技能，我能在这个过程中收获职业成长的成就感。《经济管理》编辑部是一个学习型编辑部，入职伊始编辑部领导和前辈就引导我学习《编辑理论与实务》，在编辑工作过程中为我提供全流程、无时滞的指导和帮助，在高度包容的环境中鼓励我学中干、干中学，帮助我逐步了解和掌握编辑工作的目标、内容、方法等，我也实现了从一名"实习生"向"正式工"的转变。二是通过在工作中学习到的专业知识反哺学术研究，我能在此过程中收获专业提升的成就感。在周期性的选稿和编稿过程中，可以第一时间接触到学界最新的研究，甚至也会遇到一些"误投"的跨学科研究成果，能极大地丰富自身贫乏的知识量，有利于自我科研能力和专业水平的提升。三是编辑部团结向上、互帮互助、共同学习的氛围深深地吸引了我，在融入组织文化的过程中不断增强集体归属感和荣誉感。

编研工作的良性互动激励个人不断提升编辑技能和提高编审质量。选—审—编—校环节蕴含了丰富的隐性知识，只有身临其境地去从事编辑工作，才能形成对这些隐性知识的感知、整理、解码和应用，真正实现编研互促的目标。选稿中的比较和讨论，结合编辑部举办的学术会议、内部稿件讨论会、集体学习、专业培训等，能够帮助编辑相对较早地把握学术研究的最新方向和趋势，有利于更准确地抓住好选题；在与同行的审稿交流中也发现，尽管不同的期刊在学科定位、选题方向、研究范式上有较大的差异，但在选题价值、逻辑结构、方法数据、排版规范、语言表达等方面表现出高度一致的要求；在编辑过程中所形成的条件反射也会映射到自己的研究报告和论文撰写过程中，有助于成果质量的提升；在校稿中尤其关注政治敏感性、细节表述错误等，这类细节同样也会在自己的日常研究中被关注，这就极大地降低了自己的论文因为细节问题而被拒稿的风险。正是得益于选—审—编—校全流程的"浸润"，帮助我能够立足相对专业的编辑视角和相对中立的学者视角来审视自己的成果。与此同时，在成果发表过程中，不仅可以更加深入了解期刊同行在选题策划、编辑流程、宣传推广等方面的先进经验和做法，更有利于自己在编辑工作过程中以更高的标准、更科学的方法、更有效的方式来改进编辑工作。

服务国家战略的使命感和荣誉感是编辑工作的最根本动力。《经济管理》是一本极具责任感和使命感的期刊，自创刊以来，一大批学者围绕现实议题发表了一系列振聋发聩的文章，成为影响中国改革开放和经济发展的重要理论依据。随着编辑工作的不断深入，对期刊建设学术共同体和服务国家战略的使命感不断深化，也切实感受到作为期刊编辑肩上的沉重责任和崇高使命。编辑工作中经常遇到"用复杂的理论和模型来阐释简单的事实""说正确的废话""高度模仿的精致之作"之类的文章，尽管它们在一定程度上符合发表规范，但却丧失了作为社会科学研究的基本价值。自进入编辑部以来，编辑部主任时刻强调问题导向、理论创新，要"把论文写在祖国的大地上"，强化期刊在学术体系、学科体系和话语体系中的引导功能。在选稿中我们优先关注那些有助于分析和解决重大现实问题的学术论文，重点关注那些在思想、方法、数据等方面大胆创新和有重大突破的研究成果，鼓励作者通过加大政策建议的篇幅来贡献学者智慧。期刊积极围绕国家的现实需要，设置年度主题征文和专题征文活动，引导和激励学者围绕重大现实议题开展具有理论深度的系统性研究。这也让我深深感受到，期刊编辑可以与学术共同体内的作者一道，以学术期刊为平台，以学术研究为工具，主动服务国家战略，积极为国家发展贡献力量。源自其中的责任感、使命感和成就感是激励我努力做好编辑工作的最根本动力。

三　编辑是可以改变一生的人生经历

编辑不仅是一份职业和一份事业，更是一次改变个人工作习惯、促进良好职业素养形成的机会。编辑工作所需要的能力和素质，不仅可以运用到科研工作中，还可以应用在日常生活中，指引个人的成长、知识的积累和品德的提升。

编辑工作需要兼具大师视野和工匠精神，人生道路也须仰望星空和脚踏实地相结合。编辑的首要工作就是要在大量的稿件中找到与本刊定位一致和水平相当的目标，这就要求编辑能够着眼大局来选题，以大师的视野来甄选论文。在论文修改过程中，编辑部尤其是责任编辑需要出具专业的审稿意见，从粗到细、由面到点，兼顾论文的思想性和规范性，平衡论文的学术性和可读性，不厌其烦地来帮助作者提高论文质量，并可能直接"操刀"结构上的调整、内容上的优化、文字上的打磨等，以"钉钉子"的工匠精神与作者一道打造学术精品。编辑工作的这些要求，尤其是在编辑工作中养成的这些习惯，对于研究者来说也是极具启发价值的，在研究方向选择中需要着眼大局谋全局，在研究过程中需要着手细节勤动手。仰望星空和脚踏实地从来就是不可分割的，否则就是空谈理想或无的放矢。

编辑工作需要有问题意识和理论敏感性，个人知识的丰富和积累也需要现实洞察力和理论思考力的结合。编辑的重要工作之一就是要找到论文存在的问题，但更重要的是要帮助作者找到解决问题的办法，以及在这个过程中如何去发展理论、创新理论乃至重构理论，即编辑工作的知行合一。人生有涯学无涯，要积累和丰富自身的知识体系，同样需要具备强大的现实洞察力，在工作和生活中发现问题、分析问题和解决问题，在这个过程中提炼、建构理论，并形成可解释现实和解决问题的一套方法论。问题导向和理论归纳从来不是孤立的，否则就成为只见问题的"悲观主义者"或者只懂理论的"纸上谈兵者"。

编辑工作需要责任担当和奉献精神，这也是个人良好品德和优良素质的重要构成。编辑被视为"作嫁衣者""为人梯者",这是期刊作为连接作者和读者的平台属性所决定的。编辑既要在工作中主动承担责任,帮助作者打磨、提升和优化论文;也要在工作中讲求无私奉献,在诱惑面前保持定力,做到洁身自好,真正服务于作者、读者和学术共同体的健康发展;更要保持平和心态,始终以中立、专业的态度和视角来审视作品,不盲从、不急躁、不气馁。"为人梯者"的编辑,不仅要为作者搭建了通往理论体系的"云梯",更要在这个过程中搭建可通往编者人生目标的"天梯",敢担当、讲奉献的编辑工作自然就成为一项成就他人、满足自己的崇高职业。

编辑工作，何尝不是一种修行

白金兰，毕业于四川省社会科学院研究生院。2012年进入中国社会科学院财经战略研究院工作，现为《财贸经济》编辑。

白金兰
《财贸经济》编辑部

    2011年，作为中国社会科学院实施哲学社会科学创新工程的一个重大举措，财经战略研究院（在原财政与贸易经济研究所的基础上组建而成）应运而生，成为中国社会科学院首批跨学科、综合性、创新型的学术思想库和新型研究机构。迎着财经院组建的春风，我于2012年进入《财贸经济》编辑部工作，时至今日，已十载有余。回想我刚入职时的情景，依然会有一种浓浓的暖意在心中蔓延。那时的《财贸经济》编辑部还位于三里河的中商大厦，我初来乍到，对一切都新奇而陌生，但编辑部和蔼可亲的领导、可爱的同事、宽松融洽的工作氛围，给我留下了非常深刻的印象，我当时几乎是零距离地融入了温暖的编辑部大家庭。与我之前在企业的工作经历相比，这种不是家胜似家的工作氛围令我如此享受而倍感珍惜，一种强烈的归属感油然而生，心中暗下决心：此生以编辑为业，奋斗终生。正是如此誓言，让我能够在编辑之路上砥砺前行、不断成长，其间有迷茫和困惑，也有思考和进取，更有收获和喜悦。

一 新手编辑重在沉心静气

2012年9月，我成为《财贸经济》的一位编辑，虽然之前有过短暂的编辑工作经历，但作为学术型期刊编辑我完全是个新手，好在编辑部宽松融洽的工作氛围和资深老编辑的"传帮带"，让我很快适应了编辑部的工作节奏。这期间王迎新主任、王朝阳副主任、陈燕老师、孔繁来老师等资深老编辑给予了我最大的鼓励和帮助，他们不仅编辑业务精湛，而且学识和人品更让人钦佩。他们对编辑工作的挚爱与其说是敬业，不如说是几十年如一日的坚守和情怀。他们严把稿件质量关，从稿件遴选到编辑加工都一丝不苟；他们始终以作者为中心，从在电话里的耐心解答到对修改稿件的建设性意见都是真情付出；他们更是牺牲了太多的个人学术研究时间，只为手中的那件"嫁衣"足够经得起时间的考验。作为晚辈编辑，身处如此的氛围中耳濡目染，那段时间，肉眼可见的进步让我几乎"脱胎换骨"。说实话，刚从事编辑工作时，自己的底气不是很足，这一方面有新手经验不足的因素，但更多的因素是在中国社会科学院这种学术型科研机构担任编辑，老感觉"低人一等"。我也曾长期困惑于身为编辑如何更好地平衡编辑工作和科研工作的问题，编辑工作琐碎而繁杂，而科研工作要求持续的大量时间的投入，看起来相互矛盾，似乎无解。但经过这段时间从前辈编辑身上切实感受到的、眼里看到的，我似乎一下明白了编辑工作的责任和意义。编辑工作首要的就是"甘为人梯"的担当和使命，在此过程中成就别人，成长自己。如果没有这种清醒认识和奉献精神，很难做好编辑工作。

万事静心为先。在之后的编辑工作中，我逐渐放平了心态，积极努力地干好每项工作。记得那时，我负责的工作除了编校稿件外，还承担了诸多编辑之外的行政事务。中国社会科学院学术期刊"五统一"政策实行前，《财贸经济》编辑部的业务范围除了审稿、编辑校对稿件外，还负责期刊的印制出版和发行。整个编辑部在运营上就像一个企业，需有专人处理财务、工商、税务等方面的工作，因负责此项工作的同事怀孕回家待产，而我恰好有财务方面的从业经历，领导就安排我负责这项工作。这项工作相对于一般企业来说，业务量虽小，但工作的项目和流程一样不少，占用的时间也较多。主要的工作包括开具发票、支票、报税、记账、报销、发放作者稿费等，而且还要对接邮局、银行、国税、地税等外联单位。2013年后，随着中国社会科学院"五统一"政策的逐步落实，虽然工作量有所减少，但每个月依然要按时进行报税和记账等工作。除了财务工作外，我还负责不少其他的编务工作。这些行政事务性的工作看似和编辑工作无关，但如何能够做到统筹安排并有条不紊地完成，本身就是一种考验和锻炼。都说编辑部锻炼人，其实从某种意义上来说，也正是编辑部这一项项看似琐碎的工作潜移默化地磨炼了人，提高了个人解决问题的能力和管理沟通的能力。所以，我想无论我们从事何种工作都不能眼高手低，先要甘于沉下去，才能最终浮起来。哪怕是从最基础的工作干起，也要一丝不苟地完成。正是这种良好的心态，我更加积极地开展工作，领导分配我干的工作，我不折不扣地完成；领导没分配的工作，我也勇于尝试开展一些探索性的工作。

2014年7月，《财贸经济》正式全面启动双向匿名专家审稿制度，该项制度的实施为《财贸经济》遴选稿件提供了大量建设性的审稿意见。但在实际工作中，我发现并总结了一些问题：诸如派发的稿件与审稿专家的研究领域不一致、审稿周期和审稿频率如何优化的问题等。为此，在2015年，也就是实行匿名审稿制度一周年之际，我向王迎新、王朝阳两位领导提出能否通过调查问卷的方式来了解审稿人对匿名审稿制度的意见和建议，借此调研每位审稿人的详细研究领域和偏好，从而使送审稿件更有针对性，两位领导当即表示赞同并给我下达了任务。于是我积极查阅了国内外关于匿名审稿制度的文献和案例，了解匿名审稿制度的最新进展、具体做法和优缺点。最终，我从审稿人的基本情况、审稿频率、审稿周期、审稿数量、审稿费标准、审稿激励措施等方面，设计了匿名审稿人调查问卷，并在两位领导的大力支持下，通过邮件的方式给《财贸经济》的163位审稿人发送了调查问卷，最终收回问卷108份。事后，编辑部根据调查问卷的反馈结果，不仅及时地完善了匿名审稿制度，而且也使编辑部发送给审稿人的稿件更加具有针对性，极大地提高了匿名审稿工作的质量和效率。这次探索性工作的开展，给予了我极大的鼓励，更加培养了我在工作中积极思考、主动解决问题的良好习惯。

二　编辑工作意在磨炼心性

大部分没有从事过编辑工作的人似乎都认为编辑工作就是改改错别字，是一种简单而重复的劳动，整日波澜不惊，毫无创造性可言。但只有从事编辑的人才能真切感受到编辑工作的真境界：甘苦自知，不足与外人道。一路走来真是战战兢兢，如履薄冰。这种惶恐的真实感受更多是来自作者和读者的厚爱。质量是期刊的生命线。在如今浅阅读盛行的时代，内容依旧为王。一本期刊从审稿、发排、编辑加工、校稿到刊印发行，每一个环节都倾注了编辑的全部心血，标点符号、公式图表、逻辑关系、文字表达、段落衔接、体例规范、引文和注释的准确性等都要一一查证，以最大限度地降低期刊的差错率，确保期刊内容的质量。

期刊的编辑加工及校对工作是个经验活儿。在《财贸经济》编辑部，老一辈的资深编辑给我们后辈编辑做出了榜样和表率。我有幸目睹和学习过王迎新老师和孔繁来老师的编校稿红样，稿件上密密麻麻的色笔批改之处尽显编者对稿件编校工作的一丝不苟和对文字娴熟的驾驭能力，更是编者学术素养和编辑功力的综合运用。王老师和孔老师也会经常指导我们后辈编辑如何编校稿件。首先提及最多的是耐心细致。从事编辑工作，这一点再怎么强调也不过分，因为大部分稿件中的疏漏和错误几乎都源于工作中的不细致。据我的工作经验，如果工作头绪太多，忙中容易出错；如果时间紧迫，着急也容易出错。因此，编辑校对稿件要时刻保持警惕，并确保头脑冷静、思虑周密，做到全神贯注，这样才能最大限度地避免出错。其次是修改稿件要遵循两点原则。一是要最大限度地尊重作者个人特有的风格，编辑不要试图改变它。编辑要慎用自己改稿的权力，避免一拿起稿件就大笔一挥，或增或删，这样不仅会对作者造成不必要的伤害，还会导致文章千篇一面。二是如果遇到稿件中可改可不改的，则不改；但遇到必须改的地方，一定要改好。要改时，必须有十足的把握，要反复核实求证，必要时，征求作者意见后再修改。三是编辑的书写要规范。编辑在校样上写字一定要一丝不苟，规范书写，让人容易辨认；校对符号也要清晰正确地使用。这也是孔老师经常强调的，我曾因书写不规范导致排版公司改错字，所幸在随后的校次中得以更正，对稿件质量没有造成影响。编校工作其实说到底就是和"各种错"打交道，这本身就需要练就强大的内心来建立自我的容错纠错调节机制。面对客观存在的"各种错"，我们要在战略上藐视，战术上重视，建立强大的内心屏障，随时要保持冷静与自信。另外，还需要时刻保持清醒的认识：对于稿件中的错漏，你发现并纠正了，属于正常工作职责；但如果你疏忽而没有发现，那就会造成一定后果，小到期刊订正重印，大到造成一定不良社会影响，个中利害，每个编辑都应该时刻保持警醒。从这个意义上说，编辑工作确实如大家所说，是件"吃力又不讨好的活"。但每当双手捧过如期新鲜出炉的期刊时，一如慈爱的母亲凝望着襁褓中的孩子，温柔似水，欣慰之极，所有的付出都甘之如饴。

三　与期刊共成长

在我编辑生涯的十几年中，《财贸经济》编辑部的办公地点历经三次变迁，编辑部主任也已历三届，但《财贸经济》的办刊初心未改，办刊理念薪火相传，并且随着时间的推移和办刊环境的变化，还能在与时代的激烈碰撞中日臻完善。身在其中，长期浸染，收获的是我与期刊共同成长的喜悦。

这十几年来，学术期刊发展面临一系列重大的外部挑战，数字传播的快速发展带来的期刊数字化转型的大趋势；微博、微信、短视频等新媒体的崛起所带来的大众阅读习惯的改变；期刊发展面临"泛综合化"所导致的期刊趋同化竞争。另外，还有近几年来值得关注的现象：学术研究越发呈现"俱乐部化"特征，知名期刊的作者群体高度重合、研究选题和方法也都大同小异，作者似乎把更多的精力放在了细枝末节的改进上，而忽视了对重大学术问题的创新。面对期刊外界环境的变化与挑战，《财贸经济》如何冲出重围，走一条与他刊错位竞争、差异化发展的道路，一直是编辑部的几任领导（王迎新主任、王朝阳主任、王振霞主任）孜孜以求之事。为此，他们牺牲小我，殚精竭虑地为《财贸经济》之发展付出了常人难以想象的艰辛。在坚守办刊初心、坚持期刊自身特色的基础上，他们审时度势、苦练内功、主动出击，从内部制度建设的完善到编校流程的标准化；从审稿队伍的打造到重视中青年作者的培养；从提高信息化办刊水平到探索国际化办刊方式；从积极提供学术公共产品到致力于打造学术共同体，每走一步都稳扎稳打，引领着《财贸经济》勇攀高峰。

2014年7月，《财贸经济》网站2.0版上线，正式开启双向匿名审稿制度。2015年1月，编辑部推出"财贸经济"微信公众号。同年4月，《财贸经济》网站3.0版上线，全面实行网站在线投稿、在线审稿，实现随时随地办公和办公过程的全程留痕。2017年11月，《财贸经济》成为美国经济学会EconLit数据库来源期刊，此次入选是《财贸经济》提高国际影响力的重要途径，也是期刊建设过程中的标志性事件。2018年，编辑部在严抓内部编校质量的同时，引入专业外校，进一步提高了编校质量。2018年5月，编辑部发出"关注新问题"和"外审不超过两轮"两项倡议，被全国哲学社会科学规划办公室的《情况通报》（2018年第6期）采用，并作为采取新举措推动期刊高质量发展的案例推广。同年，中国社会科学评价研究院发布《中国人文社会科学期刊AMI综合评价报告（2018年）》，《财贸经济》入选为权威期刊。2019年，编辑部开始针对重点和热点选题发布研究指引，这是编辑部引导相关学科研究新问题、真问题的重要举措。2020 年，编辑部发布年度重大选题，为广大研究者提供选题方向。2020—2022 年，《财贸经济》连续入选"中国最具国际影响力学术期刊（人文社会科学）"，而在此之前，《财贸经济》一直保持了多年的"中国国际影响力优秀学术期刊"的称号。2020—2022 年，在中国知网发布的《中国学术期刊影响因子年报》中，《财贸经济》连续获得财政和贸易两个学科的第一名。2022 年，编辑部通过在线举办公益讲座，积极提供学术公共产品，进一步凝聚了学术共同体……这一系列办刊举措和成绩的取得，除了《财贸经济》编辑部全体同人的锐意进取和协同奋进外，更离不开作者、审稿人和广大读者的支持和厚爱。这一路走来，作为见证者、参与者与亲历者，能与《财贸经济》共成长与有荣焉。我想，这一程带给我更多的是自身的成长和内心的丰盈。

如此看来，编辑工作，何尝不是一种修行。无论"为他人作嫁衣"还是"甘为人梯"，我们在成全他人的同时，也收获了内心的富足，历练了"也无风雨也无晴"的豁达。

我在《金融评论》编辑部的收获

张　策，助理研究员，博士，毕业于中国人民大学。2020年进入中国社会科学院金融研究所工作，现为《金融评论》编辑。

张　策
《金融评论》编辑部

　　2020年博士毕业后，我入职中国社会科学院金融研究所，被分配到综合研究部从事《金融评论》编辑工作。这对立志从事科研工作的我来讲，完全是一个"意外"。彼时，作为一名博士生，对于学术期刊编辑工作的理解就是校对文章中的语病和错别字，这与自己对未来工作的设想产生了极大的落差。回过头来看，这种理解是如此的浅薄，也非常感激编辑部的各位老师对自己成长过程的包容。恰好借科研局编写本书的契机,分享我做编辑这三年的收获,也希望自己的一些感悟能够帮助更多的年轻学者了解学术期刊编辑的工作,让有志者投入到这项工作中来。

拓展视角

大家的时间和精力都是有限的,因而一个典型学者的成长道路是先深耕一个小领域,成为这个小领域的专家后,逐渐将研究扩展到与之相邻的领域,最终形成自己的学术版图。但是作为一个学术期刊的编辑,工作之初就需要了解本期刊所覆盖领域的重要研究话题、前沿研究方向、主要研究方法和国内外重要的作者,还需要学习如何把握期刊选题的时代性和实践性。这是因为,学术期刊的编辑的专业性不仅体现在编校工作之中,更重要的是发掘"从历史和现实、理论和实践相结合的角度深入阐释如何更好坚持中国道路、弘扬中国精神、凝聚中国力量"的好文章。这是我在《金融评论》这三年遇到的最大挑战,也是最大的收获来源。

《金融评论》是一份综合性经济、金融学术刊物,反映中国经济与金融发展的最新动态,是中国金融学及其交叉学科领域的重要学术刊物。每天面对的稿件都是中国最优秀作者的潜心研究成果,自己作为一名刚毕业的博士生,很难在短时间内识别和评估文章的边际贡献。犹记得刚入职的时候,曾经负责一篇稿件,匿名评审专家的审稿意见提到知网上有几乎一模一样的已发表文章,并质疑这篇文章的边际贡献。这件事情给我留下了很深刻的印象,想到之前老编辑常讲的编研结合,做好学术编辑工作需要对本期刊所覆盖的研究领域具备基本的了解。此后,我便养成了一个习惯,在送审文章之前先查阅这篇文章所属领域已发表在中英文顶级期刊上的文章,首先从文献的视角评估其边际贡献。三年下来,自己涉猎了很多不同的领域,读了很多有意思的文章。经济学研究很多情况下讲究巧妙的视角,也就是大家常说的"cute idea",重要问题的研究需要从新的视角进行学理性的论证,实践问题的讨论考验作者切入的角度,这就要求编辑不能局限于某个小领域或某种研究范式,否则很容易一叶障目不见泰山。学术期刊编辑需要拓展自己的研究广度，虽然在成长的初期充满挑战，但很快就会发现自己的视角会逐渐变得多元。这也会反映在我们的生活之中，当你接触了各种不同的领域，能够包容不同的研究观点，理解不同方法所解出的差异性结果，会突然有一天发现自己不再偏执，能够感知生活中点滴的幸福，着实是意外之喜。

研究视角的拓展也不仅限于学术的角度。学术期刊的编辑，除了关注研究话题的学术性和对本领域的边际贡献，还要考虑研究话题的时代感和与实践的联系程度。我是一个很喜欢实地调研的人，在博士阶段就常常发现一些研究在开展之前没有进行深入调研，以致得出的结论与实际并不相符，而仅仅是模型设定偏误的结果。《金融评论》的编辑老师经常在开讨论会的时候说，要思考文章结论背后真实的故事是什么，是不是作者在行文中所阐释的那样。中国是一个发展中国家，有自己独特的国情和文化，基于美国等发达国家样本设定的研究结论并不一定适合中国，甚至一些经济学基本理论也不完全适用于中国。经济学理论如何解释中国实践是一个体现学者功底的过程，这就需要我们掌握大量中国历史哲学、政治政策、文化民俗等非经济学领域的专业知识。记得 *Journal of Public Economics* 上曾经有一篇文章讨论汽车尾气和空气质量的关系，借助的就是一些国人对于数字"4"的介意，使用北京对汽车尾号的限行政策进行内生性识别。这一巧妙的方法背后是对中国社会与文化的了解。与之相对的是，很多研究的变量设定和逻辑框架都与经验事实不相符合，这就很考验编辑的认知。此外，中国的学术期刊很强调时代感。中国正处于一个经济高速发展和社会快速变迁的时代，大家的评价偏好和政策法规也随之不断改变。很典型的，在五年前使用经典文献的方法用中国数据验证传统经济理论的正确性和中国市场的独特性是一个比较时髦的话题，现在来看已经被时代摒弃。学术期刊的编辑需要培养自己的这种洞察力和判断力，多与顶尖学者进行沟通和交流，及时掌握学术界的最新风向。

磨炼心性

学术期刊编辑最基础的工作就是处理稿件。《金融评论》实行规范的现代学术期刊审稿制度，作为责任编辑需要全程跟踪负责稿件的匿名外审和三审三校流程，还需要协助其他编辑完成整体期刊的编校流程。千里之堤溃于蚁穴，中文的表达非常讲究整体逻辑性，有时候差一个字，或者仅仅换一个语境，文字表达的含义就相差很多。在编辑部工作的三年，我学习了很多由于个别文字表述不规范而出问题的案例，也不断警示自己在编校过程中要精益求精，甚至"吹毛求疵"。在博士阶段，我并没有太刻意磨炼自己的语言文字功底，而作为一个编辑，对于文字的敏感性是基础的素养。工作之初，整理参考文献、纠正错别字、规范语言表达是一个非常磨炼人的过程，我常常会静不下心。这一点非常感谢编辑部前辈老师的帮助，最开始我负责的稿子都有老编辑用修订模式进行二次编校，让我能非常直观地看到自己的缺失和不足之处，以最快的速度融入自己工作的角色中来。我们编辑部的老师经常会在编辑工作微信群里发一些错别字、标点符号、政策表述的相关文章，帮助我们不断提高这方面的专业素质。编校工作是一个"性价比"较低的工作，对于提高自己的研究能力帮助有限，做得好也不会有直接的奖励，这就需要编辑部有相应的制度建设激励大家做好手头的编校工作。《金融评论》在最后定稿之前会进行交叉校对，每个人所负责稿件的编校质量都会得到来自其他编辑的及时反馈，我们也会在每一次交叉校对中获得收获和成长。

学术期刊编辑行业是一个服务行业，服务意识是我们在工作中所需要具备的能力，而这并不是在求学过程中会学习到的知识。我们常常说多出去走走可以长见识，对我而言服务意识的迅速提升源于跟地方高校的一次合作办会，他们的服务工作让我明白什么是张弛有度、不卑不亢。我们从知名的高校毕业，一毕业就入职中国社会科学院的大平台，还在掌握文章"生杀大权"的期刊编辑部工作，在与其他人进行交流的过程中"自带光环"。这当然有利于工作的开展，但也难免会有一些"副作用"，例如对方碍于我的编辑身份而不愿意直言学术期刊存在的问题。这需要我们及时自省，以及跟学术圈里的朋友们多交流，在反复沟通中降低"交易费用"，传递正确的信息给我们的"朋友圈"。学术期刊不仅是刊发高质量研究成果的渠道，也是学者们进行沟通交流的平台。编辑在服务作者和读者的过程中要秉持初心，既要坚持原则，清楚地表述我们的意见观点，也要照顾到对方的感受，这需要很多人际交往的技巧，《金融评论》编辑部也经常对这方面的问题进行交流。这种沟通能力的锻炼会一直持续，也在锤炼我对世间冷暖、人情世故的认知。当然，在工作交流中不可避免会遇到"精致的利己主义者"，这时我常常用范仲淹的名句"不以物喜，不以己悲"来劝导自己，可能这也是编辑工作对于自己心性的磨炼。

获得成就感

编辑工作是琐碎的，与之对应的是编辑工作的成就感也来自方方面面，来自作者的认可，其他编辑在交叉校对时对自己编校文章的肯定，负责文章得到转载，等等。时常的肯定会让自己平淡的生活充满不期而遇的意外惊喜，在过去的三年中，最让我印象深刻或者成就感满满的事件有两个。第一个是协助作者回应了匿名评审专家对于文章内生性的质疑。这篇文章的主题鲜明、研究视角独特、行文逻辑也很规范，就是在内生性的问题上一直被匿名评审专家抓着不放，而作者无法进行有力的回应。恰好我当时读到一篇经济史的文章，便提示作者可以借鉴历史事件进行识别性的讨论，最终获得了作者和匿名评审专家的一致认可，文章顺利发表。这次稿件处理，让我在心里最深刻地感受到"为人梯者"或者说"作嫁衣者"的快乐。第二个是鼓励作者完成对稿件的修改。这篇文章是一位老师与学生合作撰写的，学生是通信作者。面对严苛的匿名评审意见，学生表达了不理解，也有一些情绪化的措辞，在此过程中我一直鼓励作者认真对待、完成修改，在作者想要放弃之时写了一封很长的邮件希望他们能够坚持完成修改。不久之后，学生的老师加了我的微信并要求跟我视频通话，说读了我的邮件非常感动，并承诺一定认真对待完成修改。结束视频后自己的心情久久不能平复，原来自己工作中或许微不足道的付出，能够收获如此的快乐和成就感。

自己是非常幸运的，来编辑部的三年恰逢《金融评论》编委换届，进行改版。改版后的《金融评论》在稿件内容质量、编校质量、期刊声誉和各项评价指标上都有明显的提升，让我感觉到自己的每一份工作都有扎扎实实、看得见的成效。自我入编辑部工作开始，《金融评论》的转载率连年提升，根据中国人民大学书报资料中心发布的《2022年度复印报刊资料高转载期刊名录》的统计显示，《金融评论》入选应用经济学学科高转载率期刊名录。伴随着入选《中国人文社会科学期刊 AMI 综合评价报告（2022年）》核心期刊名录，《金融评论》已经入选所有主要期刊评价体系中的核心期刊名录。最令我难忘的是，《金融评论》连续多年获得国家哲学社会科学文献中心的"最受欢迎期刊"称号，每年都能定时收到中国社会科学院图书馆老师的恭喜和祝福。

编辑工作于我而言，是一趟旅程。它开拓我的视野、磨炼我的心性，在考虑机会成本的情况下依然有满满的成就感。希望有更多满怀热情的青年学者加入我们中来，投入学术期刊编辑事业。

与新刊结缘

郑世林
《数量经济技术经济研究》编辑部

郑世林，研究员，博士，毕业于北京科技大学。2010年进入中国社会科学院数量经济与技术经济研究所工作，2017年调入北京大学国家发展研究院，2020年调回中国社会科学院数量经济与技术经济研究所，现为《数量经济技术经济研究》《中国经济学》常务副主编、编辑部主任。

　　我于2010年到中国社会科学院数量经济与技术经济研究所（以下简称数技经所）工作，最初在所里研究室从事科研工作，从来没想到有一天自己会从事编辑工作。但可能是命运的安排，使我走上了期刊编辑之路，从此与新刊结缘，与编辑工作结缘，成为双重身份的学者，既是学术产出者，又是编辑论文的"为人梯者"。

记得 2013 年我收到了一封来自刚刚创刊的工信部主管的《现代产业经济》编辑部的邮件，编辑老师在邮件里提到，他们没有任何办刊经验，想向我请教一下如何能办好这本新刊。我当时就回复了这位编辑老师，并跟她约时间详谈。见面后，我半开玩笑地说，我也从来没有办刊经验，你们是不是找错人了？那位编辑说，因为期刊刚刚创刊没什么经验，看了我发表的一些论文，就贸然来请教了。那时我年轻气盛，就把自己对于办一本高质量学术新刊的一些设想毫无保留地讲给编辑部老师。我以为这次请教之后，编辑部老师就不会再联系我了，毕竟当时的我并没有任何办刊经验，只会"纸上谈兵"。

让我没想到的是，2014 年春天，该编辑部又联系我并再次来中国社会科学院拜访。原来，这本期刊已与一所高校合作更名为《产业经济评论》，后高校退出，编辑部遇到了前所未有的稿源困难，让我帮着再想想办法。当时，我们恰好正联合国内优秀青年经济学者发起首届"香樟经济学论坛"，我就跟编辑部老师提起可以借助论坛进行宣传，让更多青年学者知道这本刊物，这对一本新刊来说可能是非常重要的机会。就这样，新更名的《产业经济评论》参与了首届"香樟经济学论坛"的举办。跟我们创办的"香樟经济学论坛"一样，这本期刊也是正处于"摇篮期"，同样对未来充满未知。也正是因为这次"香樟经济学论坛"，使得我们的命运从此联系在了一起。

2015 年 3 月，《产业经济评论》编辑部主任李芳芳老师再次因刊物稿源困难求助于我，并邀我担任《产业经济评论》执行主编。出于工作精力的考虑，数技经所同意我担任荣誉主编。这样，我从 2015 年起开始担任《产业经济评论》的荣誉主编，作为一张白纸的我和一本几乎办不下去的新刊，就这样被捆绑在了一起。作为荣誉主编，做的第一件事情就是组建编委会。当时我在香樟经济学微信群询问是否有人志愿担任《产业经济评论》的执行副主编，记得第一位响应的是当时西南财经大学的梁平汉老师（后来他调到了中山大学）。他说了一句让我至今记忆犹新的话，他说愿意做执行副主编，跟着我"赌一票"。后来，哈佛大学博士生黄炜、北京大学颜色、中国人民大学张杰和刘瑞明等老师也志愿加入副主编队伍中，很快我们就组建了一支由优秀青年学者组成的编委团队。

考虑到新刊定位，我当时提出"与青年经济学家一起成长"的办刊理念，希望沿用国际规范发表模式，立足于中国本土辽阔大地，讲述精彩的中国故事，产生具有重要影响的经济学理论。还希望作者注重研究中国经济改革和产业经济发展中所遇到的重大问题和矛盾，为政府提供有价值的产业政策建议。我们承诺采用国际通行的匿名专家审稿制度，发表选题重要、故事新颖、论证严密、具有思想性的高水平学术论文。非常欢迎关于新时代经济发展战略、现代经济体系建设、"一带一路"、中国制造2025、人工智能、创新驱动的稿件，关注中国经济发展与学术研究中提出的"真问题"。杂志用稿不拘一格，投稿作者不限于高校、科研机构的学者、博士生、硕士生和本科生，同时也欢迎各级政府学者型官员、银行和企业研究人员向杂志赐稿。

《产业经济评论》与香樟经济学术圈深入合作，协办"香樟经济学论坛""香樟经济学城市 Seminar"和"香樟青苗计划"，又新创办了"中国产业经济研究学术年会"。与此同时，注重刊发论文的学术质量、采取简捷快速的期刊评审制度，也让期刊知名度和美誉度快速提升。2018年，《产业经济评论》进入《中国人文社会科学期刊 AMI 综合评价报告（2018年）》新刊核心期刊名录，2020年获得国家哲学社会科学文献中心学术期刊数据库经济学学科"最受欢迎期刊"称号，2021年进入南京大学《中文社会科学引文索引（CSSCI）》扩展版来源期刊名录，2023年入选《中国人文社会科学期刊 AMI 综合评价报告（2022年）》核心期刊名录，成为在经济学领域颇有影响力的学术刊物。

无心插柳柳成荫，正是因为在《产业经济评论》积累的办刊经验，我从北京大学调回数技经所后，2021年，数技经所刊物《数量经济技术经济研究》面临着负责人退休问题，所里便安排我负责《数量经济技术经济研究》期刊工作。当时，数技经所所长李雪松老师很想办一本新的期刊代替每年出版的《21世纪数量经济学》和《21世纪技术经济学》论文集，这样数技经所就能与其他经济类研究所一样，至少拥有两本学术性刊物。碰巧的是，2021年底中国社会科学院科研局期刊处刘普处长参加我们所期刊工作会议，提到中国社会科学院鼓励各研究所创办新刊，暂时没有刊号可以先办集刊，院里每年也会对优秀集刊进行资金支持。正是刘处长这一提醒，李雪松所长于是决定创办《中国经济学》集刊，希望办成一本具有思想性的综合性经济学刊物。很快这一设想便通过了所党委会，并得到院领导的批准。于是，本人很荣幸成为这一本新刊物的常务副主编和编辑部主任。

《中国经济学》作为一本全新的刊物，背后有数技经所领导和全体老师的直接支持，以及中国社会科学院领导和科研局期刊处的大力支持，让办刊顺利了很多。当时我本人作为《中国经济学》编辑部主任，面临巨大的挑战和压力，许多非常具体的工作需要逐一落实。关于《中国经济学》刊名字体、封面设计、联系出版社等，李雪松所长、李海舰书记和编辑部老师们一起不断讨论反复修改，封面设计历经数十个版本才最终确定现在的方案。也非常感谢社会科学文献出版社，尤其是皮书出版分社吴敏副总编辑给予了大力支持。《中国经济学》封面刊名五个题字是通过郭沫若纪念馆进行集字，封面设计采用类似故宫城墙的色调，整体设计上突出中国底蕴，看上去大气、简洁，具有书卷气。我们又建设了刊物网站、公众号，并在知网上线刊出的学术论文。办新刊一点一滴的事情都要做好，像一个新生婴儿一样，需要为她创造优良的成长条件。

办刊宗旨和定位是一本新集刊的灵魂。经过反复酝酿，《中国经济学》逐步描绘出未来的办刊设想。刊物确立了"国之大者，经世济民"的办刊理念和使命；研究中国改革发展稳定等重大理论和实践问题，立足中国本土土壤，解决中国问题，挖掘中国规律性经济现象，发表具有原创性的经济学论文，讲好中国经济学故事，为全面建设社会主义现代化国家提供智力支持；坚持理论创新和实践创新融为一体，学术研究和政策研究融为一体，思想原创和方法先进融为一体，系统思维和多维求解融为一体，中华文明和国际视野融为一体；不仅发表研究重大问题的实证论文（但不提倡内卷式、思想重叠式、模型泛化式论文），而且更加注重全局性、根本性、关键性、前瞻性、思想性的研究成果，倡导开辟新领域、提出新范式、运用新方法、使用新数据、总结新实践的开创性论文。《中国经济学》主要选题包括习近平经济思想、国家重大发展战略、中国道路、国民经济、应用经济、改革开放创新重大政策评估、交叉融合问题和经典书评等，努力推动中国现象、中国问题、中国理论的本土化和科学化，繁荣中国学术，发展中国理论，传播中国思想。

《中国经济学》作为一本新创集刊，稿源成为当时我们面临的最大问题，我们制定出三个策略。一是向周围熟悉的专家学者约稿。创办第一期约到北京大学国家发展研究院范保群、中国人民大学张杰、华东理工大学邵帅、美国埃默里大学黄炜（后来回国到北京大学任教）、南京财经大学余泳泽、中国农业大学林发勤等知名中青年学者的文章，成为我们创刊号首发论文。二是接受在线投稿。《中国经济学》办刊也引起了学界的关注，林毅夫、王国刚等有影响力的学界前辈纷纷向编辑部赐稿，还有一些青年才俊也向编辑部赐稿支持，大大提升了我们编辑部办刊的信心。三是创办了《中国经济学》审稿快线。我们通过香樟经济学术圈公开征稿，并邀请海内外知名经济学者点评，吸引作者投稿，没想到刚创办就得到许多中青年学者和硕士、博士研究生的青睐。通过审稿快线可以直接决定稿件录用或退稿，不仅有利于论文思想的快速传播，也有利于作者在公开公平的会议上让论文得到学界的快速认可。《中国经济学》探索出"以刊办会，以会办刊"的特色办刊模式，已成功举办《中国经济学》审稿快线8届，累计参会千余人，录用论文30余篇，成为《中国经济学》最重要的稿源，得到国内外经济学者的广泛认可。2022年创刊第一年，《中国经济学》最初设定是半年刊，在解决了稿源问题后第一期顺利出版，于是所领导决定办成季刊。自2022年6月份开始，《中国经济学》连续出版了4辑，真正成了一本季刊。

《中国经济学》创刊一年来取得了良好的办刊成效。社会科学文献出版社在已出版的375种集刊中评选出21种优秀集刊，《中国经济学》荣获社会科学文献出版社"优秀新创集刊"（2022）。根本没想到创办第一年就能获奖，算是意外的惊喜，也是在疫情之下所领导和全所老师辛苦努力之后的一份荣誉。2023年3月17日，中国社会科学评价研究院在第十届全国人文社会科学评价高峰论坛暨期刊评价报告发布会上正式发布《中国人文社会科学学术集刊AMI综合评价报告（2022年）》，《中国经济学》被评为"2022年度中国人文社会科学学术集刊 AMI 综合评价"入库集刊。2023 年,《中国经济学》再次荣获社会科学文献出版社"优秀集刊"。真的衷心感谢广大读者、作者及审稿专家对《中国经济学》的大力支持。

作为一名科研人员,与新刊结缘,使得自己多了一重身份,本人花了大量时间在刊物和义务为学界进行公益性工作上,尤其自从所里创办《中国经济学》以来,更是舍弃了很多从事学术研究的时间。时至今日,跟自己一起博士毕业的同伴,都已经著作等身,获得"长江学者"等荣誉称号,而自己还在缓慢攀登。但是我并不遗憾,作为学者,不仅仅是做好自己的学术科研工作,也要有传统文人的情怀,甘于作"人梯",为学界创造更多的公共产品,更是学者的一份重要担当。而且,通过从事编辑工作,本人也跟着期刊一起成长,让自己心智更加成熟,看到一期期刊物发表的精品力作,内心油然而生欣慰之情。正是这种新刊发展带来的快乐,给了我继续坚持把刊物办好的勇气,期待未来真正成为名副其实的"为人梯者"。

聚焦编辑主责主业　与刊物共同成长

周枕戈，博士，毕业于中国社会科学院研究生院。2018年进入中国社会科学院城市发展与环境研究所（后更名为生态文明研究所）工作，现为《城市与环境研究》编辑。

周枕戈
《城市与环境研究》编辑部

与新时代同向同行，与中国特色哲学社会科学共同前进，既是历史机遇，也是人生际遇。2018年，我有幸进入中国社会科学院城市发展与环境研究所（后更名为生态文明研究所）工作，主要负责《城市与环境研究》稿件编校等日常事务，成为一名新时代社科人和社科生态新兵。

这是一份需要诚心正意、格物致知，服务广大哲学社会科学工作者，为党和人民述学立论、建言献策的工作，光荣而又艰巨；也是一份需要端坐冷板凳、行走在字里行间，让世界从学术和理论上更好认识中国、了解中国、深入理解中华文明的工作，广大而又精微；亦是一份崇尚"士以弘道"价值追求，助力繁荣中国学术、发展中国理论、传播中国思想的工作，功成不必在我而又必定有我。

坚持和发展新时代中国特色社会主义、继续推进理论创新，"我国哲学社会科学可以也应该大有作为"①。如果说中国特色哲学社会科学是以习近平同志为核心的党中央治国理政新理念新思想新战略的"发动机"和"推进器"，作为新时代社科人和期刊编辑者，就要当好党中央治国理政新理念新思想新战略"发动机"和"推进器"中的"螺丝钉"和"推进剂"。

伴随着中国特色哲学社会科学大发展大繁荣的历史机遇，《城市与环境研究》已从中国社会科学院学术期刊矩阵中的一份新创核心期刊，成长为一份老牌核心期刊。这其中凝聚着院党组和科研局等职能部门的关心关爱，以及创刊主编潘家华研究员在加强和完善学科体系、学术体系、话语体系建设上的积极争取和辛苦付出，使研究所的学术期刊建设实现了"从 0 到 1"的突破，并不断提质升级；也凝聚着现任主编杨开忠教授、副主编庄贵阳研究员和编辑团队接续奋进、砥砺前行的不懈求索，推动《城市与环境研究》进入高质量发展新阶段。

现在想来，最初认真思考编辑这份工作，是室友冠华准备入职一家出版机构之时的一次夜谈。其间，室友问及怎么看他的新工作。那时，我的工作还没有着落，也为室友好不容易得到的工作机会由衷感到高兴，结合自己前些学期在图书馆的工作体验和认识，便向室友粗浅表达了这是一份需要艺术般加工与付出、并使作者原件得到规范与升华的工作的想法，希冀以此坚定室友对获得这份工作的信心与喜悦感、荣誉感。然而，至今我对怎么进行艺术般加工或升华也未得其中三昧，倒是有几次工作往来中从院外同行那里有所感受，也从院内老师和同事娓娓道来、如数家珍的《"作嫁衣者"说——中

---

① 习近平：《在哲学社会科学工作座谈会上的讲话》，北京：人民出版社，2016，第 7 页。

国社科院学术期刊编辑心声》里获益良多。在与《城市与环境研究》共同成长的日子里，学习好党的创新理论、遵循编研结合的工作大逻辑、不断锤炼团结协作和甘为人梯的工作作风，涵养"编辑三力"，构成了解决稿件编校难题与处理工作难事的重要心得和经验支柱。

一

聚焦编辑工作的主责主业，学习好党的创新理论是第一先决条件。新时代以来党的创新理论，集中体现为习近平新时代中国特色社会主义思想。学术期刊编辑工作，是对党的创新理论进行理论宣介、学理阐释，并推动学习研究、贯彻落实的高质量科研成果从个体、团队和机构走向大众化、国际化传播的关键前置环节。

无论是在稿件编校等工作内容上，还是聚焦专业研究领域及时跟进和进行快速响应学习，都需要编辑人员加强党的创新理论学习，坚持唯物史观、正确党史观和舆论导向、价值取向，时刻保持理论上的清醒和政治上的坚定，自觉当好新时代党的创新理论"宣传员"，让党的创新理论之光辉照亮从本学科本研究领域"阐释中国道路、解读中国实践、构建中国理论"的新征程。期刊编辑只有先行一步学习钻研，才能有与新时代党的创新理论同心同向同行的成长能力、素质和底蕴，坚决抵制历史虚无主义和资本逻辑主导下的经济自由主义等西方错误思潮、错误观点，以编辑者的学习力不断涵养在党的创新理论上的学术（选题）引领力，紧紧跟上服务广大哲学社会科学工作者为党和人民述学立论、建言献策的新时代步伐，实现"士以弘道心向党，字里行间不迷航"的编校工作目标。

这反映在稿件编校工作上，一个主要表现就是编辑人员对原著原文原典的学习熟知和应用转化。在2023年的主题教育中，学习习近平总书记《论坚持人与自然和谐共生》这本著作时，我收到了团队工作伙伴关于编校工作的一条校对意见。从具体的表述方面看，工作伙伴的意见是正确的，在当时作者表述同样正确的情况下，我们只有回到论述引证的原典并结合作者的写作本意进行情景分析和研判才能释疑解惑。最终，《论坚持人与自然和谐共生》为校对意见分歧的顺利解决提供了有力支撑。

二

聚焦编辑工作的主责主业，需要遵循编研结合的高质量发展逻辑。无论是从院内老师和同事的工作经验总结与分享方面看，还是从日常工作中的观察和专业交流方面看，编研结合对于提高稿件编校质量、推动一流期刊建设具有极强的重要性。围绕党和国家现代化建设事业中的重大理论和实践问题，推动选稿用稿工作的顺利公正有效开展，正确评价稿件在学术观点、理论方法、资料数据等方面的创新性、学术意义和应用价值，以及对编校工作各方面的不同意见进行分辨处理，既须学理和事实考据、澄清谬误，也须细致追问和求证、审慎思考，更须以紧密服务党和国家中心工作和战略任务为导向、以编辑者的思辨力不断涵养选稿用稿和编校质量提升力。这些都离不开编辑自身科研能力和编校能力之间的双向互济、相辅相成。

从科研侧看，我们要坚持以学增智、研以精编。文章为民为时著，编校妙处非刀尺。只有具备过硬的专业素养和学术功底，编辑才能在作者无心之失、意不称物、文不达意之时，经由编校各工序，对稿件施以质量改进的助力。这主要表现为审稿和编校中，我们要能对稿件的疑惑部分进行写作场景还原和建构，并在通览阅读全文基础上对局部内容审慎提出修订意见。

从编辑侧看，我们要坚持以学促干、编以善研。编辑者要有"立足中华民族伟大历史实践和当代实践"，不断提高从本学科本研究领域讲好中国共产党故事和"用中国道理总结好中国经验""把中国经验提升为中国理论"的工作本领和行动自觉。当代中国正在经历着历史上最为广泛而深刻的经济社会发展全面绿色转型与系统性变革，进行着人类历史上最为宏大而独特的现代化建设实践创新和文明崭新形态创造。作为新时代社科学术期刊编辑，我们要聚焦主责主业和本职工作，着力从新时代生态文明建设领域讲好中国共产党和中国人民成功走出"中国式现代化道路"、创造"人类文明新形态"的故事；从生态文明和人与自然和谐共生的现代化建设领域不断厚植爱党、爱国、爱社会主义的情感；宣介好中国思想，传播好中国理论，阐释好与世界各个国家和地区共同推进全球生态文明建设的中国智慧和中国方案。

在近期工作中，我和团队形成了"推动实现碳达峰、碳中和，是生态文明建设国际化与主流化的关键战略举措与重要现代化实践，须要从理论和实践两方面克服片面孤立静态追求碳排放物理量达峰与中和"的研究论点和政策主张，正是结合我国"1+N"政策体系实践积极进行态势感知和观察，对审稿和稿件编校中遇到的问题的思考和响应。

三

聚焦编校工作的主责主业，要锤炼团结协作和甘为人梯的工作作风。编辑工作在繁荣和发展新时代中国特色哲学社会科学的战略任务中有着自身的职能和责任，"功成不必在我、功成必定有我"。一方面，繁荣和发展新时代中国特色哲学社会科学，有效发挥学术期刊在学术质量、学术规范、学术伦理和科研诚信建设方面的引导和把关作用，确保"三审三校"制度不跑偏、不走样、不变形，关键在编辑。在稿件编校的各方面各环节，我们需要在深化理论研究和推动学术创新中更好彰显自身价值，就像排球等体育运动，需要最大程度消除来球风险，同时给队友一颗高质量的传球；在稿件螺旋式上升的循环往复中，我们追求的是字里行间语句表达的精准度，传递的是党和国家现代化理论创新先进度与政策实践助民惠民安民的温度。另一方面，有效发挥学术期刊在构筑中国精神、中国价值、中国力量方面的重要载体和平台作用，我们也要有善当伯乐的慧眼和胸怀、"崇尚'士以弘道'的价值追求"，以编辑者的笃行力不断涵养科研成果推介转化传播的服务力。

在哲学社会科学现代化事业新征程上，学术期刊编辑要学习并弘扬不断追求提高编校技能的工匠精神，以稿件编校能力和学术服务能力助推多学科融合发展，成为适应和胜任服务加快构建中国自主知识体系建设需要的行家里手。期刊编辑部门有能力也更应该有信心成为青年发展型部门，努力推动形成"编辑部门对青年更友好，青年在编辑部门更有为"的工作新风尚新潮流。新时代的社科编辑只有"坚持以人民为中心、为人民做学问"的研究导向和编校价值取向，才能克服"只是从书本上来到书本上去"，克服脱离发展实际采用拿来主义的态度而生搬硬套与盲目照抄经验做法的编辑和研究工作弊端。

与此同时，作者和编辑之间也要将心比心。一方面，我们要以最小化的改动高质量完成稿件编校，并积极避免和消除一己成见之类的编校意见。另一方面，作者也要在稿件的规范度、内容和结构的完备度方面下功夫。作者稿件写作体例越规范，以及包括中文外文摘要和关键词等在内的稿件诸要素与结构完备度越高，就越能为编校各环节工作的顺利推进和效率提高创造良好条件。

小梅黄金蕊，老榕碧玉心。2023 年 6 月，习近平总书记就推进中国特色社会主义文化繁荣、努力建设中华民族现代文明的重大命题，专程到中国国家版本馆、中国历史研究院进行考察调研。习近平总书记在中国历史研究院出席文化传承发展座谈会并发表重要讲话，提出"在新的起点上继续推动文化繁荣、建设文化强国、建设中华民族现代文明，是我们在新时代新的文化使命。要坚定文化自信、担当使命、奋发有为，共同努力创造属于我们这个时代的新文化，建设中华民族现代文明"。[①] 让我们备感温暖和振奋，倍增信心和动力。

在强国建设、民族复兴新征程上，作为新时代社科人和生态新兵，我们要以习近平新时代中国特色社会主义思想为科学指导和习近平总书记三次致中国社会科学院贺信精神为正确指引，立足所在学科领域和工作岗位，自觉运用当代中国马克思主义、21 世纪马克思主义的世界观和方法论指导实践、推动工作，把贯穿其中的立场观点方法有效转化为编辑和科研工作中的思想武器，通过涵养"编辑三力"不断锤炼工作本领，积极认真贯彻落实院党组提出的不断提高服务习近平总书记和党中央的能力和水平的工作要求，把学术优势、智力资源转化为举旗帜、兴文化、集众智、献良策、资善治的发展优势，努力助推形成新时代"发达的自然科学"和"繁荣的哲学社会科学"相辅相成、相得益彰的中国特色社会主义生态文明实践篇章。

[①] 《习近平在文化传承发展座谈会上强调：担负起新的文化使命 努力建设中华民族现代文明》，《人民日报》2023 年 6 月 3 日，第 1 版。

审稿作为一门比较的艺术

冯珏，编审，博士，毕业于中国社会科学院研究生院。2007年进入中国社会科学院国际法研究中心工作，后调入法学研究所，现为《法学研究》副主编、编辑部副主任。

冯　珏
《法学研究》编辑部

一

文章的好坏，是比出来的。

初任《法学研究》责编，不知如何选稿。尝求教于时任《法学研究》主编、恩师梁慧星研究员。老师问："你去市场买过黄瓜吗？"答曰："当然。"

老师于是说："那你就把最好的黄瓜买回来。"原来，选文章就如挑黄瓜。

可是，总有来稿看尽但仍挑不出好文章的时候。能称得上"好黄瓜"，除了要优于当前市场上的其他黄瓜，还要符合"好黄瓜"的标准。我们常说"符合"或"不符合"某标准，这种判断其实就是通过将待评对象与标准模板进行比较而得出来的，就好比用尺子量长短一样。好黄瓜的标准或许可以用一系列具体营养或成分指标来设定，相较而言，好文章的标准就要抽象得多，对好文章的判断某种意义上乃是一门艺术。

所以，《法学研究》选稿标准的传承，采取的是经验式的"师傅带徒弟"的模式。初任责编时，1982年就开始编辑生涯、曾长期担任《法学研究》副主编的张广兴老师要求我每期多给他推荐几篇稿子，对于他决定不用的稿子，有时他会说明理由，但更多时候需要我自己用心揣摩。通过将近一年的磨合，我的选稿结果逐渐接近《法学研究》的用稿标准。后来，长期担任刑事法责编的熊秋红老师带李强责编、我带李曼责编，用的都是这个办法。

但是要说好文章的标准究竟是什么，似乎仍然不易说清。责编审读文章后，给出文章符合还是不符合用稿标准的结论，并最终在杂志上反映出来。虽然读者可以通过阅读来体会杂志的用稿标准，但这一标准仍然是通过人格化来实现具象化的。这与民法学中的"善良家父"标准如出一辙。欲判断某行为是否有过失，需将之与"善良家父"在同样情景下会采取的行为进行比较。"善良家父"是民法学构建出来的虚拟人像，而编辑则是活生生的具体的人。

标准的"黑箱"状态，当然不符合学界对期刊客观、公平、公正用稿的期待。近些年来，围绕法学论文的写作，已有不少专著或论文尝试将好文章的标准表达出来，涉及论文的选题、结构、观点、论证、文献、文字等各个方面，但是效果有限。例如，抽象地说"好的选题是论文成功的一半"，仅说明了选题的重要性，但仍无法回答某个特定的选题究竟好不好。即便给出某些成功或失败的示例，对于一个新提出的选题来说，还是需要做出具体的、个别的判断。这个判断的过程就是做比较，同时也是将抽象的标准具体化的过程。对全篇论文的判断同样如此。

二

编辑或审稿专家审读一篇文章，在用眼睛接收、用头脑分析和处理文字传达的信息的同时，也需要审稿者依据自身的眼界、学识和素养，在头脑中构建出用以评价这篇文章的比较模板，以实现审稿标准面向特定文章的具体化。审读论文时，我时常琢磨，这个问题值不值得花时间精力研究、是否处于学科前沿，这个问题可以拆分成几个子问题、需要分几部分来讨论、论文是否存在冗余部分，论文的观点新不新、能否从论据和论证过程合乎逻辑地得出其观点，论文对所涉学科的基础理论和知识体系把握得是否到位、阐述得是否准确，论文是否遗漏了重要文献或者对重要文献存在误解误读，等等。除了对选题价值和意义的判断，对其他方面的考虑，似乎需要审稿者自己在头脑中完成一篇同主题的"命题作文"。这篇"命题作文"正是用以评价待审论文的比较模板。

可见，支持审稿者完成审稿工作的"后台"非常重要，所以编辑的培养时间相对较长。新入职的编辑，一般首先需要对其所负责学科按主题做学术梳理和综述工作，以便较快把握该学科的发展现状和前沿动态，并了解该学科的主要作者群和读者群。《法学研究》曾有一段时间在每年第 1 期总结上年各法学学科的发展情况，主办《法学研究》的中国社会科学院法学研究所曾在建所 50 周年之际发布总结各法学学科新发展的丛书，其实都是在做这方面的工作。这项工作无疑是非常有意义的，尤其是编辑一般要负责包括自己所学专业在内的多个法学学科。当然，有意义的事情需要去做，不代表一定能做好。学术综述本身也是很需要功力的，综述不是简单地列举，而是需要将学科发展状况与综述者头脑中的理想状态进行比较，才能既综又述，并通过综述发现学科发展的成就与不足，展望学科发展的未来。

审稿者不仅要通过"后台"建模支持审稿中的比较工作，还要通过提取待审论文大纲提高接收和处理论文信息的能力和效率。我的硕士研究生导师、中国政法大学已故张俊浩教授，在我硕士学习期间着重训练我的就是论文大纲撰写能力。老师要求，须胸有成竹，方能下笔，也就是说，必须在编写完论文大纲并经受住推敲和质疑之后，才能着手给论文添加"血肉"。老师遗留的手稿，多数都是这种大纲形式的。应该说，这项要求非常高，今日我撰写民法学论文时，仍然无法达到这一要求，而是需要在写作过程中不断调整论文结构。但是我发现，在审稿过程中不断地提取论文大纲，对于快速把握文章架构、检验文章论证过程、发现文章缺失和不足，效果非常明显。而且，在大纲层面比较待审论文与审稿者构建的模型，在效率上也很有优势。曾任《法学研究》责编的王敏远老师曾经说道，"文章好不好，闻一闻就知道了"，可见其功力之深，这是我至今难以望其项背的。

由此，客观地说，审稿者的眼界、学识和素养会影响其运用的审稿标准。从这个角度出发，专家办刊至少是理想的办刊模式之一，这也是中国社会科学院坚持编研合一的编辑人才队伍建设方针的原因所在。

三

随着审稿者个人的学术成长，审稿标准也会相应发生变化。在一次关于期刊评价的交流会上，有位老师问《法学研究》的民法学编辑是否有变动。她问的那段时间，都是由我担任民法学编辑，所以我有些诧异为何有此一问。她解释道，她是从阅读中感受到选稿标准有所调整。我想了一下，答道，如果选稿标准真的有变化，那就是我本人发生了变化。起初我也怀疑过，这种变化是否合理，但是现在体会到，"变"得是否合理虽仍待检验，但"不变"肯定是不合理的。因为时代在变、学术在变，作者、编者和读者都在变，怎么可能以不变应万变呢？但"变"有快慢、有先后、有方向，审稿者的变化是否匹配学术发展的脚步，确实是需要思考和检验的。这种检验依赖于学术共同体，具有主体间性。

同行评审制度在学术期刊审稿中的引入、生根和开花，对于学术共同体的构建无疑具有积极意义。虽然学术期刊普遍实行"三审制"，由责编、主管副主编和主编分别进行三次审读，但审稿者范围仍嫌狭窄。这种审稿模式虽然在一定程度上有利于保持学术期刊的特性与个性，但也可能存在思路僵化、视野固化和知识老化等问题，难以主动调适编者与作者、读者乃至整个学术发展的匹配度。在审稿过程中引入同行专家评审，有助于编者吸收借鉴相关领域专家的审稿意见，尤其是在选题价值、学科前沿、重要文献等方面，编辑确实需要借助专门研究相关领域的专家学者的力量进一步提高自身的判断能力、丰富自己的知识储备。编辑通过比较自己的审读结果与外审专家的审读结果，可以不断修正自己的审稿标准，提升支持自身审稿工作的"后台"版本。同行专家评审扩大了审稿者范围，丰富了构建审稿标准的信息来源，也是学术期刊构建学术共同体的重要抓手。尤其需要在此表达的是，《法学研究》审稿专家的专业和敬业，令人感佩！有些审稿意见长达数千甚至上万字，本身就可以成为一篇优秀的商榷性文章。有的审稿专家根据评审文章所引外文文献的提示，对相关领域的域外研究情况做了较为完整的综述，极大地开阔了编辑的视野，丰富了编辑的知识库。

但这不是说，有了同行专家评审，编辑就可以放弃自身对稿件的审读和判断，完全采取美国法学期刊的同行评议制。首先，编辑选稿与专家审稿，在出发点上就存在差异。张广兴老师在考察我是否适合做编辑时，就强调过做编辑与做研究的差别。他说，做研究是"批"字当头，一定要找出他人研究的薄弱甚至错误之处，才能为自己的研究找到突破口。做编辑则不同，编辑要善于做伯乐，要有一双能够发现文章亮点的眼睛，并且通过与作者交换修改意见以及编校过程中的加工润色，使文章的亮点得以凸显。因此，审稿专家的意见虽然非常有助于文章的修改完善，但也容易因"瑕"掩"瑜"。对于一个全新的选题，由于既往无人关注、无人研究，能够找到的资料十分有限，对这个问题的研究难免显得粗糙甚至不乏错误之处，但是提出这个问题本身可能就有价值。这样的文章究竟用不用，可能是一个见仁见智的问题。相较而言，由编辑根据其审稿经验来把握这样的问题，可能比审稿专家更为合适。

其次，编辑与审稿专家在审稿"量"上的差异，会导致"质"的不同。审稿专家不可能处理编辑部日常的全部来稿，他们看到的仅是编辑择取并提交给他们的特定论文，使得其审稿过程中的比较对象受限，从而更易受到自身眼界、学识和素养等的影响。而编辑由于职责所在，往往能够在同一或近似主题上"看尽长安花"。编辑不仅需要处理大量来稿，而且需要处理多个不同法学学科的来稿，可以说是被众多来稿形成的"大数据"训练而成的。编辑在工作中也可能自觉或不自觉地进行"数据挖掘"工作，从中形成一些显在的或者潜在的特殊技能或职业素养。如果说我刚从事编辑工作时与专事科研的同事们差别还不太大，那么在从事编辑工作五年甚至十多年之后，差别就相当大了，个人素养的"资产专用性"色彩明显。

最后，编辑选稿和专家审稿，在对稿件细节的要求方面可能不同。打个可能不恰当的比方，编辑习惯于看"素颜"，而审稿专家则可能习惯于看"美颜"。审稿专家在为《法学研究》审稿时，可能也会参考期刊已经发表的论文，从而使其审稿标准尽量接近期刊的用稿标准。但是，已经发表的论文可能是编辑反复与作者商量修改、并在编校过程中仔细润色打磨过的文章。这个过程持续的时间，少则数月，多则一两年。看惯了"美颜"，再看"素颜"难免有些失望，这在专家审稿中时有体现。编辑则像一位化妆师，看到"素颜"时能够大致判断文章能"美化"到什么程度，因而对稿件细节的宽容度相对更高。

编辑选稿和专家审稿之间的差别肯定不止上述三个方面。即便是均属于法律职业共同体，学术编辑作为专事法学研究成果交流、传播和评价的职业，在职业前景、评价指标、组织约束等诸多方面显然也与审稿专家存在较大差异。

四

《法学研究》编辑是一个职业角色，我充任这一角色，最难处理的可能就是如何同时维持《法学研究》的同一性和我本人的同一性。审稿工作及其所依赖的标准，是这种同一性维持的重要方面。在我看来，这简直就是一门艺术。

初任责编，年龄、学识、职称微末，于作者对我的审稿结果提出异议时，我心里总在想，我坚持的标准到底是什么、好不好、够不够客观。今日回首，可能编辑生涯本就伴随着逐步把握标准、践行标准、发展标准，而从认知心理学角度来看，标准也不可避免地带有编辑的个人印记。标准的客观、公平、公正与否只能在学术共同体中求解，因而具有主体间性。正如作为长度单位的"米"虽然可以通过标准米尺加以物化，但"米"的长短是由国际度量衡会议商议确定的，同样具有主体间性。

从切身体验来说，一方面是我将《法学研究》的职业要求内化，以此来改造和重建我本人的同一性，使我具有充任该职业角色的适格性。但另一方面，我的个体性尤其是学术个性，也会反过来影响这一职业角色，使之打上我本人的印记。杂志与编辑的这种互动关系，实际上是更为一般的组织体与其成员关系的一个缩影。正如组织体的决策虽然依赖于但又不同于其成员的个人决策，杂志的审稿标准与用稿决策也依赖于但又不同于编辑个人的审稿标准与用稿决策。编辑在把握、践行和发展杂志的审稿标准过程中，不断提高自己的学术判断力、鉴别力和鉴赏力，不断熟悉和掌握这门通过建模和比较达致的艺术。

我在《国际法研究》做编辑

谭观福，助理研究员，博士，毕业于中国人民大学法学院。2020年进入中国社会科学院国际法研究所工作，现为《国际法研究》编辑。

谭观福
《国际法研究》编辑部

一　和《国际法研究》结缘

我和《国际法研究》结缘始于2015年，那时候我的硕士研究生导师龚柏华教授和我共同在《国际法研究》发表了我人生中的第二篇学术论文。《国际法研究》专业的审稿意见、编辑老师（李庆明研究员）细致的校对审核以及和编辑高效而愉快的沟通交流让我记忆犹新。经过编辑的加工，文章相较于初稿增色颇多。这次发表让我领略到了《国际法研究》编辑部团队的热情、专业和高效。

2016年9月，我进入中国人民大学法学院攻读国际法学博士学位，当时我的理想是成为一名大学老师。在攻读博士研究生期间，我没曾想过毕业后会以编辑为业，但我对编辑工作本身却有着几分热爱。刚入学时，我就应聘并顺利成为《人大法律评论》的责任编辑，之后在《人大法律评论》编辑部工作了3年有余。我主要负责国际法学科稿件的初审、联系外审以及约稿。由于我平时参加学术会议较多，和国际法学者保持着较为紧密的联系，这让我有机会约到优秀稿件。看到自己约来的文章被推荐为刊物封面文章，内心有种难以言表的满足感和成就感。根据《人大法律评论》编辑部当时的工作分工，具体编辑校对工作由硕士生负责，这部分工作非常耗时耗力。由于没有参与烦琐的编校环节，我当时对编辑工作的理解可能并不全面。

2019年9月，我结束了在瑞士比较法研究所的访学，带着尚未完成的博士论文回国。回到中国人民大学后，我一边在导师韩立余教授的督促和指导下全力以赴修改完善博士论文，一边投简历找工作。或许是博士论文写得太过艰难，我对自己的学术理想产生了一些动摇。当时我的简历只投给了老家江西的几所高校，想着回老家生活和工作压力都会小一些。北京的高校和科研机构，我一个都没敢投。恰逢中国社会科学院国际法研究所发布招聘公告，在法学研究所从事博士后研究工作的一个师姐把招聘公告转发给了我，并建议我勇敢试试。在师姐的鼓励下，我向国际法研究所投递了求职简历。或许这就是冥冥之中的缘分，在2020年5月底我收到了《国际法研究》编辑部的回复，之后经过几轮面试和考察，终于被编辑部录用。此时，我还收到了几所高校的录用通知，都是教学科研岗，而《国际法研究》编辑部则是编辑岗。当时的编辑部主任柳华文研究员跟我说："做编辑是需要奉献精神的，你要考虑清楚自己是否适合这个岗位。"我确实纠结了好久，因为自己内心是热爱科研的，而编辑工作确实会分散做科研的精力，二者兼顾并不容易。思考再三，我觉得自己还年轻，需要通过踏实工作去历练，这与自己的学术抱负并不冲突，学术本身可以作为一种生活方式。我最终还是服从内心选择，决定到《国际法研究》编辑部工作。

二 与《国际法研究》共同成长

（一）全面学习、参与编辑工作

得益于之前在《人大法律评论》编辑部的工作经历，我在审稿、约稿方面积累了一定经验。不过，《国际法研究》作为中国社会科学院主管的期刊，不同于其他学术刊物，尤其强调站稳政治立场。因此，在审稿过程中需要严把政治关，不发表错误解读理论和政策的文章，不发表不符合中国国情和中国立场的文章。在编辑校对环节，需要对文章的形式和内容全面把关。编辑部主任曲相霏研究员整理了一整套编辑规范参考资料，打印出来供大家学习参考。编辑部还经常开展不同形式的编辑业务学习，不断提高编辑的业务水平。

曲相霏研究员是《国际法研究》的创刊编辑，她亲自给我示范了如何编辑一篇论文。当我看到曲老师编辑的文章里大片的修订痕迹时，心里很是感慨——编辑工作没有最细只有更细。不同于其他部门法文章，国际法文章有其自身特点，其中之一是通常会参考大量外文文献，这就导致有些国际法文章的语言表达非常拗口。确保语言表达通顺是我们在编辑过程中需要解决的重要问题，但实际上有不少作者还做不到这点。我在编校过程中通常会按照自己的理解把不太通顺的句子顺一遍，并请作者对所作改动进行确认，有些地方实在拿不准如何修改就批注出来请作者斟酌。有时会通过电话或线上会议的方式，把批注的问题与作者逐个讨论。这似乎是个比较高效的工作办法。

在编校环节，为了尽量查找文章中可能存在的错误，每一篇文章都需要付出大量时间反复通读，而每个编辑可能多多少少都会有自己的盲区，因此，《国际法研究》编辑部实行交叉通读制度。为提高效率，出刊前一周左右编辑部同事会在办公室集体加班校对稿件，方便遇到问题当面沟通交流。我也从同事那里学习到很多高效而实用的编辑技巧。

文章刊发后，编辑部会在"国际法研究"微信公众号全文推送，并附上"编者按"、音视频，以促进文章的宣传推广。我们学会了视频剪辑加工，发现视频推广是一个非常吸引读者的宣传方式。

（二）面临的挑战

《国际法研究》是中国大陆第一本原创性国际法专业中文学术期刊，在国际法学界享有很高的声誉。不过，由于当前学术考评机制的原因，很多作者并不会把自己最优秀的稿件首先投给《国际法研究》。近年来《国际法研究》的稿源虽有所改善，但是获得优质稿件的压力仍然存在。《国际法研究》一直秉持高标准、严要求的原则，为此，我们一方面积极向名家约稿，另一方面在审稿过程中设法努力提高稿件质量，与作者就修改意见反复沟通，有时甚至直接附上参考资料。大部分作者都能理解编辑部的努力和用心，积极配合修改，但也有些学者认为，《国际法研究》在《中文社会科学引文索引（CSSCI）》中仅为扩展版来源期刊（在有些单位甚至都不算科研成果），要求那么高似乎并不合理。幸运的是，有些学者特别支持我们的工作，不仅认真打磨文章，还成了我们的审稿专家，而且审稿特别细致。为提升稿件质量，《国际法研究》编辑部从 2022 年开始举办"青年学者工作坊"，对编辑部初步选中的青年学者的文章集中研讨，集体加工打磨，培养青年作者队伍。

自入职《国际法研究》编辑部以来，我全面学习、参与了编辑部的各项工作。在此过程中我发现，一名优秀编辑确实需要具备综合能力，不仅要具备扎实的专业基础，还要持续学习，掌握各种技能。回想起我刚进入国际法研究所时的初心，我在编辑部工作这 3 年确实得到了很好的历练，不过也不得不面临一个现实问题——自己做科研的时间被压缩了。3 年来，我虽然发表了 5 篇论文，但这些论文都源自博士论文或博士论文的拓展和延伸。我还有其他特别感兴趣的问题要研究，在完成编辑工作之余也在努力地阅读和写作，但碎片化的编辑工作（尤其是大量编务工作）常常使写作中断。作为一名学术期刊编辑，要想在做好编辑工作的同时做好科研，需要付出比单纯科研人员更艰辛的努力。

（三）见证《国际法研究》的成长

我很荣幸在《国际法研究》编辑部工作的这几年见证了《国际法研究》的成长。2021年，《国际法研究》在中国社会科学院学术期刊评奖中荣获"优秀学术期刊奖"，并入选《中文社会科学引文索引（CSSCI）》扩展版来源期刊。2021年11月，《国际法研究》刊文《论进一步加强国际法研究和运用》入选中宣部出版局第五届"期刊主题宣传好文章"。2023年，《国际法研究》被评定为《中国人文社会科学期刊AMI综合评价报告（2022年）》核心期刊，再次入选"CSSCI"扩展版来源期刊。此外，《国际法研究》还获评国家哲学社会科学文献中心"2016—2021年最受欢迎期刊""2020年度法学最受欢迎期刊""2021年度法学最受欢迎期刊""2022年度法学最受欢迎期刊"称号。近年来，《国际法研究》的影响因子持续提升，根据《中国学术期刊影响因子年报（人文社会科学·2023版）》最新统计数据，《国际法研究》的期刊综合影响因子为2.302，排名居国际法专业期刊的榜首。《国际法研究》所取得的上述成绩于我而言是莫大的鼓舞！《国际法研究》的成长离不开国际法研究所领导和所内外专家、学者的关心与支持，以及编辑部同事持续默默的付出。

三　以《国际法研究》编辑为业

《国际法研究》已成为国际法学人推崇的优质学术平台，一直受到国际法研究者的青睐，所刊载的论文代表了中国国际法研究的领先水平，为中国国际法实践提供智力支持。在选题和组稿过程中，《国际法研究》紧密围绕党和国家的工作大局，注重抓住学科领域内中国的特色做法，直面事关中国的重大理论和现实问题，重点选择反映新时代中国特色的优秀研究成果。《国际法研究》刊发的部分优秀论文还被中国社会科学院信息情报研究院摘编为内部要报，提交给决策部门参考。考虑到《国际法研究》的学术、咨政贡献和定位，编辑的角色不仅是为学者作嫁衣，同时也是为中国的国际法研究添砖加瓦，为中国国际法实践建言献策。有鉴于此，以《国际法研究》编辑为业更需要一份责任和情怀。

　　《国际法研究》正处于快速发展阶段，把《国际法研究》办成国际法学界的标杆一直是我们编辑部的奋斗目标。于我而言，如何处理好编辑和科研的紧张关系，仍是一个紧迫的问题。从个人角度来说，我的建议是，要缓解期刊编辑的科研焦虑，需要各方合力为编辑提供支持，例如在科研项目的设立、职称评审等方面给予一定的支持，如此方能实现编研结合、相互促进。

为他人作嫁　看繁花似锦

阳军，副研究员，毕业于北京科技大学。2003年进入中国社会科学院政治学研究所工作，现为《政治学研究》编辑。

阳　军
《政治学研究》编辑部

2021年，所里根据工作需要，将我从行政学研究室调整到编辑部，开启了我在《政治学研究》的编辑工作经历。这是所领导信任、各位同事关心关爱的结果。回顾我在所里的工作历程，是一个在不断变化中持续学习的过程，是个人的一种磨砺，更是自我挑战的一个过程。在为他人作嫁衣的过程中，充实的学术期刊编辑经历让我对编辑工作有了一些粗浅的理解。

刚到所里的时候，我被安排在图书资料岗工作，参与并见证了所里信息化发展的过程。在当时资料室主任罗维维老师的带领下，我们从无到有搭建了"中国政治学网"，并对后台数据库进行多次改版升级。网站建成后，内容的充实和完善成了一项日常工作。为了建设好网站，汇集国内外最优秀、最前沿的政治学研究成果，我阅读了大量的政治学研究资料，并学习如何跟踪学术前沿，如何选取优秀稿件，如何对文章内容进行凝练、撰写摘要，如何从词典、词目表中选取规范的关键词，凡此种种。无心插柳间，这些基本功为我今天的编辑工作打下了良好基础。经过所里考察，2016年，我调入行政学研究室工作。其间，在室主任贠杰老师、副主任孙彩红老师等的指导下，我参与了室里的多个研究项目，与研究团队一起讨论选题、参与调研、收集资料、设计研究框架、撰写论文并反复修改，不断锤炼自己的学术功底。正是这两段经历，使得我积累了作为编辑的一些基本素质，让我有勇气进入编辑部工作。

进入编辑部后，经验丰富的前辈们的"传帮带"使得我快速进入角色。初到编辑部时，副所长、编辑部主任王炳权老师带着我迅速了解了编辑部工作流程。与此同时，他详细地给我讲解了编辑工作的要点。记忆最为深刻的是，他将编辑工作的要点逐一写在一张纸条上交给我，时至今日，我还将此纸条保存在办公室抽屉里，经常翻出来看看，对照自己的编辑工作，看看是否有疏漏。

尽管编辑部人手少、工作量大，但前辈们都对编辑工作抱有热忱之心。每周的返所日是编辑部的内部工作交流日，也是我重要的学习日。每周二、三，编辑部便热闹了起来。编辑心得交流、学术话语碰撞使得编辑部的气氛格外活跃。中央最新的精神、最新的学术热点问题、编校的误区等，是我们交流的重点。刚开始时，我主要是听，在心里默默地与自己碰到的类似问题进行对比，哪些是自己平常没注意的，在今后的工作中应加以改进。渐渐地，我也能将自己的一些体会跟大家交流了，讨论编校过程中对哪些文章特别有感受，如何用词才更准确，学界有哪些创新性的发现，哪些概念和话语还存在不足，等等。

在选稿、编稿、编务的过程中，我逐渐了解学术期刊编辑"作嫁衣者"的责任。一篇优质稿件的刊发，背后是学界专家和整个编辑部的辛勤工作；一本高质量刊物的经营，离不开整个学界、期刊管理部门、出版单位、编辑部的共同努力；而编辑是各个环节的缝合者，更是稿件质量的把关人。同时，学术期刊编辑也是一个充满魅力的角色，通过学术期刊我对学界有了更全面的了解，对编编关系和编作关系有了全新的认识，对编研结合有了更深刻的理解。

《政治学研究》编辑部坚持来稿必登记、逢稿必审的原则。通过编务工作，我很快掌握了编辑部的来稿情况，也对学界有了更全面的了解。比如，学界的主要研究力量集中在哪些高校、科研机构，有哪些学科带头人、学术新秀，分别在哪些研究领域更擅长，等等。了解这些信息，才能在选题策划、组稿约稿时有的放矢。但是在选稿过程中，我们并不看重作者的名气，一切以文章质量说话，整个流程规范、公平、公正，这也使得刊物在学界受到好评。

编辑工作的核心关系是编者与编者、编者与作者的关系。在编者与编者的关系方面，编辑部全体人员充分认识到编者与编者之间共荣俱损的关系，形成了互相帮助、互相支持的良好氛围，在编辑过程中挑错而不挑剔，补台而不拆台，齐心协力推进期刊高质量发展。

在编者与作者关系方面，编辑部强调要塑造"亲""清"的编作关系。所谓"亲"是指，在稿件选用和作者队伍建设上，我们以质量为先，以营造风清气正、互学互鉴、积极向上的学术生态为己任。通过多种渠道主动发现培养具有学术潜质的优秀中青年学者，不因作者职称、年龄、所在机构等因素影响用稿判断。尽力涵养稿源，把有修改价值但距离刊发标准还比较远的稿件保留下来而不是轻易退稿，结合外审意见提出有分量的审读意见，供作者参考修改，而这些作者往往是年轻的研究者，是刊物作者的后备力量。

所谓"清"是指，编者的服务内容可以化约为服务"政治方向、学术质量"，除此之外的"溢出效应"与编者没有任何关系。作者与发表成果相关的毕业、晋升、结项、获奖都与编者没有任何关系。毋庸讳言，作者在现实中对这些因素考虑得较多，也会拿这些来要求编者。但这些问题不应是编者该帮作者解决的，更不是刊物要承担的义务。在与作者打交道的过程中，编者第一时间就让作者明白这一点。编者对作者的成果负责，对成果的标准负责，不对作者的生活负责。

总而言之，所谓"亲""清"是指在选稿时不"看人下菜碟"，不看作者的职称、职务等；在关注有潜力的青年作者时又要"看人下菜碟"，审读具有科研潜质的作者的稿件时，尽管工作量倍增，但社会效益也是倍增的。以2022年为例，《政治学研究》一共收稿1800多篇，刊发了学术论文77篇，其中独著50篇，合著27篇。独著作者中正高职称34人，占比68%；非正高职称16人，占比32%。合著第一作者中正高职称19人，占比70%；非正高职称8人，占比30%。充分体现了以老带新的特点，为政治学的长远发展储备了新生力量。

编辑与科研是相互促进、互为支撑的。中国社会科学院原副院长高培勇多次在期刊工作会议上强调，社科院的期刊工作者不能停留在编辑的层面上，还要有较强的研究能力，通过深入的研究进一步提升编辑加工能力。学术论文从选题、构思、写作到完善是一个充满挑战的过程，论文的立足点、理论支撑与学术创新都需要认真打磨，才能达到逻辑自洽、以理服人的效果。浸润在众多优秀学术论文之中，我的学术眼光不断得到锤炼，学术认知水平不断提高。随着编辑经验的积累，我逐渐有意识地解决眼高手低的问题，从优秀论文中汲取养分，结合自己的专业和兴趣，继续坚持学术研究。一方面积极参与所里的课题，另一方面积极参加学术交流，提高学术素养，保持学术敏锐性，以更好地促进编研结合。

作为编辑，要甘为他人作嫁衣。作为《政治学研究》这样一本专业、成熟、规范的学术期刊编辑，我乐于为他人作嫁衣。因为作嫁衣的同时，我也在不断收获和成长，我也看到了更多学术的风景，看到了学者的个人发展、学界的发展，乃至中国人文社会科学的繁荣发展。

编辑工作的"得"与"失"

张芝梅，编审，博士，毕业于北京大学。2006 年进入中国社会科学院中国社会科学杂志社工作，2014年调入社会学研究所，现为《青年研究》副主编、编辑部主任。

张芝梅
《青年研究》编辑部

我 2006 年博士后出站后到中国社会科学院中国社会科学杂志社工作，2014 年调入社会学研究所《青年研究》编辑部工作。不知不觉间，从事编辑工作也快 20 年了。当编辑的时间长了，谁都有一肚子话要说，但到了真的要说的时候，又似乎不知从何说起，因为每个编辑得到的经验和教训都很多，但这些事又都太琐细了，属于做起来对刊物重要、但说起来对其他人好像又不重要。总体上，这些年的体会是：学到了很多，但也付出了很多。

理论与实践

理论上，我相信大家对编辑工作的要求都有比较清楚的认识，但在具体实践中的体会可能在做编辑之前和做编辑之后有很大的不同。

在进入中国社会科学院正式从事编辑工作之前，我也曾帮老师做过一些编辑工作。但那时候的编辑工作就是在力所能及的范围内对文章进行一些加工和修改，最终产品由出版社把关，出版社是最终的责任承担者，那时候还没有责任重大的感觉。

虽然每个学术编辑在刚刚从事编辑工作时都有自己的专业知识，但真正把编辑作为职业时就会发现，专业知识只是编辑必须具备的条件之一，学术编辑还要具备诸多其他的能力。要想成为一名合格的编辑，仅有专业知识是远远不够的。

第一，因为中国社会科学院大多数刊物没有专职校对，所以编辑既要对刊物的内容负责，也要保证刊物在形式上符合要求；也就是说，同时要承担编辑和校对的工作。实际上，校对本身也是一项专业性很强的工作，专业校对对文章的关注点和作者以及学术编辑均有不同。比如，作者和编辑有时自觉不自觉地更关注文章的内容，包括观点是否有新意、论证是否符合逻辑等，而对字体、字号、字间距、上下文概念和数据是否一致等没有足够的敏感，时不时就会漏掉这些错误。要做好校对工作，同样需要比较长时间的培养。这相当于编辑在从事编辑工作之外要同时学习一门新的专业知识。所以，这就要求编辑在编辑稿件过程中对稿件进行多轮加工，随时切换自己的角色，在某一轮侧重内容，在另一轮侧重形式。这种角色的切换一开始可能不一定很顺利，需要在编辑过程中边干边学，边学边干，在不断犯错中积累经验（实际上更多的是教训），尽可能在以后的工作中少"踩坑"。这是每个编辑都要面临的挑战。

第二，每个刊物的编辑人员有限，每个编辑都会遇到自己不那么熟悉甚至陌生的领域，这对编辑也是巨大的考验。如果对来稿的研究领域不具备一定的知识，是很难判断稿件的质量和创新性的。虽然借助匿名评审专家的力量，可以部分解决这个问题，但稿件需要经过编辑的初审，然后才送匿名评审专家评审，所以，仍然需要编辑不断更新和扩大自己的知识系统。特别是近年来，随着互联网应用的普及和快速发展，新事物、新现象不断涌现，知识更新的速度很快，稍不留神就跟不上形势，对我们这个以青年群体为主要研究对象的刊物更是如此。我们经常收到对现在在青年人中流行的比如网红、直播带货、网络游戏、网络热词等现象进行分析的文章。对于网络上出现的新现象，编辑可能比较陌生，有时甚至找到一个合适的匿名评审专家都比较困难。因为，学术研究比较专业的人可能对这些现象不熟悉，而对这些现象比较了解的人学术积淀可能又有所欠缺。这也给编辑工作带来一定的困难，有一次我甚至借助朋友圈才找到比较合适的匿名评审专家。为了解决这个难题，《青年研究》编辑部采取所有编辑对形式上符合刊物要求的稿件都进行初审，每个编辑提出自己的意见，然后进行讨论，编辑部讨论通过的稿件再送匿名评审专家评审的做法。这在一定程度上弥补了编辑因各自研究领域的不同带来的认识偏差。

第三，编辑工作需要和大量不同的人打交道。虽然每个人都生活在一定的社会关系中，每个人每天都和不同的人打交道，但不同的职业需要打交道的人的数量有很大的不同。与研究人员相比，编辑可能需要和更多的人打交道。编辑工作不是一个人能够完成的，每个编辑都要和作者、匿名评审专家以及编辑同事打交道，每个人的性格、脾气和做事风格可能大相径庭。比如，有的匿名评审专家反馈审稿意见非常快，有的可能很慢，需要编辑提醒；有的作者很认真，有的作者可能比较随意。不同人的不同做事风格会对编辑流程产生一定的影响，这些需要编辑根据实际情况灵活处理，才能保证刊物正常运转。这些知识都是实践知识，只能在编辑工作过程中慢慢积累和完善。

理想与现实

在专门从事编辑工作之前，我也曾作为匿名评审专家，帮刊物审过一些稿件。从事编辑工作后，第一个感慨就是我对稿件的要求降低了很多。认真想一下，这其实也很好理解。因为当你的身份是匿名评审专家时，面对的只是一篇稿件，评价的标准比较单一和绝对，考量的因素就是稿件质量本身，所以，对稿件中存在的创新性、逻辑或者语言方面的不足比较敏感和苛刻。而当你的身份是编辑时，因为面临按时出刊的压力，所以你对稿件标准的把握更多的是相对的和现实的。编辑会把一篇文章和其他文章进行比较，如果这篇文章相对来说比较好，可能就会被纳入考虑的范围。如果没有其他更好的稿件，即使觉得这篇稿件不是特别满意，也只能让作者尽可能改，改不好时也只能妥协。实际上，每篇稿件的具体情况都不太一样，很少有理想的稿件。有的文章可能选题挺好的，但论证有点薄弱；有的文章可能形式上很规范，但理论创新又有不足；有些稿件修改得比较好，但有的稿件虽然多次修改，仍然不是特别理想。所以，在编辑看来，没有完美的稿件，只有相对来说比较好的稿件。

我个人觉得，编辑最需要具备的能力是对稿件的鉴赏力和发现有潜能的作者的能力。编辑需要从众多稿件中遴选出真正有创新性的文章，这需要一定的专业知识，但仅有知识是不够的，编辑对稿件的判断是多种因素综合的结果，要尽可能排除与稿件本身无关的各种因素的干扰。最主要的干扰一是作者的声望，二是某些所谓的似是而非的"高深"的理论。实际上，大多数作者不同阶段不同文章的质量可能有起伏，要根据稿件本身而不是作者的声望判断文章的质量。有一些作者喜欢引用一些自己并没有真正理解的理论和概念来装点文章，编辑要具备揭下此类伪装的能力。

发现有潜能的作者应该是学术期刊重要的功能之一，但编辑发表没有声望和地位的作者的文章是很容易遭到质疑的。千里马常有而伯乐不常有，一方面是因为具备伯乐能力的人不多，另一方面是因为当伯乐是一件成本很高的事情，基于风险厌恶，"理性人"会回避这一行为。虽然我相信很多编辑还是想当伯乐的，但在现实中，因为没有一个形式的、相对客观的标准区分编辑选中某篇稿件是因为个人偏好还是身为伯乐的判断（主观标准还是客观标准），编辑时不时可能面临来自他人的质疑。这要求编辑有一定的自信和牺牲精神，敢于发表那些没有名气的作者的文章。

收获与遗憾

不同的人从事编辑工作的收获和遗憾可能有比较大的差别。有人做了编辑以后，编研结合做得比较好，写的文章比原来只做研究时更好，因为他们对好文章的标准有了更清晰的认识，就可以避免一些一般作者常见的错误或者偏差。而有的人可能因为编辑工作或多或少耽误了自己的研究。

对我来说，做编辑的最大收获就是扩大了自己的知识面和对不同学科研究范式和重点的不同的认识。现代的专业分工有时容易使研究者把自己的研究领域限定在一个相对狭窄的范围内，其好处是可以对某个领域进行深入的研究；但它的局限性也很明显，就是可能导致对问题的认识是片面的。做编辑不仅可以增加你对本学科的并非自己熟悉的知识的了解，还可以拓展你对其他学科知识和方法的认知。在中国社会科学杂志社工作时，《中国社会科学》鼓励学者进行跨学科和交叉学科的研究，不少稿件涉及多个学科。后来在《青年研究》编辑部工作，因为《青年研究》是以青年为研究对象，来稿同样涉及社会学、心理学、政治学、法学、新闻传播学等多个学科。在处理稿件过程中，不仅可以学习到不少新知识，还发现对同一个问题不同的学科关注的重点和研究范式有比较大的差别。这种不同会促使我思考如何打破学科界限对某一个问题进行更全面的研究，还有，什么样的研究才是能超越现有学科范式的更好的研究。另外一个收获就是促使我去读了不少其他学科的书，我觉得自己对问题的认识比以前有不少的提高。

还有一个收获是认识了不少志同道合的朋友。因为编辑工作需要打交道的人比较多，所以有更多的机会了解哪些人和自己志趣相投。当然，硬币的另一面就是，基于同样的原因，"得罪"的人也比较多。因为每个刊物的发稿量相对于投稿量都是很少的，大多数稿件只能退稿，难免"得罪"一些作者。对于很多发表不了文章的作者，只能深表遗憾。

我有时候觉得，编辑工作可能就是一个充满遗憾的工作。不仅对大多数作者充满遗憾，对发表了的文章也时常感到遗憾。如果时间允许，有些文章可以改得更好；如果时间允许，有些校对错误可以减少或者避免。但无论如何，只能在遗憾中前行，在前行中改进。

不只是"砌砖"，不只是"盖楼"

石茂明，副研究员，博士，毕业于中央民族大学。1992年进入中国社会科学院民族学与人类学研究所工作，现为《世界民族》编辑。

石茂明
《世界民族》编辑部

记得很多年前，一位教授在批评学术垃圾泛滥的时候说道，知识生产的根本在于问题意识，在于创新。不少人发表了文章，除了作者本人和编辑，几乎没有几个同行看过，甚至有人以此拿到职称后自己都不愿再看一眼，这样的文章就是一堆学术垃圾而已。

这不只是针对某些学人，而是忧虑学术风气。从中，以本人身份，我看到了编辑的责任。虽然现在学术风气有了很大的改善，审稿制度日趋完善，但警钟须长鸣，编辑须警醒。

学术期刊的编辑，就是学术创新事业的"看门人"，知识生产的"一号质检员"。认真对待每一篇投稿，选择好、判断准，把每一篇值得刊发的稿件修改到位。这既要具有火眼金睛般的"眼高"，具有良好的学术趣味和判断力，[①] 能快速看出每一篇稿件的价值，也要耐得住性子做所谓"低端的"、琐碎的文字校对和排版工作，更要压得住自己发表文章的"学术野心"，怀着一个沉静的心态，[②] 把主要精力用于编辑他人的稿件，给学术发表看好门、把好关。这才是以编辑为"志业"。

虽为小小编辑，但我们不只是"搬砖""砌砖"，也是在"盖楼"，搭建学术的高楼大厦，更是在相与营造学术风气、建设学术创新强国，编辑也是"创造属于我们这个时代的新文化""建设中华民族现代文明"[③] 的一分子。小编可以、也应该胸怀"大使命"，心有"大格局"。并非只有"大人物"才担当大使命，学术"大事业"需要每一位参与者的责任心、使命感。

我们不仅要对每一篇投稿、每一位作者负责，而且要心中随时想着学术创新这份大事业，把握学术大脉动，为学术大厦的崛起担当一份责任，发掘每一个学术新作在学术大脉络中的位置，做出适当的安排。无论"大咖"还是"小角"，其来稿都必须一视同仁、慎重处理，既要避免学术垃圾，也要减少遗珠之憾。相信这样的责任心和使命感，既是为期刊之发展提升而添砖加瓦，也是对整体学术生态之良性繁荣而默默浇灌。

我刚到编辑部时，偶有稿件选题有价值，但是文字不过关，根据匿名审稿专家的修改意见，我要求作者一定要认真反复修改。文字上，作者实在修改不到位的，我亲自对全篇多处文字进行细致的词语打磨、句法润色或逻辑

---

① 何兰芳：《编辑的趣味》，载《"作嫁衣者"说——中国社科院学术期刊编辑心声》，北京：社会科学文献出版社，2022，第1—4页。

② 谢海定：《把平淡的日子过得心安理得》，载《"作嫁衣者"说——中国社科院学术期刊编辑心声》，北京：社会科学文献出版社，2022，第146页。

③《习近平在文化传承发展座谈会上强调：担负起新的文化使命　努力建设中华民族现代文明》，《人民日报》2023年6月3日，第1版。

修补。一般来说，我只对可疑之处提出可能的问题和修改建议，轻易不会直接操刀。即使是名家的稿件，我也会努力、大胆地给他们提出自己一孔之见，名家智者千虑，或有一失，作为编辑的神圣职责就是竭力帮助作者尽可能完善稿件，使其见刊后少有遗憾，希望像服装设计师设计的服饰，经过裁缝若干工序打磨而面世以后得到更多的称赞和使用。总之，像强迫症患者一样"死磕"，只要自己看见哪怕有一点儿不满意，就绝对不让其见刊。

　　一次，我收到一篇关于马克思恩格斯民族主义理论的稿件，作者是一位在读博士生。我很慎重，通过知网搜索，发现他没有在核心期刊发表过文章，非核心期刊发表的文章也极少。但是，认真审读该稿之后，我认为无论是立论框架、全文系统性还是具体观点上，都有创新、有亮点，故决不因其为"初生牛犊"而忽视该文。后来，通过跟作者交流，我发现他认真阅读过很多外文原著，是一位对学问有严谨追求的年轻人。匿名专家的审稿意见印证了我的判断："国外学界对马克思、恩格斯的民族主义理论一共产生过三次比较大的争论，在梳理这'三大争论'的基础上，作者重新评价了马克思、恩格斯关于民族主义的理论，认为他们对民族主义的态度是随着时代的发展而产生变化的，并总结出他们民族主义方法论的'四大支柱'。这一研究思路和方法值得肯定。其中一些观点……都有很好的说服力，有助于全面理解马克思恩格斯的民族主义论述和立场。"审稿专家要求作者对两个重要概念予以进一步厘清，一是"文章的叙述也和许多国外学者一样，常常将民族主义问题和其他民族问题混为一谈，似是而非"；二是"马克思恩格斯的民族主义思想"，到底是指马克思、恩格斯本人的民族主义思想，还是他们关于民族主义的思想，语义不够清晰。经过三次大的修改和多次小的修修补补，这些修补包括校对阶段我以自己的细致耐心发现了他在文中关于两个同姓异名的外国学者名字的混淆，最终，稿件得以发表。之后，我还将该文摘编投稿给《中国社会科学院要报》，也得以刊载，并荣获"中国社会科学院2021年度优秀对策信息奖三等奖"。

　　从这篇文章的经历，我得到似乎是"火眼金睛"般眼光的肯定，因而有一点小小的喜悦。其实，关键是它鼓励我此后朝着正确的方向努力。我们编辑不是"专家",是"杂家",但是我常常以"专家"的标准检视和训练自己，办法就是尽量按照匿名审稿专家的方式来写自己的初审意见，尤其是修改建议，收到匿名审稿专家的审稿意见后，与初审意见进行对照检视。这是学习训练审稿能力的宝贵机会。如果发现自己有些审稿意见跟专家的审稿意见一致或相似，就会稍微得意一下子。

中国社会科学院学术期刊的专职编辑大部分经历过专门的学术训练，具有学术研究的基础，所以很多人抱有"学术野心"，希望发表更多属于自己的学术成果，而且职称评定上也倾向于发表较多论文的参与者。有些编辑确实也是某些领域的专家，自然也有持续发表成果的追求。作为学术机构的一员，这些都无可厚非。但是，也应该说，编辑需要一定的奉献精神，所谓"为人作嫁衣"嘛。而且大量的审稿任务、各流程的审读安排，必然耗费大量时间。除非学问基础非常扎实、学术写作极少间断，而且精力极为旺盛，否则编辑的本职工作与本人的学术论文写作是比较难兼顾的，绝大部分学术编辑不得不压制自己的学术野心或学术追求，优先顾及本职工作。虽然说编研互补，研究倒是可以研究，但是发表则需要更多更深的功夫。而且期刊来稿涉及很多领域、很多区域，甚至多个学科，成为"杂家"与成为"专家"还是有矛盾的。

我参加一次学术论坛时，拟了一篇论文提纲参会，并在会上做了发言。之后，在另外的场合我也专门报告过这项研究。但延宕日久，我一直没有抽空修改完成，更谈不上发表。这期间，我收到一篇期刊稿件，大体上跟我的那篇论文提纲和发言的主要观点非常接近。刚开始看到标题和摘要时，我脑袋"嗡"的一下，像受到轻微电击一样，同时责怪自己太懒，没有及时把稿件改出来！但是，仔细阅读这篇投稿之后，我发现作者的论证框架、论证材料和切入方式跟我的都不一样，而且作者是这个领域已经发表过相关成果的学人，我以高度赞赏的心态肯定了它的价值，认为它有重要创新，于是写了拟用审稿意见。不久后，这篇稿件在《世界民族》发表，而且，我也给这篇文章摘编并得以刊载于《中国社会科学院要报》。

尊重每一个作者、每一篇来稿，认清自我，坚守本分，压制自己不合适的念头，不忘"以编辑为志业"的初心，为学术大厦砌好每一块砖，为学术生态风清气正把好每一道关——我坚信，把这一切做好，它的意义就不限于学术了。学术事业的繁荣，对于文化传承发展、中华民族伟大复兴，对于治国理政、提供智库支撑等很多方面，都具有重要意义。推进中华民族伟大复兴、建设中华民族现代文明、铸牢中华民族共同体意识、推动构建人类命运共同体，这些都是"国之大者"。而"国之大者"不是空中楼阁，它需要每一个行业、每一个人为它点点滴滴努力，脚踏实地迈出每一个步伐，尽职尽责砌好每一块砖，建好每一幢楼。

马克思主义和中华优秀传统文化的历史和哲学渊源不同，但彼此存在高度的契合性。加强世界民族、民族政治学的研究，有益于促进马克思主义与中华优秀传统文化有机结合。我们已经刊发了一些这方面的优秀稿件。"让马克思主义成为中国的，中华优秀传统文化成为现代的，让经由'结合'而形成的新文化成为中国式现代化的文化形态"[1]，这是党的新方向、新要求。学术期刊和学术编辑应跳出"埋头拉车"的局限性，不要把自己的工作只是当作"砌砖"、甚至"盖楼"，登高望远，放眼世界，撑开大格局，进入百年未有之大变局，我们会看见锦绣前程、霞光满天。

---

[1] 《习近平在文化传承发展座谈会上强调：担负起新的文化使命　努力建设中华民族现代文明》，《人民日报》2023 年 6 月 3 日，第 1 版。

筚路蓝缕，树木成林

郭冉，助理研究员，博士，毕业于北京大学。2019年进入中国社会科学院社会发展战略研究院工作，现为《中国志愿服务研究》编辑部主任。

郭　冉
《中国志愿服务研究》编辑部

《中国志愿服务研究》创刊于2020年秋天，迄今两年有半，类比于孩童，期刊目前仍处于蹒跚学步的学前阶段。十年树木，百年树人。对于一个初创新刊而言，时间尺度定要以十年为计，栉风沐雨方能成长为参天大树。这也意味着《中国志愿服务研究》的成长之路漫漫，待到拨云见日，仍需砥砺前行。

期刊的成长离不开广大作者的赐稿和评审专家的辛勤付出，同样也离不开编辑团队的精心呵护与培育。事实上，期刊与编辑是互相促进、相辅相成的关系。之前有很多优秀前辈在《"作嫁衣者"说——中国社科院学术期刊编辑心声》中谈道，在日积月累的工作中，自己的个人能力和期刊实现了共同成长。那么，对于《中国志愿服务研究》这样一个全新领域、全新团队的新期刊来讲，时间带给我们的不仅有个人工作能力的提高、学术期刊的成长，也带来了志愿服务研究领域和学术共同体的培育与壮大。

一 何为志愿服务，何为志愿服务研究

《中国志愿服务研究》的出发点是志愿服务，立足点则是基于志愿服务领域的学术研究。说起志愿服务，很多人会直观地想到"学雷锋""好人好事""义务劳动"等关键词。事实上也正是如此，志愿服务是一个价值色彩非常浓厚的社会行动。其中的"价值"，不仅包含中国传统的"仁爱"观念，也含有西方传入中国的志愿思想。对于当代中国特色志愿服务而言，则更多体现为党和政府领导下弘扬社会主义核心价值观的群众道德实践活动。在实践中，中国志愿服务的领域和范畴也越来越广，除了践行"奉献、友爱、互助、进步"的志愿精神之外，也越来越多地参与社会治理和国家各项重大战略中。

明确研究对象，是学科存在与发展的基础。从研究的角度来看，志愿服务是一个非常新的交叉研究领域。其研究对象和研究层次粗略划分，主要有几个：第一，微观层面，志愿服务的参与主体、行为、动机、影响；第二，中观层面，不同领域和业务部门志愿服务；第三，宏观层面，志愿服务的社会影响，如对于社会文明程度的提高、文明实践、社会治理等。从另一维度看，志愿服务研究大多融合了志愿服务的理论层面、价值层面的思辨探讨，不一而足。由此可见，尽管志愿服务是新的交叉研究领域，但是作为一项社会行动和社会事实，其相关研究仍然适用社会科学基本的研究方法和研究范式，这一点是毋庸置疑的。

二　新的领域，新的期刊

当今学术研究的体系已经日臻完善，学术分工也泾渭分明。其积极之处在于学术研究的成熟与积累，使后辈学者能够有更好的研究起点，越来越多地站在巨人的肩膀上；其消极之处则体现为难以提出新问题、发现新视角、开创新领域乃至新学科。因此，当出现一个新的研究领域的时候，一方面意味着少有研究积累，需要从无到有蹚出新路；另一方面，也意味着存在一座尚未完全发掘的研究富矿，相对更容易做出优秀的研究成果。

志愿服务研究早已有之，也积累了不少具有深远影响力的优秀研究成果，但相关研究都零散地分布于不同学科、不同期刊中，志愿服务的专业学术期刊则存在空白，缺少"用一个声音说话"的平台。为解决此问题，2020年，在中央文明办的大力支持下，《中国志愿服务研究》正式创刊。期刊归口中国社会科学院主管，由中国社会科学院社会发展战略研究院和社会科学文献出版社共同主办，并跻身于中国社会科学院学术期刊矩阵。

三　成长路上的困难与挑战

作为一个新领域的新期刊，在成立之初，《中国志愿服务研究》面临的困难与挑战自然也是前所未有的。

第一，缺少知名度。如何从无到有积累知名度，一直以来是困扰编辑部的大问题。如前所述，作为新的期刊难以获得广大读者、学者的信任，而且志愿服务这一研究领域也尚未成熟，双重因素导致《中国志愿服务研究》在很长时间内的知名度都较低。

第二，缺少稳定稿源。一个因素是，新期刊缺少知名度，期刊没有名气自然也缺少来稿。另一个因素也更为关键，即志愿服务作为多学科交叉的新研究领域，相对缺少研究议题的聚焦，缺少较为充分的针对性研究，也缺少长期性的关注领域。这也导致志愿服务领域相应研究成果较少，研究主题较为分散，尚未聚焦成合力。

第三，存在核心期刊"指挥棒"效应。现在学术成果考核普遍只认可核心期刊，这也压缩了非核心期刊在选稿用稿方面的自由度，学术期刊在收稿中的"马太效应"也十分突出。《中国志愿服务研究》作为新刊由于缺少知名度，且尚未进入相关评价体系的核心（扩展）期刊名录，来稿一度十分紧张。

针对知名度较低的情况，在中央文明办、中国社会科学院的大力支持下，每一期稿件出刊后，都会向地方志愿服务业务主管部门寄送样刊，扩大了期刊在业务方面的影响力。社会科学文献出版社也通过公众号、会议等途径大力宣传《中国志愿服务研究》，为期刊塑造了良好的学术形象，产生了积极的社会影响。

稿源问题在期刊后续发展探索中，也逐渐得到解决。一方面，编辑部积极主动向各个领域的知名专家学者约稿，为期刊和研究领域的发展勾勒出基本轮廓；另一方面，积极组织学术会议、志愿服务工作会议等，并通过论坛的形式组稿、约稿。多管齐下，保障了稳定的高质量的稿件来源。

四　工作机制的完善和办刊路径的探索

无规矩不成方圆，制度保障是期刊发展之根本。在初创阶段，期刊最主要的任务就是建立稳固的工作机制，探寻可行的工作路径，用制度化的方式为期刊发展提供保障。这个工作机制包括建立健全三审三校的工作制度，明确期刊选题思路、选题范围，积极回应焦点热点问题，确立期刊风格。经过近三年的探索与建设，《中国志愿服务研究》编辑部积累了丰富的工作经验，工作制度也建立并完善起来。三审三校制度得到充分落实，编校质量不断提高。责任编辑也不断提升自身业务素质，充分发挥作者与外审专家的桥梁与纽带作用，助力优秀作品诞生。

在期刊发展过程中，编辑部也积极探索新的办刊形式和办刊路径，并积累了有益的经验。第一是邀请知名专家学者组稿笔谈。笔谈针对中国特色志愿服务发展、志愿服务与第三次分配等宏观问题，发表前沿、专业的点评。

第二是确立每期研究专栏。研究专栏于 2022 年正式设立，涉及不同领域（社区志愿服务、域外志愿服务等），不同人群（老年志愿服务、青年志愿服务等），将研究问题进一步聚焦，研究领域也进一步明确。第三是不定期设立研究专题。在过往期刊中，设立了诸如志愿服务组织研究、奥运会等大型赛会志愿服务、新时代文明实践志愿服务等专题，突出了专题设定的灵活性。

五 立足社科院平台，培养志愿服务学术共同体

期刊的高质量发展不是孤立存在的，一方面需要发展平台提供广阔空间，另一方面需要学术共同体提供坚实支持。

期刊是学术公器，需要好的平台才能更好地发挥作用。作为建设中国特色哲学社会科学的学术重镇，中国社会科学院为期刊的高质量发展提供了一个良好的平台。中国社会科学院具有丰富的期刊资源，这些期刊大多具有悠久的历史，经年累月在学术界积累了深厚的影响，也多为各评价体系中的核心期刊和权威期刊。中国社会科学院期刊矩阵也借此形成了合力，用更大的声音在学术界强化了话语权，为落实加快构建中国特色哲学社会科学的战略任务和要求打下了更为坚实的基础。不仅如此，中国社会科学院也具有丰富的哲学社会科学学术资源、智库资源，院内不同科研单位在学术上的交叉、交融与互动，也为期刊的交流发展提供了思维的碰撞。

期刊和共同体是相辅相成的关系。期刊的成长、研究领域的拓展乃至学科的长足发展，离不开学术共同体的建立与维持。学术共同体也经由期刊的引导，更加凝聚且壮大。通过三年的努力，期刊通过约稿、自由来稿和会议约稿等方式，逐渐形成了"老中青梯队"搭配的志愿服务学术研究共同体。据统计，《中国志愿服务研究》已发表文章的作者中近两成为教授，四成为副教授和助理教授，还有四成为硕博士研究生，甚至有若干篇文章是由本科学生完成，具有丰富年龄层次的学术共同体已初步建成。另外包括数十位外审专家，为文章提供了丰富且专业的修改意见，丰富了志愿服务研究的思想库；上百位作者通过独作、合作的方式，贡献了自己的文章和力量。

赠人玫瑰留余香，共画蓝图同成长

——论编辑的成就感

邱　静，副编审，博士，毕业于西南政法大学。2011年进入中国社会科学院世界经济与政治研究所工作，现为《国际经济评论》编辑。

邱　静

《国际经济评论》编辑部

　　我因家庭原因调动至北京，无心插柳地走上了学术编辑的岗位，不知不觉已过去多年了。起初心里比较矛盾，既因担心自己难以胜任工作而忐忑不安，又因担忧编辑职业发展遭遇瓶颈而心有不甘。如今再回首，发现自己不知不觉中已喜欢上这份工作，在学术编辑岗位上收获了成就感。

　　提及编辑工作，大多认为，这份工作是"为他人作嫁衣""甘为人梯"。

这一定程度上反映了编辑服务他人、牺牲自我的精神，更多是编辑们的自我调侃和吐槽。诚然，编辑工作耗时苦累，就像蜡烛，替人垂泪到天明；编辑工作熬人操心，就像明月，不谙离恨穿朱户。编辑工作讲奉献，成就他人，自己隐于幕后，始终行走在聚光灯照不到的路上。这些都没错，不过我认为，尽管编辑工作琐碎忙碌，有时枯燥乏味，最后成果还主要属于他人，但是编辑工作也能带来成就感。一份工作有成就感，才能安贫乐道，才能行稳致远。编辑的成就感，不仅在于成就他人，也源于自我成就。

一 以"功成不必在我"的精神，在集体协作中获得成就感

编辑是一项特别讲究团队协作的工作。学术期刊竞争激烈，当期刊影响渐长，品牌效应凸显，身为编辑自然笑靥如花，矜持地享受着集体成就感，面对集体挥洒汗水结出果实而由衷地高兴。

然而期刊每次面世，都是对团队协同作战攻坚克难的一次大考。撰写学术文章需要经过选题、构思和撰写等过程，而期刊出版则有选题策划、三审三校、编辑加工等多个环节。团队成员间的分工合作、默契配合、及时补台十分重要。一本小小的期刊，不仅凝聚了作者与编辑的智慧，更承载着幕后团队对广大读者和业界同人的庄严承诺。每当捧读高质量的期刊成品，我就为自己能成为优秀团队中的一员而感到自豪。这种成就感既强化了我对工作的使命感，也加强了我对编辑部的归属感。一个优秀编辑团队的重要性可见一斑。所幸之至，我曾工作过的英文期刊 *China & World Economy* 和《国际经济评论》两个编辑部十分优秀，都是团结和谐且特别有战斗力的团队，平时大家亲如家人，战时大家互帮互助，总能胜利完成各项急难险重的任务。

虽然期刊的主要评价指标——影响因子并不能完全展现期刊的成绩，但一定程度上反映了期刊质量。由于定位精准、选稿严格、编校过关，两本期刊在学界都备受肯定，影响因子持续上升，发展形势看好。由于《国际经济评论》非常注重文章的评论性和时效性，相关文章常常被《新华文摘》《中国

人民大学复印报刊资料》转载，部分文章的缩减版也得到有关单位重视。我作为期刊工作人员，看到期刊在评价体系中获得肯定、文章的社会效益得以充分展现，又怎能不喜，怎会没有成就感呢？

编辑与作者的相得益彰也能带来成就感。期刊发展需要好文章，好文章则需要期刊提供平台，两者相互成就、相互照亮。好期刊自然更受学者们青睐，也因而披上了耀眼光环。由于这种光环，期刊编辑也得到更多的尊重与肯定。编辑为一篇文章呕心沥血，让作者收获鲜花和掌声，在学术上有更多成就。作者对编辑的大量投入自然心存感激之情，而编辑看到作者在学术之路上稳步前行也自然欣喜。君子有成人之美，各美其美，美美与共。

二 以"伯乐相马"的专注，在培植文章中享受成就感

也许是职业病的缘故，每当编辑发掘一篇好文章，成就感就会油然而生。当然，获取优秀稿源不可能袖手以待，需要孜孜以求地去挖掘好选题和好作者。编辑部的老师们身体力行，不断进取，探索出培植优秀文章的经验和方法，充分展现了强大的学术素养和办刊能力。

China & World Economy 编辑部的冯晓明老师、张支南老师是我的入门老师。她们曾说，期刊的高度取决于编辑眼界的广度和深度。唯有其广，才不会漏掉优秀的作者；唯有其深，才不会失去优秀的作者。冯老师具有深厚的学术素养和高超的英文水平，不仅熟悉国内学界，而且了解国外学者，不管什么学术"大伽"，她总能成功邀稿。编辑部会定期组织专刊，针对有价值的主题邀请学者撰稿。例如，基于中国海外投资不断增长，编辑部邀请国内外学者从不同角度分析中国海外投资的规模、效应和潜力；"一带一路"倡议在国内外产生重大影响，编辑部便邀请欧洲学者阐述"一带一路"倡议带来的机遇和挑战，呈现了专业的国外视野。

《国际经济评论》放眼世界经济、国际形势，又紧密结合中国现实，具有鲜明的办刊风格。邵滨鸿老师、王碧珺老师和崔晓敏老师等具有较高的学术素养，她们紧盯国内外热点议题，及时邀请知名学者撰稿，《国际经济评论》

因此在海内外声誉鹊起，备受推崇。尤其是，《国际经济评论》形成了每期发表一篇笔谈文章或会议文章的惯例。例如，2020年中国首次出现了养老金收不抵支的情况，编辑部召开养老金改革研讨会，并根据会议内容形成了文章；2022年欧洲能源危机爆发，影响深远，编辑部及时邀请几位学者分别从气候治理、能源安全、欧洲政治经济以及国际经贸角度撰文分析，最终形成了较有分量的笔谈文章。

这些老师具有敏锐感知潜在选题的能力，并能根据选题寻找适宜作者。她们的专业素养和打拼精神既为期刊赢得了优质稿源，也为我们树立了标杆和榜样。我向她们学习，也逐渐感受到编辑艺术带来的成就感。第一，要抓苗头。风起于青蘋之末，对新动向保持敏感十分重要。一段时期平台经济高速发展，成为我国经济发展重要支撑的同时，也出现了不公平竞争现象，引起国家相关部门重视。我注意到这一动向，提议尽早召开平台经济监管研讨会，并迅速设计会议议程、联系专家学者，最后根据会议内容形成了完整的文章。第二，要用权威。近年来，WTO改革持续推进，经贸规则不断演变，直接影响全球政治经济格局。我提议邀请WTO上诉机构前大法官撰写相关文章，因为前大法官既有充足的实战经验，又有深厚的理论功底。但由于作者日程繁忙，在交稿期限上遇到一些问题，我便尽力提供必要协助，礼貌提醒其尽快落笔。第三，要有全局观。2022年2月，乌克兰危机爆发，震惊全世界。研究所领导和编辑部对此高度重视，都意识到此事影响深远、涉及方方面面。我们迅速收集相关资料，经过充分讨论后确定了选题角度，邀请了13名阵容豪华的学者，分别从贸易、金融、能源、粮食、网络以及地缘政治等角度撰文，最终形成两篇完整文章，分别讨论乌克兰危机对国际经贸格局和国际政治格局的影响。两篇文章站位高、出手快、视野广，一经刊印，备受关注，一年内就分别有约2万人次的下载量。

三　以"精雕细琢"的执着，在打造稿件中寻找成就感

删繁就简三秋树，领异标新二月花。无论多好的文章，都需要不断打磨。

在这个过程中，编辑发挥了决定性作用。编校是编辑工作的重要内容，也是最为辛苦烦琐的部分。一字一句，皆为汗水；查经核典，颇费心血。都说好文章是改出来的，却不知修改文章是个无底洞。尽管修改检查了多次，只要再多看一次，总能发现新的不准确或欠妥当的表述。有时明明发狠心说再也不看，却又忍不住一看再看。正是在这近乎偏执的一遍又一遍的修改检查中，嫁衣越来越美丽，文章越来越完善。看到它珠圆玉润，看到它赏心悦目，作为匠人的成就感亦油然而生。

尤值一提的是，出版社一般设有专门的编辑和校对部门，而期刊实行编校一体，责任编辑既要做编辑，又负责校对。在编辑环节，需要全方位审视文章内容，包括文章的学术性、逻辑性、准确性以及语言的流畅程度，并直接修改或提出建议。例如，有的文章或者论据过于单薄，或者层次较为混乱，有时论据与论点还不甚契合。还有，有的文章经常存在各类表述问题，如有的数据前后不一，有的法规名称不准确，有的引文与正文不吻合，有的表格数据与正文表述有出入，还有的表述与引用的英文原文不一致。有一次，一篇文章引用了 WTO 的政策文件，我指出相关表述可能不准确，但作者坚持认为没有问题。我于是找到该政策文件的英文原版，形成自己的看法和分析，然后再与作者商榷。最后，作者认同我的观点，并做了相应修改。

排版后则进入校对环节，这也是让我战战兢兢、如履薄冰的阶段。我总担心出现差池，行百里者半九十。编辑部执行几轮校对：集体校对、作者自校以及编辑终校。让人较为气恼的是，害怕什么就会来什么。编校环节要求多次检查文章，每次发现可以改进的地方，都有一种如芒在背的感觉，更加担心哪里还有隐藏的小错误。校对就像在不断"排雷"，每清除一颗"地雷"，就会长舒一口气，同时又担心是否埋有更多"地雷"，因而更加惶恐不安。为了提高校对效率，我每次都采用不同的方法，如这一遍无声默看，下一遍则有声朗读，有时还针对注释、表格、数字等单独审看。一方面，"害怕出错"已成了我们最大的职业焦虑；另一方面，正是我们这种"时时放心不下"的工作精神，确保了稿件内容日臻完善。千淘万漉虽辛苦，吹尽狂沙始到金。诚哉斯言。

四　以编研相长的态度，在自我成长中收获成就感

编辑需要在成长中提升自我、完善自身，在成长中收获成就感。我本来就对学术研究感兴趣，而编辑工作则进一步倒逼我随时关注学术动态，深入思考相关课题。科研工作者在研究上有所侧重，对某一领域有深入研究，是"专家"；而编辑须大量阅读各领域不同稿件，同时要具有一定见地，可谓半个"杂家"半个"专家"。例如，《国际经济评论》刊发的稿件涉及国际贸易、国际投资、国际政治以及国际法等诸多领域，这对编辑要求较高，既要通晓百艺，又要有所擅长。编辑还得在阅读上下功夫，对相关文章必须不断精读研读，反复琢磨修改，长此以往，对文章理解和修改的水平也得到较大提高。这种"压迫式"学习让我印象深刻、获益良多。同时，编辑要尽力完善语言表述，认真琢磨每个字词，这个过程也使我的文字能力不断提升，语言素养日益增长。

与教学相长类似，编研也可相互促进，相互成就。大量阅读期刊稿件有利于提高学术修养和写作能力，与此同时，从事研究对编辑工作也大有裨益。从事学术研究要求阅读大量文献，了解最新学术动态，这有助于发现好选题、培植好文章；只有具备撰写学术文章的能力，才能较好地鉴赏稿件，也才能更好地与作者交流。例如，这几年我一直关注数字治理并撰写了相关论文，因此我较早认识到数字平台监管的重要性，于是提出选题方案，最后根据相关会议内容形成的文章获取了较高的下载量、引用量。之后，编辑部又针对数字市场监管问题进行组稿，邀请三位学者撰文分析美国、德国和中国的情况。我与三位作者在撰稿前、撰稿中以及编校时多次展开讨论，不断完善文章。三篇文章发表后获得了较大关注，为数字市场监管政策制定及时提供了专家意见。

网上有个题为"人为什么要工作"的讨论，其中"工作是实现人生价值的方式"这个回答得到了最多点赞。的确，工作不仅是谋生手段，更是获得人生成就感的源泉，个体只有保持对工作的持久热爱，才能在工作中持续获

得成就感。编辑就是与文字打交道的工作，是学术共同体的重要组成部分，是学术性、思想性和技术性强的工种，能不断给人带来成就感：找到好选题和好作者，细心培植文章；做好编辑和校对，精心打造文章；不断学习和进步，努力营造自我。尤其是当期刊品牌影响力不断上升，编辑部得到越来越多的肯定，那种集体成就感会部分消除编辑工作带来的疲惫，让人怡然自得、信心倍增。

编辑工作不是牺牲和陪衬，编辑自身无须妄自菲薄，更不必顾影自怜。编辑不仅是帮衬红花的绿叶，也可以在百花齐放的丛中莞尔一笑。我想，既然选择了编辑这份工作，就要尽心尽力，就要全心全意。当然，知之者不如好之者，好之者不如乐之者。在工作中成长，在工作中不断收获成就感，才是确保事业长青、后继有人的源头活水。

最后借用一首小诗送给所有的编辑，与所有同道者共勉：

你站在桥上看风景，看风景的人在楼上看你。

明月装饰了你的窗子，你装饰了别人的梦。

一个新手编辑的成长日记

常殊昱，博士，毕业于南开大学。2017年进入中国社会科学院世界经济与政治研究所工作，现为 *China & World Economy* 编辑。

常殊昱
《中国与世界经济（英文）》编辑部

来到 *China & World Economy*（CWE）编辑部尚不足两年，因此收到本书的写作邀请时，我的心情既激动又忐忑。这一年多的工作无疑是令人兴奋的，持续处于学习区的感觉特别充实。几乎每天，我都会遇到新的问题，面对各种大小不一的挑战。每当我解锁一项新技能或解决一个实际问题时，都会激发我进行新的思考。这些思考不仅关乎如何做好编辑工作，还涉及如何让自己更好地融入学术期刊的运营工作。因此，当我收到本书的写作邀约时，我一年多的各种思考幻化成好多个关键词，弹幕般在我大脑中闪过。有好多话想说，但真正落笔时才发现，这些"弹幕"仍是零散的、发散的，隐约有个方向，距离一个成熟完整的框架还路途漫漫。与那些编辑经验丰富的前辈相比，我对编辑事业的理解仍处于初级阶段，还有很大的提升空间。所以，我能分享的更像是一位新手编辑成长过程中的思考日记。

一 兢兢业业做好系统维护工作

与科研工作的一个人或小团队作战相比，期刊工作更像在维护一个生态系统。为了打造一个更好的生态，需要确保系统中的每一个环节都能有序且健康地运作，这样才能形成一个富有韧性和生命力的生态循环。在这个过程中，每一个环节都足够重要。

每个星期一都是我的系统维护日，我会回复公共邮箱中的作者来信，查看系统运转中是否有超期稿件或其他需要解决的问题。所以通常每个星期一也是我的对外"叨扰日"，根据不同的情况，我会分别联系我们的副主编、出版商和科睿唯安系统技术团队的朋友们。我的任务就是疏通堵塞，解决问题，把编辑部与外界沟通的桥梁打造得牢固而通畅。

写这段文字的时候恰逢周一，我的微信记录里齐刷刷地躺着我发给副主编的消息："某某老师早上好呀，我又来啦……"。为了给作者带来良好的投稿体验，编辑部在努力压缩审稿时间的同时也要把控审稿质量。我们将一轮审稿的时间定为 1 个月，同时希望强大的副主编团队能在审稿环节给文章一些建议和评价，让作者无论稿件通过与否都能在与高水平的副主编的交流中有所收获。所以我会经常联系我们的副主编，催这催那，很是"烦人"。对话中能感受到他们的忙碌，但更多是他们的尽职尽责，以及对学术的严谨和对副主编岗位的敬业精神。

周一经常受到我叨扰的还有科睿唯安的系统工作人员。投审稿系统对于期刊的运转至关重要，它是连接编辑团队、作者和审稿人的基础平台，更是记录期刊工作数据和指标的关键系统。通过定期从系统中提取数据并进行复盘分析，编辑部可以回看阶段性的工作流程和效率，及时发现和解决问题。从我入编辑部开始，维护系统就是一项重要而持续的工作内容。从更新工作流程，到系统模板修改、报表生成和指标构建，我都不记得给系统支持团队打了多少电话了。无论是更新工作流程，还是系统模板修改、报表生成，或是作者、编辑部在系统中遇到的任何问题，我解决不了的都会给他们打电话。打着打着他们都认识我了，每次遇到系统问题，电话里我报出自己是CWE站点后，对方就笑着说，常老师是吧？今天遇到什么问题啦？我经常脑洞大开地想，对方面对我不定期的叨扰，是不是很想把CWE的常老师列上"黑名单"，或者给我打上个"总有新问题"客户标签。但从我进入编辑部至今，我获得的反馈总是专业的、及时的和充满建设性的。这种并肩战斗的感觉更激发了我的工作热情与精气神。

二 编稿子：怀揣编辑家梦想的编辑匠

居然写了1000多字才写到编辑的主营业务，着实为这篇碎碎念的新编笔记能否通过审读捏了一把汗。到底什么是一个好编辑的标准呢？编辑应该为一篇文章带来什么呢？高翔院长在传达学习习近平总书记在哲学社会科学工作座谈会上的重要讲话的精神时提出，优秀的学术编辑要做编辑家而非编辑匠，要做思想家、学术家和社会活动家。第一次听到这个要求时我一方面感到振奋与鼓舞，另一方面又觉得目标遥远。以我粗浅的理解，编辑家的角色远远超越了单纯的文字编辑和格式审校，既要确保学术成果的严谨性与创新性，又要促进理论的流通和学术观点的多元对话。作为一名新手编辑，编辑家这个目标对我也是那么的遥不可及。

在梦想太遥远时，踏实开展脚下的工作也是一个选择。我把自己的编辑工作分为几个模块，针对不同模块给自己设定了标准和目标。第一个部分拼的是眼力，确保文章格式的规范性。这也是很多人眼中编辑工作较为枯燥的一部分，我通常抱着游戏闯关的心态完成这项工作：多空格，"biu"；标点符号全角半角错误,"biu";单词拼写错误,"biu biu biu"。一旦规定动作变成了游戏,逗句号的工作也有了打怪升级的快感。第二部分的工作更像是体力活儿,我会检查文章中的所有一一对应关系,确保主要观点与结论的精准对应,实证结论与论点的紧密衔接,以及理论模型与文章逻辑的完美契合,从提高文章严谨性上做出编辑的贡献。其中的大量工作审稿人已经进行了把关,所以责任编辑在完成这一工作时更多是频繁比对文章的不同部分的一致性,对于生活中奉行"生命在于静止"的我来说,激励自己完成细碎的比对的方式就是说服自己:这项"运动"又帮我消耗了500大卡热量。第三项工作是我最喜欢的脑力工作。通读文章就像是一场对话,我通常把自己放在"她"这个位置上。这个"她"可以代表相关领域的既有文献,可以代表对此题目感兴趣的读者,也可以代表政策决策者,或潜在的外国读者。我希望在这场对话中自己能够协助作者更清晰地与世界对话,讲清文章相对于既有文献的边际贡献,说服读者关于文章识别策略、检验方式和主要结论的可靠性,提出针对性的政策建议,向国际读者阐释基于真实数据和科学研究方法得出的中国故事、中国经验和中国在世界经济中的真实作用和角色。

在这一阶段的工作中,我面对的都是稿件被正式接收的作者。如果将投稿比做长跑,他们在文章正式进入编辑流程前经历了论文选题、数据收集、论文写作与修改的"烧脑"岁月;经历了完善数据、改进方法和检验方式以说服编辑部、审稿人和副主编的漫漫长路;还要忐忑地等待定稿会的决定,祈祷文章不要被拒在最后一公里。终于,撞线了,稿件用稿通知来了。如果这个时候,我对作者说,"您好,根据比赛规则,您需要再跑1000米",我想换作是我也很想"吐血"吧。所以到了正式编校环节,我通常想给作者传递的是,"服装造型准备,让我们打扮得漂漂亮亮去参加颁奖仪式吧"。秉持着这一思路,拼眼力、拼体力的工作编辑部尽量自己完成,实在无法确认的再请作者核对。对于拼脑力的部分,我发现仅批注"此处逻辑不通""请写清楚一点儿"效果并不好,还可能引起作者的反感,让沟通变得不够有效。随着编辑工作经验的积累,我更多地批注为:"通过阅读,这部分要表达的是三个层次,分别是……其中后两层表达存在一定的矛盾,按照我对全文的理解,我将其修改为……请确认是否表达原意和是否同意修改。"需要说明的是，我批注中的理解也可能有错误，我建议的修改也可能不是作者最期待的，但是我希望通过这样的批注传达的是，作为文章的第一个读者，我非常欣赏和敬佩作者在完成论文中付出的辛苦与努力，我希望尽我之力好好包装她，让文章想传递的思想更清晰地被看见。

三　传播好中国故事，传播好的中国故事

随着我国综合国力的不断提升，中国的经济增长与经济政策受到国际社会前所未有的关注，已成为影响世界经济的重要变量。但是，在国际学界，学科、学术和话语体系建设速度落后于我国的经济实力的增长速度。换句话说，中国在世界经济贸易中的角色、在全球治理中的作用往往是基于他人的理解和描绘。"他塑"的中国故事中不可避免地存在对于事实了解不清的误解，抑或是基于意识形态偏见的扭曲。在期刊工作越久，越理解"传播中国声音、讲好中国故事"不是一句空话，越是在复杂的国际经济政治形势下，我国的英文期刊越应该打造一个中国与世界交流对话的窗口。应依托高质量论文，向全球学界、政界、媒体和社会公众提供准确、细致、多维度的关于中国问题的见解和洞察。同时，应搭建平台，促进国际学界对相关话题的广泛讨论和互动。在严谨、科学和系统的学术讨论中塑造有关中国问题的学术和公共话语体系。让有数据支撑、有经验论证的中国故事有发声的公共平台，并通过我们的努力让这些故事和声音被看到、被听见，争取更多的认同与理解。

CWE在努力打造把中国故事"讲出来"的学术平台。作为一名新手编辑，一方面我确实在日常的工作中见证了CWE编辑部一直在探索国际读者乐于接受、易于接受的传播方式，消除国际社会对中国的误解。另一方面，我们的选题涵盖了诸多国际社会关注的热点议题。例如，以"人民币国际化"和"一带一路"为主题的文章，深入探讨了中国经济与世界经济之间的互动与相互影响。同时，"减贫""环境挑战"和"人口老龄化"等问题不仅是中

国面临的挑战，也是全球经济发展中的共同关注点。在这些话题上，中国的模式和经验为其他国家提供了珍贵的借鉴和参考。通过这样的选题，我们不仅展现了中国在全球经济发展中的角色和贡献，也促进了国际社会对这些重要议题的理解和讨论。

CWE 正走在让世界听到中国故事的路上。我们在探索期刊文章在多平台的传播方式，通过微信、网站等媒介向国内读者推介我们的稿件；也借助 Wiley 的出版商力量，对外多平台、多渠道推送我们的文章。在新媒体时代，我们也在思考如何通过建立社群或者视频传播的模式去讲中国故事，并把中国故事讲好。

文章写到这里该收尾了，但我深知以上的感悟、思考和观点尚未成熟，深度也有待提升。成为一名优秀的编辑是一条长远且充满挑战的道路。幸运的是，我在 CWE 编辑部这个包容、友好且相互支持的团队中。在这里，我的同事们在带领我、陪伴我共同面对挑战，携手并进。这样的团队环境为我提供了持续成长和进步的肥沃土壤，使我能够在这条道路上稳步前行，不断学习和提升自己。

办刊的困惑与选择：知明则行无过

李中海，研究员，博士，毕业于中国社会科学院研究生院。2001年进入中国社会科学院俄罗斯东欧中亚研究所工作，现为《俄罗斯东欧中亚研究》执行主编、编辑部主任。

李中海
《俄罗斯东欧中亚研究》编辑部

八年前，研究所安排我到编辑部工作，担任《俄罗斯东欧中亚研究》执行主编，从此，自己的读书治学生涯又增加了一项新内容——办刊。《俄罗斯东欧中亚研究》创刊于1981年，是一份在俄罗斯东欧中亚学界具有较高声望的优秀学术期刊。初期我对如何办好这份期刊并没有明确的想法和打算，只是怀着试试看的想法接手了新的工作。"事非经过不知难"，走上办刊之路才深刻认识到办好一份学术期刊之难。一个区域国别类的国际政治期刊，只有地域和国别的边界，没有学科边界，如何既整体把握整个研究领域的新变化、新发展和新特点，又突出学术性和专业性，如何既关照研究领域内大大小小的国家，又兼顾期刊评价的要求，是一个充满困惑的工作。

随着工作的深入，我对办好学术期刊的思路开始日渐清晰，越来越深刻地认识到，办好一份学术期刊，就是要守正创新。习近平总书记给《文史哲》编辑部全体编辑人员的回信为我们办好期刊指明了方向，"高品质的学术期刊就是要坚守初心、引领创新，展示高水平研究成果，支持优秀学术人才成长，促进中外学术交流。"[①] 荀子说，"知明而行无过"，其意虽然是指辨明了方向和道路就不会犯错，这是一种人生态度，但是，"知明"也是我们做好各种工作的重要保证，只有方向清晰，方法得当，包括办刊在内的各项工作才能取得应有成效。

何以守正：对学术期刊使命的认识

一本优秀的学术期刊究竟担负着哪些使命和职责？如何才能做到"守正"？这是期刊人始终面对的问题。一般来说，学术期刊的职能有三：一是展示科研成果，二是促进学术交流，三是搭建起学术批评的平台。在新形势下，学术期刊还承担着"三大体系"建设的重任，这就要求期刊对自身提出更高的要求，为本领域的学科发展做出更大贡献。2016年，在《俄罗斯东欧中亚研究》创刊35周年之际，我们推出了"俄罗斯东欧中亚研究要向精深发展"的卷首语，明确提出要加强"三个意识"、发挥好刊物的"三个职能"，同时呼吁作者尤其是中青年作者要发扬"坐冷板凳"的精神，提高论文的学术质量。

所谓"三个意识"，是指科学意识、问题意识和质量意识，强调要以科学严谨的治学态度，提出并牢牢抓住亟待研究和解决的关键问题，通过深入的

---

① 《习近平给〈文史哲〉编辑部全体编辑人员回信》，《人民日报》2021年5月11日，第1版。

研究和深刻的理性思辨，推出经得起时间检验的高质量科研成果。我们提出，科学意识是科研工作的基础，学术文章要用科学的方法分析和研究问题，地区和国别研究更要深入了解研究对象的历史特性、民族特性和国家特性，避免陷入理论和现有结论的教条中，要科学地、动态地、辩证地理解和解释所研究的问题。同时强调，问题意识是科研工作的原动力。在学术研究和智库建设并举的新形势下，基础研究和应用研究更应该顺应时代要求，坚持问题导向，以科学的态度持之以恒地钻研下去，取得科研工作的新成就。明确提出，质量意识是科研工作的生命线。在区域国别研究面临继往开来、创新发展的今天，更要鲜明地提出"质量科研"的口号。"质量科研"要以科学意识和问题意识为导向，面向国家和社会需求，避免选择那些大而不当、空洞无物的选题。学术乃天下公器，科研成果一经面世，就会成为社会的公共产品，只有那些高质量的科研成果才能经得起时间的检验。为促进俄罗斯东欧中亚研究向精深发展，一方面，我们提出年轻一代科研人员要克服浮躁情绪和急于事功心态，学习老一辈学问家甘于"坐冷板凳"的精神。另一方面，我们也要求自己承担起期刊的学术责任，即学术交流的责任、学术批评的责任、学术引导的责任。我们将搭建好具有公信力的学术成果展示平台，倡导健康的学术争鸣，成为编者、作者和读者之间顺畅交流的桥梁，把握学术前沿问题，对文章质量提出更高的标准。

为承担起学术期刊的职责使命，我们在办刊实践中一直注意做好以下工作。一是开门办刊。加强编辑部与作者和读者之间的交流，对期刊选题、文章写作及投稿等具体问题进行讨论，广泛吸纳不同意见，本着"闻过则喜"的态度认真听取批评的声音。二是兼容并包。根据期刊作者身份和职业的多样化特点，既关注理论性较强的学术文章，也注意采用针对现实问题的分析文章；既重视向高影响力作者约稿，也重视青年学者的来稿。三是注意处理好学术引领与顺应的关系。

学术期刊是否具有学术引领的职能，是一个有争议的问题。我认为，学术引领是学术期刊的职能使命之一，但同时也要认识到，学术期刊只是学术共同体的一部分，期刊质量的优劣在很大程度上取决于论文水平的高低，学术期刊要在学术引领和顺应之间寻求平衡。所谓学术引领，应该体现在以下方面：首先是引领学术界选择前沿课题，做到文章具有学术价值、社会价值或咨政价值；其次是研究深度的引领，引领学术界将研究向精深发展，减少低水平重复，做到"言人所未言"；最后是学风文风的引领，倡导健康的学风和文风，提出"好文章是研究出来的"，年轻学者不要做"攒文章的匠人"。同时，学术期刊要顺应形势的变化及作者群的选题和写作特点，一是顺应研究对象地区和对象国内外进程的变化，确定研究重点；二是顺应学术界研究兴趣，相信学有专长的作者具备专业选题能力；三是顺应智库建设和咨政建言的需要。简而言之，只有将学术引领和顺应结合起来，学术期刊才能担负起其应有的职能。

何以创新：增强区域国别研究的学术性

谈到创新，不能不说，学术创新和期刊创新是两个相辅相成的问题，学术创新是期刊发展的源泉，没有学术的精深发展，期刊就成了无源之水、无本之木。在改革开放40周年之际，我们曾组织一批中青年作者对改革开放以来俄罗斯东欧中亚研究领域"三大体系"建设情况进行了全面系统的梳理研究，并发表了系列专题文章。研究显示，俄罗斯东欧中亚研究领域新的问题领域、理论视域以及研究方法不断涌现，推动了学科建设和"智识革新"，该领域的研究以十年作为大跨度的阶段，从起步、深化再到提升和国际化，无不凝结着几代学人的心血。但同时也应该看到，这一领域的研究存在着理论性、问题性、原创性和科学性仍相对欠缺等突出问题。学术期刊有义务引领学术潮流的创新。当前最重要的是要增强研究的学术性，为此我们做了以下工作。

首先是狠抓选题。无论期刊评价体系如何变化，对学术期刊来说，永远是"内容为王"，选题是学术期刊生命力的基础。近年来，我们在期刊选题上进行了很多有益的尝试。一是在每年底或来年初召开选题会，邀请国内相关领域专家学者对期刊选题进行研讨，根据专家提出的选题建议，在期刊微信公众号公开发布新年度选题指南，为学界同人进行研究、写作或投稿提供参考。二是不定期就本领域重大事态或学术前沿问题召开小型选题会，有针对性地邀请熟悉本领域的专家提出选题重点和研究方向，或在会上直接向专家约稿。三是组织专门人员翻译相关领域国际顶尖期刊所发文章的目录和内容摘要，为本刊选题提供参考，同时在公众号上发布相关内容，引导本领域作者关注相关重大问题。四是建立编辑部每周例会制度，固定时间，重点讨论选题、策划组稿以及相关问题。

其次是狠抓学术规范。有专家指出，近年来，我们的学术论文正呈现大跨越、大发展的景象，但文章的整体质量并没有与数量同步提升。我国的俄罗斯东欧中亚研究领域学术队伍构成复杂，学术训练标准不一，作者的学术水平和写作能力参差不齐，学术期刊对此无能为力。为使文章更加符合学术规范，我们只能从身边做起。近年来，我们针对所内科研人员的投稿陆续组织了多次内部开放式审稿，邀请作者和全所科研人员参加会议，请作者介绍选题缘起、写作思路和主要观点，请所内其他学者参与讨论，同时结合匿名审稿专家提出的意见，一并提出修改意见。开放式审稿使所内科研人员的投稿在选题、立意、结构、文字等方面有了相应改进。针对所外科研人员的投稿，我们对符合发表要求但存在瑕疵的文章，及时与作者联系，沟通修改思路，文章质量有了一定程度的提高。

行文至此，意犹未尽。人们经常将期刊编辑的工作比喻为"为他人作嫁衣裳"，回想自己在期刊编辑部八年的工作，可能其中的甘苦与冷暖不止于此，困惑犹存，好在方向已经明确。如果说读书、写作是一个学者一辈子的功课，那么策划组稿、审稿编校则是期刊编辑不能舍弃的职业坚守。一位学者说过，做研究的人，一定要明白一件事情：无用功是必要的付出，做研究一定会有徒劳无功的时候，我们有相当一部分精力和时间是用来"浪费"的。可是无用功并不是真正的"无用"功，办刊同样如此。这可能就是所谓的功不唐捐吧。

因为热爱，所以坚持

李丹琳，编审，毕业于中国社会科学院研究生院。1989年进入中国社会科学院俄罗斯东欧中亚研究所，现为《欧亚经济》副主编。

李丹琳
《欧亚经济》编辑部

　　我与编辑的第一次接触是我向当时名为《苏联东欧问题译丛》的刊物投稿。1992年该刊更名为《东欧中亚问题译丛》；因译文的版权问题，1995年更名为《东欧中亚市场研究》，由双月刊改为月刊；2003年更名为《俄罗斯中亚东欧市场》并改回双月刊；2013年更名为《欧亚经济》。我亲历了该刊从译丛到应用性期刊再到学术性期刊的转变过程，体验到了编辑们为了这个刊物所做的奉献、流下的汗水。

我刚到《欧亚经济》编辑部就被安排和高晓慧老师在一个办公室，从此，从文字到规范，在她的帮助和指导下，我由一个编辑"小白"逐渐成为一名"老"编辑，对编辑工作的理解也逐渐立体化。我曾经认为编辑就是看看稿子，改改稿子，简单、轻松，这是我愿意做的事情，这就是我对这个工作热爱的开始。而坚持到现在，则不仅仅是因为热爱，更多的是责任，责任体现在编辑工作的全过程。也正是因为这份责任促使我不断学习，也明白了编辑工作不是单线性的，而是立体的、多维的。我从作者到编者，感悟颇多。

责任感是编辑的基本素质，而其中最重要的是政治意识，这是社科期刊编辑必须牢固树立的重要方面。社科期刊编辑要树立正确的导向意识，坚持正确的思想导向、价值导向、舆论导向和学术导向。《欧亚经济》刊登有关俄罗斯、东欧、中亚等转型国家经济理论与实践的前沿问题、热点和难点问题的文章，一个突发的国际事件、一次重要活动和会议、一件有意义的历史事件等都可以成为好的选题，但在审稿过程中，特别要注意热点问题的导向。严把审查关不是随口一说、一带而过，而是要印在脑海里。我也是在不断审稿和改稿的过程中，在每年的编辑培训过程中和每次的编后会总结中，明白提高政治敏锐性是期刊编辑工作的重中之重。在编审稿件过程中严格把关，及时发现稿件中是否存在各种政治问题，从行文到注释确保不出现导向类差错、文献类差错、表述类差错、知识类差错及常规编校差错。

责任感的第二个体现是质量意识。编辑素养决定学术期刊高度，因此，做学者型编辑是学术期刊编辑努力的方向。编辑承担着选题策划和文稿审读的工作，只有掌握扎实的专业知识，了解本专业的历史发展脉络及其走向，形成自己独到的学术思想，才能具备学术洞察力、分析评价能力，以更好鉴别论文的学术价值。而我倾向于认为，学术期刊编辑更要有出色的编辑能力，应该成为编辑能手。质量责任意识体现在编辑工作的全过程，对于编辑而言，既要追求期刊的内容，还要关注细节质量，又要把握期刊的整体效果。

树立质量责任意识，就需要严肃认真的工作态度和爱岗敬业的思想境界，我想所谓的工匠精神说的就是这个吧。我曾经以为只要具有一定的语文修养和文字功底就足以应付每篇文章，然而"编辑之为学，并非一般基础课学得好即能胜任"。我认为已经修改得很通顺的文章经老编辑互校之后，满篇的红字让我开始质疑自己，不知道自己适不适合做编辑，甚至一度想放弃。经过与前辈的深谈，懂得了编辑工作不只要有热情，更需要扎实的专业知识，也需要足够的时间沉淀。工匠精神注重的是细节，"改章难于造篇，易字艰于代句"。编辑加工是对作者文稿进行精雕细刻的过程，要耐心、严谨、一丝不苟、用心打磨。从编辑加工到校对、出刊，每一个环节都要精工细作。此外，质疑精神也是必不可少的。我印象最深的就是表格。我曾经对作者制作的表格内容深信不疑，结果高晓慧主编在通校中发现了计算错误，此后我再也不敢懈怠，对重要名词、重要人物、注释等都不放过。我曾对一篇文章正文审读修改完成，却对几个注释"耿耿于怀"，经与主编进行商议，与作者多次沟通和解释，终于达到理想的效果。我在通校过程中发现，注释经常是作者容易忽视的部分，出处不完整的情况时有发生，这是考验编辑的时刻，为了查找一个出处要利用各种手段，除通过核实原书外，还要去图书馆、通过知网甚至购书网站查找出版信息。

但也必须清楚一点，编辑处理稿件也应遵循"三项原则"，即不该改的不改；可改可不改的，坚决不改；有问题、有毛病的，坚决改好。编辑既要负责修改作者的稿件，又要尊重作者的写作风格。风格是每一篇文章所表现出来的特色，不同的作者有自己不同的个性，这是文章相当宝贵的东西。任意改动文章的风格，不仅是对作者的不尊重，而且会造成文章格式单一、语言贫乏、不出彩。"有所改有所不改"是对编辑修改稿件的要求，也能体现编辑的改稿艺术。在改稿时恪守作者满意原则，设身处地为作者着想。

期刊编辑工作环环相扣，疏忽任何一个环节都可能影响期刊的质量。每位期刊编辑都有自己的知识局限性，重复面对稿件也会产生视觉疲劳、思想松懈，因此，在编辑出版过程中必须严格执行"三审三校"制度。我刚到编辑部时，主任就给了我一本《编辑技术规格》小册子，之后我也参与编写和增补，编辑部的规章制度和出版流程与时俱进，日臻完善。《欧亚经济》编辑部始终严格落实"三审三校"制度。初审在审读全部稿件的基础上，严格把好导向关、知识关、文字关，并写出初审报告，对稿件提出取舍意见和修改建议。初审认为可以采用之后，由专人对该稿件进行学术不端检测。为了确保刊物的学术质量，编辑部采用双轨审稿制度，即编辑部审稿制度和专家匿名评审制度相结合。复审由副主编担任，审读全部稿件，并对稿件质量及初审报告提出复审意见，做出总体评价，并解决初审提出的问题。终审由主编审核，根据初审、复审意见，主要负责对稿件的内容，包括政治导向、学术质量、社会效果、是否符合党和国家的政策法规以及重大选题备案制度等方面进行深度检查。校对工作与编辑工作同时进行。在三次校对的基础上，互换稿件，对于责任编辑的稿件查漏补缺，最后进行通校，层层筛查。

最后，编辑的责任感还体现在服务意识，即为作者和读者服务的意识。作者是稿件的源头，读者是市场，离开了两者，期刊就失去了存在的价值和生命力。文章的风格由作者赋予，而文章的严谨性则由编辑负责。读者是编辑最终服务对象，从传播的角度看，编辑是中介，是读者和作者之间的桥梁和纽带。在办刊过程中编辑要不断培养稳定的作者群。在选题策划阶段不能"等米下锅"，应经常联系老作者，也要随时结交新作者。因此，我们每年都走出去，到从事欧亚研究历史悠久的高校和科研机构与研究人员和学生座谈，探讨新选题；也去那些新设立欧亚研究学科的机构调研，发现潜在作者；了解专家、学者的科研计划，挖掘新稿源。我在编辑过程中亲身感受到了年轻作者的成长，从他们第一篇稿件的青涩和不成熟到如今的熟练和自如，这些作者也逐渐成为本研究领域的中坚力量，从中我们也备感欣慰，深感"为他人作嫁衣裳"是值得的。一些年轻作者博览群书、思维敏捷、善于思考、研究视角独特，学术成果虽显稚嫩，但作为编辑要善于发现"闪光点"，帮助其成长。对青年作者的不成熟来稿，只要其稿件在选题、研究视角、理论和研究方法、政策建议上有新意，编辑部都会给其外审机会，如果外审通过，编辑部会把初审编辑、匿名评审专家和主编的意见综合汇总发给作者，青年学者据此修改并对修改情况做出说明。有的作者的文章一直不错，但偶尔会有构思和结构不妥的地方，在请不同匿名评审专家分别审读并一致认为不能采用时，编辑在写退稿信时注意措辞的表达，诚恳坦率地说明退稿理由，得到作者的理解和认可。

读者和作者是可以相互转化的，很多人既是作者又是读者。为读者服务是期刊办刊的基本宗旨之一，是每一个编辑应自觉树立的最基本的思想意识，是做好编辑工作应持有的最基本的态度。作为区域国别期刊，我们的读者群体相对固定，绝大部分作者即为读者，因此，我们刊物的读者定位明确，选题也具有针对性，注重学术性，兼顾应用性，服务欧亚经济研究工作和区域经贸发展。期刊栏目相对固定，如从创刊之日起就设有"要文特约""俄罗斯""中亚五国""中东欧""东北亚""经济合作""欧亚博览"等栏目。"要文特约"是《欧亚经济》的品牌栏目，在此栏目下我们定期就俄罗斯、东欧、中亚国家经济发展中的热点问题组织专题。从2016年开始，在"要文特约"下设立了"要文特约·习近平治国理政专栏"，主要宣传"一带一路"构想的背景、潜在挑战和发展前景、中国与"一带一路"沿线国家的产能合作、中欧班列运行、欧亚国家对"一带一路"构想的认知和反应等。"俄罗斯""中亚五国""中东欧""东北亚"属于国别区域栏目，主要报道对象国和区域在经济转型过程中出现的重大理论和实践问题。"经济合作"和"欧亚博览"属于综合栏目，把一些不能清晰归为某一国别区域栏目的对象国间的经济合作和其他领域合作，如教育、文化、卫生等，分别安排在"经济合作"和"欧亚博览"栏目。期刊与时俱进，围绕俄罗斯、东欧、中亚国家经济理论与实践中的前沿问题、热点和难点问题进行探讨。例如，2019年配合《中国的北极政策》白皮书，策划了"'冰上丝绸之路'与中俄在北极的合作"专题；2020年策划了"数字经济"专题和"绿色经济"专题；2022年第4期开始陆续刊登欧亚地缘政治变局对俄罗斯经济、中亚国家经济、欧洲能源格局和世界经济及粮食安全的影响等。

编辑要有忠诚自己事业的勤勉努力的精神，专心致志做好编辑工作。我很幸运我所在的是一个团结的编辑集体。编辑工作往往不是一个人所能完成的，各个环节分工明确，需要各自分工、默契配合，才不会在某个环节停顿，这也是工匠精神的要义。期刊编辑工作高效而紧凑，疏忽任何一个环节都可能影响期刊的质量。在高晓慧主编的带动下，我们编辑部责任明确，分工合理，每个人都不会因为编辑稿件的多寡而心生嫌隙；编辑部分配稿件、进行学术不端检测、维护网站、期刊年度核验填报、稿费发放等工作都各有分工。期刊编辑不是一个人独立劳动的成果，而是期刊编辑部全体工作人员共同协作的成果和结晶。

"为他人作嫁衣裳"应该是编辑的职业素养，在这个过程中，学习贯穿于整个编辑职业生涯。所谓编辑"六艺"——选题、组稿、审稿、加工、发排、校对，做到"看准、选宽、发慎、改细、退严"是对编辑的职业要求。讨论选题、组稿、审稿、改稿、校对、发排、编后反馈，这些程序环环相扣，循环往复。编辑工作是枯燥、乏味的，对人的脑力、喜好的消耗甚至视力的损耗都是显而易见的，日复一日、月复一月的常规操作带来的经常是疲惫、倦怠、焦躁，而最终的耐心和坚持则需要编辑对工作的热情和逐渐养成的良好职业习惯来支撑。做编辑源于热爱，一点点努力靠近，最后忠于自己的坚持。

不断寻找"好编辑"的新定位

——《欧洲研究》编辑工作杂感

张海洋，副编审，博士，毕业于南京大学。2002年进入中国社会科学院欧洲研究所工作，现为《欧洲研究》编辑部主任。

张海洋
《欧洲研究》编辑部

2002年入职《欧洲研究》编辑部至今，已有21年的历程，一路走来，体会颇深。

编辑工作是忙碌的。它永不停歇，围绕着出版周期，从选题策划、约谈作者，到编辑加工，再到最后的文字校对。个人的时间表，变成无数个出版周期的无限循环，周而复始。

编辑工作是琐碎的。它头绪繁多，涉及学术生产流程的方方面面。从学科方向的把握、意识形态的把关，到前沿学术问题的挖掘、论文架构的组织，再到大量的文字校对、出版工作的协调，作为一个职业编辑，可以说每天都在处理各种问题中度过。

编辑工作是充实的。欧洲研究是一个学术宝库，作为编辑，每天都要面对大量的作者投稿和选题资讯，涉及的研究方向几乎涵盖了社会科学的所有领域，每天都能接触新观点、新思想和新知识，对于任何有学术好奇心的人来说，这都是难得的财富。

编辑工作是充满挑战性的。国际问题研究在国内的学术界是一个典型的"红海市场"。学术期刊众多，新刊物不断涌现，各个兄弟期刊都在挖空心思、推陈出新，努力拓展自己的学术阵地，针对好题目、好作者的"博弈"是期刊工作的常态。

编辑工作是快乐的。长期浸淫于学术前沿领域，总有机会结识领域内最聪明、最深刻、最有创新精神的优秀作者。在和他们的思想碰撞中，生活永远不会乏味，这也让我更加热爱我的工作。

到今天为止，我已经从新兵变成老兵，在编辑战线上走过了职业生涯的一半路程。我觉得自己是幸运的。一方面，我所在的编辑部，同事们都充满学术热情、责任心和包容心，工作氛围非常愉快。另一方面，在不断思考、不断探索"如何才能做一个好编辑"的过程中，虽然不免各种酸甜苦辣，但我仍能在每时每刻都感受到自己的成长。

刚开启编辑生涯之时，我对编辑工作的理解还比较肤浅，以为编辑的本质只是一个匠人，只要文字功夫过硬，责任心强，就能很好地完成本职工作。然而，随着工作的不断深入，我意识到我还是大大低估了编辑的角色。无论是《欧洲研究》编辑部，还是其他兄弟期刊，随便请出一位资深编辑，都是文字编辑中的"火眼金睛"，且对文章谋篇布局的各种方法烂熟于胸。前辈们一直和我说，匠人只是编辑的最低要求，好编辑远不能止步于此。

此后，我又把思路转换成向学者型编辑努力，我的一个"如意算盘"是，只要在《欧洲研究》的重点研究领域深耕学术，成为相关领域的专家，工作起来自然游刃有余。然而，虽然学术上的努力给我带来了不少收获，也确实促进了编辑工作，但我还是低估了成为学者型编辑的难度。学科的发展日新月异，新问题层出不穷，在有限的精力之下，任何人都不可能确保在每个领域都始终走在前沿。保持强大的好奇心，坚持在某个研究方向笔耕不辍，可以成为一个好学者，但长久偏重于某个特定领域，难免会带来视野窄化的问题，这对学术期刊编辑而言，恰恰是大忌。

随着中国社会科学院创新工程的开展，欧洲研究所的研究工作进入了新局面，在时任所领导周弘老师的组织下，同事们开始围绕一批重大的研究选题进行综合研究，除了编辑部的工作，我也加入到了欧洲所对欧战略综合研究平台，开始参与《欧洲简报》的编撰工作。期刊和简报的双重发稿需求，驱动着我开始拓宽学术视野，进一步寻找和革新自己的工作定位。在与所内同事和国内欧洲学界学者不断的交流和讨论中，我开始逐渐找到了路径，对于编辑角色的认识也清晰了起来。首先，做好编辑的第一要务，是在广泛的知识储备的基础上保持敏锐的学术洞察力。尤其是国际问题研究领域，一个出色的编辑需要时刻关注世界各地的国际问题动态，并迅速而精准地识别出各种纷繁芜杂现象背后真正的权力关系和底层逻辑，在此基础上提出具有真正研究价值的好问题。其次，好编辑一定是一个"组装大师"，能够在充分了解学界研究队伍、研究水平和当下研究议题的前提下，将学术探索的理论可行性、对策研究的现实需求和现有学术团队的能力可及性有机地组合起来。再次，好编辑必然是好的学术引导者，在对作者的学术品质有充分理解的情况下，不是通过命题作文，而是通过激发学术好奇心调动作者的研究热情，主动去寻找有价值的新问题。最后，好编辑一定是好的研究保障者。无论是选题方向的把握，还是谋篇布局的思考，乃至文字细节和出版周期的规划，都要想到作者之前。以真诚的付出来博取作者的真正认可，虽然辛苦，却是健康"编作"关系的根本所在。

近年来，我国的国际问题研究进入了新时代。现实层面的研究需求不断增加，研究队伍不断扩大，评价体系"指挥棒"下期刊的竞争也愈演愈烈，各个期刊都感受到了压力。这也对"好编辑"的职业定位提出了更高的要求，一窝蜂地追逐学术热点，难免陷入低水平重复的怪圈；但过于追求专业化和精细化，又有可能曲高和寡、不接地气。我时而面临在诸多热点面前眼花缭乱、疲惫不堪的窘境，时而又苦恼于某一篇精心策划的文章发表后却在学界毫无反响。经过长时间的摸爬滚打，虽然仍有不少困惑，但总算也积累了一点心得。在评价体系指标化和期刊竞争激烈化的双重压力下，一个好编辑，除了需要具有传统编辑所应有的优秀品质，可能还需要具有一点风险投资人式的判断力。虽然学术研究的本质仍然是"酒香不怕巷子深"，编辑却需要在学术质量、学术传播规律、学术评价规律和学术生产规律之间寻求期刊发展的最优解。在时代精神的指引下，充分考虑读者的真实需要，准确地预判出下一个学术探索的"风口"，通过策划高质量的文章，激发更大范围的跨学科讨论，不但有利于促进学科建设的进一步繁荣，也是新时代一个"好编辑"值得努力的方向。

时至今日，我仍然在努力中。感恩过去的职业生涯给我带来的快乐，感恩领导和同事的鼓励、包容和支持！在未来的职业生涯中，我仍将在成为"好编辑"的道路上不断探索下去。

激情·共情·自省

——编辑工作感怀

安春英，编审，毕业于中央民族大学。1995年进入中国社会科学院西亚非洲研究所工作，现为《西亚非洲》常务副主编。

安春英
《西亚非洲》编辑部

  岁月不居，时节如流。不知不觉，我已然在《西亚非洲》编辑部工作了18年。感谢中国社会科学院科研局编写本书，让我有机会细细地品味此去经年。还记得，那年那月，当我从一名聚焦非洲经济的研究人员转向未知的编辑工作时，没有惊喜，没有失落，手持一张远航的通行证，坦然接受命运的安排，打点行装，扬帆远航。我既然选择了新航程，就潇洒地将命运交给风吧，在风雨中激荡前行。没有驿站，没有终点，只是不停地前行。不是找寻梦想，只为品尝多味的人生。

我对编辑工作从一无所知到逐渐融入角色，饱含激情可谓愉悦度过日复一日编辑工作的关键。"干一行，爱一行；爱一行，钻一行；精益求精，尽职尽责"是一种职业精神，编辑工作概莫能外。这是因为，日日、月月、年年的编辑工作具有一定的同质性，审稿、编稿、校稿……似乎在同一轨道反复循环，易产生"熟悉的地方没有景色"的审美疲劳之感。但倘若换一种心境，把自己的情感与兴趣融入其中，恐怕会时时涌起乐在其中的情愫。在编辑工作中，这种"情"和"趣"可以直接转化为我们对破解某一难题始终如一、坚持不懈的探索精神，可以促进产生克服一切困难、不达目的誓不罢休的巨大动力，也可以调动心理活动的积极性，活跃思维和情绪状态，在烦琐的工作中获得美好的感受。曾记得，当我们遇到稿件中文字表述不当时，反复琢磨，甚至日思夜想，一觉醒来，想到一个更合适的词就兴奋异常；曾记得，当我们每每能约到心仪的作者为期刊写一篇稿件时，心里常会荡漾着一种获得感；曾记得，当我们每每看到逐字逐句编辑的稿件在《中国人民大学复印报刊资料》《中国社会科学文摘》《新华文摘》被转载时，内心都会升腾起难以压抑的喜悦之情，有时失控会把这个消息发到编辑部微信群里"嘚瑟"一下。虽然每两个月就有一本期刊付梓，但看到每一本新刊时，其中散发的墨香像"多巴胺"一样总是能让我们身心愉悦。发自内心对编辑工作的热爱总会让我们迸发激情，情为之所牵，不会因为日复一日的相似工作内容而倦怠"躺平"，保持对期刊工作的永不懈怠与痴迷之心。

激情能使编辑始终精神抖擞，但日子总会一段段过去，走过春天，走过四季，编辑工作恐怕还需要尽力与作者、读者形成情感中的同频共振。从编者、作者、读者三者关系来看，正是通过作者解题能力的不断提升、编者提出适当的修改意见、读者反馈的对论文的中肯评价，使得期刊持续呈现有思想穿透力、学术影响力的高质量论文，这是三者共同追求的目标，亦构成三者之间形成"共情"的思想基础。而从编者、作者、读者在知识产出过程中的角色看，作者是学术产品的生产者，编者是学术产品的传播者，读者是学术产品的消费者，编者的服务角色定位由此而生。良好的服务离不开编者发自内心的真情付出。心与心的距离，在于真诚，在于懂得，在于理解，编辑工作何尝不需要这种真性情的轻柔释放。编辑在一次次与作者对话中，或者是畅所欲言的通话，或者是微信留言的间接对话，或者是邮件的书面沟通，彼此理解对方对论文选题、写作、修改中"痛点""难点""焦虑点"所在，齐心协力探索"突破点"，共同成就一篇精品学术成果。真诚的情感交流，或许以文识人，编者与作者、读者会成为"熟悉的陌生人"、未曾见面的朋友。还记得，在《西亚非洲》还不是核心期刊时，我们忐忑地向一位资深中东研究专家约稿，得到慨然应允积极回应的惊喜；还记得，我们千方百计联系上一位国内移民问题研究专家，如约收到高质量专题论文时的感动；还记得，我们因为学界以色列研究专家为期刊进行专题组稿的倾心付出与贡献而铭恩于心；还记得，在期刊创刊40周年纪念文章中作者、读者对期刊发展的深情厚谊、殷殷希望。珍惜这份情缘，或许是做一个有温度的编者的力量源泉所在。

激情与理智同在，冷静但不冷淡。冷静之下，编辑需要常怀自省之心。编辑每天面对不同选题的稿件，囿于自身学术背景，把工作激情、共情转化为提供优质服务的执行力则需要具备学习研究能力、稿件解读能力、编辑加工能力、与作者对话能力等，成为"学者型编辑"实属不易。编辑在约稿、审稿、编稿过程中，不仅需要同作者对论文框架的合理性、表达的清晰性、行文的规范性等方面进行充分沟通，更需要实质参与议题的讨论，表达编辑对议题研究新国际背景、"破题"新内容、可能的观点创新等方面的理解与期待，共同塑造编辑与作者之间更具建设意义的张力性论文结构，提升编辑的创造性工作能力与服务水准。但也正因为如此，编辑更有动力在面对不熟悉的议题时，通过查阅专业书籍，汲取学科前沿知识，及时弥补自身知识"盲点"，把编辑每一篇稿件视作提升自身知识积累的机会。仍记得，我未识别出"Ibrahim"一词在阿拉伯人名和犹太人名中有不同翻译（易卜拉欣／亚伯拉罕）的尴尬；仍记得，我未能指出论文中将加纳酋长管理的传统土地（"凳子土地""兽皮土地"和"氏族家族土地"）的三种称呼误读为三种类型的窘迫⋯⋯不断弥补自身"短板"、练就一双"慧眼"、做出精准的学术判断，是编辑工作的不懈追求。

草坪绿了又黄，枯了又生，永不停息地周而复始。太阳看久了，就什么也看不见。于是，我记下过去编辑工作的丝丝缕缕。让流逝的时光所唤起的情感更深远、更丰满。记得大学时，我非常喜欢汪国真充满哲理的诗句，在此聊以自勉。

我不去想是否能够成功，既然选择了远方，便只顾风雨兼程。

⋯⋯

我不去想身后会不会袭来寒风冷雨，既然目标是地平线，留给世界的只能是背影。

我不去想未来是平坦还是泥泞，只要热爱生命，一切，都在意料之中。

办好《中国非洲学刊》，促进中非文明互鉴

——《中国非洲学刊》创刊过程

吴传华，博士，副研究员，毕业于中共中央党校。1999年进入中国社会科学院西亚非洲研究所工作，现为《中国非洲学刊》常务副主编、编辑部主任。

吴传华

《中国非洲学刊》编辑部

转眼间，《中国非洲学刊》创刊已经三年多了。三年多的时间不过弹指一挥间，但对于一份学术刊物来说，从获批创刊，到创刊号面世，再到正常出刊，就如同婴儿从呱呱坠地，到蹒跚学步，再到一步步茁壮成长，这既是一个充满艰辛和忧虑的过程，又是一个能够给人带来希望和收获的过程。

《中国非洲学刊》诞生于一个伟大而又充满变数的新时代。2018年9月3

日，习近平主席在中非合作论坛北京峰会开幕式上宣布，"中国决定设立中国非洲研究院，同非方深化文明互鉴"。① 2019 年 4 月 9 日，中国非洲研究院正式成立，习近平主席专门致信祝贺。他在贺信中提出："希望中国非洲研究院汇聚中非学术智库资源，增进中非人民相互了解和友谊，为中非和中非同其他各方的合作集思广益、建言献策，为促进中非关系发展、构建人类命运共同体贡献力量！"②

习近平主席贺信精神为中国非洲研究院的发展指明了方向，是中国非洲研究院的建院之本、强院之魂。为了全面贯彻落实习近平主席贺信精神，办好中国非洲研究院，创办《中国非洲学刊》的重要任务随即提上日程。在人选考虑上，所党委和所领导认为我还有一点办刊经验，于是把具体创办工作交给了我。

创办一份新刊，一切都要从零开始。首先是向国家新闻出版署申请刊号，这是最重要、关键、核心的一步。前期调研，多方学习，准备材料，递交材料，补交材料，严格审核……在经历了一系列准备工作和审核环节之后，在 2020 年 3 月 20 日这一天，终于收到了邮寄而来的《国家新闻出版署关于创办〈中国非洲学刊〉期刊的批复》，上面写道："经研究，同意创办《中国非洲学刊》期刊，国内统一连续出版物号为 CN10–1698/C。"当时正值新冠疫情形势非常严重的时期，这无疑是令人振奋的大好消息！而且这一天正好是春分时节，就是在这万物复苏的季节，在充满美好希望的春天里，《中国非洲学刊》诞生了！

接下来，向北京市新闻出版局申请《期刊出版许可证》，向 ISSN 中国国家中心申请国际标准连续出版号（ISSN 号），这些对我来说都是全新的工作，好在边学习边推进，进展还算顺利。《中国非洲学刊》的创刊工作是在中国社会科学院的全面领导下，在社会科学文献出版社的大力协助下，在西亚非洲研究所领导和同事们的共同努力下，在多方的宝贵支持下，才得以实现创办

① 习近平：《携手共命运　同心促发展——在二〇一八年中非合作论坛北京峰会开幕式上的主旨讲话》，《人民日报》2018 年 9 月 4 日，第 2 版。
② 《习近平向中国非洲研究院成立致贺信》，《人民日报》2019 年 4 月 10 日，第 1 版。

一份学术刊物的目标。在此过程中，尤其要感谢中国社会科学院科研局期刊处刘普处长的具体指导，以及社会科学文献出版社刘振华老师的全面协助，他们为《中国非洲学刊》的创刊做出了重要贡献。

2020 年 4 月 9 日，在中国非洲研究院成立一周年之际，《中国非洲学刊》创刊号发布会成功举行，时任中国社会科学院副院长、中国非洲研究院院长蔡昉，社会科学文献出版社社长谢寿光，中国非洲研究院常务副院长、《中国非洲学刊》主编李新烽，以及中非学界代表近百人，通过现场和视频方式参加和见证了《中国非洲学刊》创刊号发布会。

《中国非洲学刊》以习近平新时代中国特色社会主义思想为根本遵循，秉持学术性、思想性、创新性和开放性的原则，主要刊发国内外专家学者关于非洲研究和中非关系研究的高水平学术成果。本着上述精神和原则，《中国非洲学刊》创刊号在首页刊登了习近平主席致中国非洲研究院成立贺信全文。设立了"中国非洲研究院成立专题"，刊登了《中共中央政治局委员、中央外事工作委员会办公室主任杨洁篪在中国非洲研究院成立大会上的致辞》《中国社会科学院院长谢伏瞻主持成立大会》等文，以及莫桑比克前总统希萨诺、非盟委员会人力资源与科技委员安扬、塞内加尔地方高级行政委员会副主席萨瓦内、时任中国社会科学院副院长高翔在成立大会上的致辞。设立了"学习贯彻习近平主席致中国非洲研究院成立贺信精神专题"，邀请时任中国社会科学院副院长蔡昉撰文，刊登了国内非洲学界知名专家学者及青年学者的学习文章。学术专栏文章汇聚中非学术智库资源，力求精品力作，刊登了世界银行前首席经济学家、北京大学新结构经济学研究院院长林毅夫教授与其同事王燕教授合作的《新结构经济学下的国际援助与合作简评——以非洲发展为主要视角》一文，非洲知名学者、喀麦隆雅温得第二大学哲学教授恩科罗·福埃的《"一带一路"倡议与非洲一体化》一文，以及中国国际扶贫中心专家童朗的《中国减贫的历史性成就与中非减贫交流合作》一文。学术评论方面，刊登了国内非洲学界知名学者张宏明研究员和李安山教授的呕心力作，从不同的角度、以不同的风格对新中国 70 年来的非洲研究进行了回顾和述评，并对未来中国非洲研究提出了预期和展望。

《中国非洲学刊》一经创刊，即引起中非学术界广泛关注。我们不仅刊发中国学者的文章，也刊发国外学者尤其是非洲学者的文章，以此推动中非学术交流，构建中非学术话语权，打破西方在非洲研究领域的垄断或者霸权地位。非洲国家驻华大使也给予《中国非洲学刊》高度评价，埃塞俄比亚驻华大使、塞内加尔驻华大使等受邀为刊物撰文，坦桑尼亚驻华大使、津巴布韦驻华大使等欣然为刊物题字签名。《中国非洲学刊》在国内学界的影响力也在逐步提升，被中国知网全文收录，成为《中国人文社会科学期刊 AMI 综合评价报告》新刊入库期刊。

诚然，新刊的创办是成功的一步，其长远发展必然面临各种困难和挑战。一是稿源问题。对于一份刊物来说，稿源就是生命线。但由于《中国非洲学刊》是新办刊物，还不是核心期刊，学者投稿的积极性不高，约稿的成功率也不高，如何扩大稿源、保证按时按期出刊是一大考验。二是如何适应现行期刊评价体系的问题。期刊评价体系虽然饱受诟病，但它毕竟是评价一份刊物的重要依据和标准。对于一份新办的国别区域研究类学术刊物，如何适应现行期刊评价体系、尽快成为核心期刊，并且为学科发展做出积极贡献，这又是一大门槛。三是期刊特色问题。也就是说，到底要办成什么样的刊物，到底要刊发什么样的文章，到底要体现什么样的自身特色。这对于一份新刊来说，还需要不断在实践中探索，不断明确方向和目标，不断完善和提升，办成一份有自身鲜明特色和受学界好评的刊物。其他方面，比如编辑部内部管理、人才培养、刊物市场推广、影响力提升等，都是新刊发展面临的挑战，是新刊成长过程中的"烦恼"，需要去克服，去解决，方能健康快速成长。

对于个人而言，我和编辑部同事也与《中国非洲学刊》一起成长。依然清楚地记得疫情期间乘坐地铁去国家新闻出版署的情形，更清楚地记得在拿到国家新闻出版署批复函时的那份喜悦之情，但是接下来的办刊之路注定是充满艰辛和挑战的，因为通往成功的道路从来不是平坦的。作为刊物负责人，约不到稿件会忧虑，约到稿件了但是质量不行也会忧虑；不能及时出刊会忧虑，出刊了但是担心有差错也会忧虑；看到已刊发的论文在知网上的下载量和引用率不高会忧虑，想到要尽快进入期刊评价体系核心期刊名录还面临很多挑战更会忧虑。正如《中国非洲学刊》发刊词写道："当今时代是一个充满希望的时代……也是一个令人忧虑的时代。"创办一份新刊也是如此，既充满希望，也时常心怀忧虑。

此外，我本人作为研究人员，从研究岗到编辑岗，本想力争做到科研与出刊两不误，但理想与现实之间还是有很大差距。人的时间和精力毕竟是有限的，在一方面付出多了，在另一方面必然无暇顾及，而且如果处理不好，很有可能导致什么都干不好，这也是我面临的一大严峻挑战。按照目前的职称评审体系，要评研究员系列，编辑工作做得再多、出刊再多也是没有用的，还是得以学术专著、论文等标准来衡量，可是又哪有那么多的时间和精力来出专著、写论文呢？即使愿意参加编辑职称系列评审，可是作为新刊，也暂时还不具备一些硬性条件，比如被《新华文摘》《中国社会科学文摘》等权威文摘转载。总之是，左也不行，右也不行。圈内同行有一句话，"如果还没有评上研究员，千万不要干编辑部工作，即使要干也得等到评上研究员之后再去。"想来这是很多同人的亲身经历和肺腑之言吧。针对这种情况，如果说中国社会科学院能够出台一些相应政策，对因工作需要从研究岗转到编辑岗上的科研人员，在评职称时充分考虑其在编辑岗上所作的贡献，并相应适当放宽一下其参评研究员系列的标准，这样也许会鼓励更多的研究人员愿意转到编辑岗工作，并且也符合院里一直强调的编研一体精神。当然，这只是个人看法和美好期待。

作为一份新刊，《中国非洲学刊》的未来"道阻且长"，但终归是"行则将至"。在新的历史起点上，《中国非洲学刊》将立足中国和非洲，放眼世界，紧扣时代脉搏，把握学术前沿，牢记初心，砥砺前行，努力打造成为高水平的学术刊物。《中国非洲学刊》终归是属于学术界的，为了学术界，由学术界来评判。为此，我们诚挚感谢国内及非洲学术界的宝贵支持，由衷期盼国内外专家学者赐稿！

"路漫漫其修远兮，吾将上下而求索。"

精诚合作，以团队力量保证期刊编校质量

黄念，助理研究员，博士，毕业于中国社会科学院研究生院。2007年进入中国社会科学院拉丁美洲研究所工作，现为《拉丁美洲研究》编辑。

黄 念
《拉丁美洲研究》编辑部

每一期高质量学术期刊的生产，从刊物定位、选题策划、约稿、审稿、组稿、编校加工到出版面世，凝聚了作者队伍、编辑团队无数的心血和汗水。其中，编校质量是保证学术期刊质量的重要环节。我作为一名在《拉丁美洲研究》编辑部工作多年的普通编辑，分享一下《拉丁美洲研究》编辑部团队如何精诚合作、通过团队力量来保证期刊编校质量的经验。

一 学术期刊编辑的高精密、高难度要求编辑部
以团队"作战"

从每篇学术文章可能出现的形形色色的问题和国家出版管理规定的严格要求来看，学术期刊编辑是高精密、高难度的工作，因此，编辑部成员不能像"个体户"那样"单打独斗"，必须相互配合，精诚合作，以团队力量"艰苦奋战"，"消灭"所有问题，方能保证期刊编校质量。

（一）学术文章编辑中可能遇到的问题

每一篇被录用的学术文章无论学术价值和写作水平如何，从编辑角度说，难免存在不同程度、不同方面的问题，大致可总结为如下几方面。

1. 细节表述上的政治性问题（主题、观点上有政治问题的文章不可能通过审稿）。此外，注释部分的中外文表述或者地址栏内都可能出现政治性错误，这些差错比较隐蔽，不容易发现。虽然是细节，但政治问题事关重大，编辑人员必须保持高度警惕，对政治性表述差错实行"零容忍"。

2. 文章标题拟定、内容提要撰写、关键词选择、文章层次结构等部件都可能出现问题。如文章标题不贴切，泛泛而平庸，或大而不当；内容提要没有反映文章主旨、研究方法和主要观点；关键词选择不当；层次编号错误、各部分格式体例不一致等。

3. 规范性问题。除了社科学术期刊编辑通用规范外，各刊有自己特定的、与自身学科领域相关的习俗或用语规范。无论通用规范还是各刊习俗规范，都是相当烦琐、细微，每篇文章都会不同程度地存在规范性问题，这方面问题五花八门，不胜枚举。

4. 知识性问题。无论专业性还是综合性刊物，每一篇学术文章都会涉及很多知识点（包括不同领域的知识点或术语，其中很多知识点或术语还可能存在争议），文章作者未必对每一个知识点都表述得准确无误。《拉丁美洲研究》作为涵盖政治、经济、社会、文化、国际关系等诸领域的区域国别研究

期刊，要求编辑人员进行跨学科领域的编辑加工，这对编辑人员识别知识性问题的能力构成很大挑战。

5.语言语法及文字问题。学术期刊文章篇幅通常比较长，即便是语言相对来说比较流畅、准确的文章，也很难做到每句话都在语法上无瑕疵、修辞上完全准确妥当。此外，电脑打字带来了比传统手书时代更隐蔽的文字错误，有些文字错误甚至用专业校对软件也无法识别，给期刊编辑人员带来更多挑战。

6.术语、计量单位和名称用法或前后不一致，或不符合现行国际通用规范和我国出版业通用规范；罕见冷僻术语在文中首次出现而没有适当介绍；数字计算出现错误；标点符号使用不当；引文注释编号的位置不当；等等。

7.图表编号有误，规范和美观问题，图文一致性问题，等等。

上面只是列举了常见的几方面问题，实际上，由于不同作者的不同写作风格，不同学科领域的特殊性，加上学科领域前沿的不断拓展、交叉学科的不断出现，实际编辑工作中还会遇到五花八门的问题。

除了烦琐的编校规范之外，编校人员常会遇到一般规则不能涵盖的各种特殊情况和具体背景（包括特殊形式和语种的文献注释、排版中可能遇到的各种问题），不能简单生硬地套用一般规则。这要求编辑人员在参照基本规则的基础上发挥主观能动性，根据特殊情况和背景进行灵活、合理的编辑处理。

此外，排版公司的软硬件问题、排版员的经验技术和认真程度问题也难免会给编校工作带来一些意想不到的麻烦。比如，有时在三校环节、期刊即将付梓之前，误删一个标点或一个字而造成一处新的"硬伤"，而三校已是最后的纠错机会，因此必须高度重视三校通读审阅。

（二）期刊编校的高精密、高难度要求编辑成员发挥团队合作精神

一方面，面对每一篇文章可能出现的方方面面问题，不得高于万分之一的差错率要求对于编校人员来说就像达摩克利斯剑那样让人紧张，容不得丝毫的"轻敌"。要做到高质量的编校工作，对编辑人员的知识素养、业务能

力、脑力和体力都是很大的考验。

另一方面，每一位编辑的学科背景、阅读与知识积累侧重点（任何一位编辑都不可能是"百科全书"）、从事编辑工作时间长短与经验多寡、语言风格与审美偏好等方面都有所不同，每位编辑必然都有自己的优势长处，也有自己不同程度和领域的局限，没有一位编辑是全知全能的"神编辑"。

期刊编校质量的高标准严要求，加上编辑人员的不同特点，要求编辑部作为一个紧密合作的团队，严格按照编校制度和流程要求，对每一篇文章、每期杂志认真负责地做好编校工作。由于每一篇文章编校的差错率都会影响整本杂志的差错率，编辑部成员必须本着精诚合作办好刊物的团队精神，在交叉编校等不同环节中对所有稿件都像自己责编的稿件那样认真对待、不辞辛劳，发挥各自的优势特长，相互取长补短，在每个编校环节处理好稿件中方方面面的问题，保证每期杂志整体编校质量良好。

二 《拉丁美洲研究》的做法：交叉编校、重视三校、集中统稿

在拉丁美洲研究所历届所领导和编辑部领导的带领下，《拉丁美洲研究》编辑部在多年编辑出版实践以及与同行交流的过程中，逐渐摸索出一套比较合理、高效的编校制度，主要体现在交叉编校、重视三校、集中统稿三方面。

（一）通过交叉编校提高质量和效率

《拉丁美洲研究》早年的做法是按照业内传统的编校流程，即责任编辑看完文章后就发送给排版公司排版并打印出纸样，三个校次都在纸样上进行。随着社交媒体和办公软件（如 PDF 编辑功能）的进步，我们发现对传统的编校流程做出适当改变，能够提高效率、减少编校差错。特别是，编辑部把原来在排版打印纸样上进行的二校环节提前到在 WORD 版责编稿上进行。每一篇文章由责任编辑先进行编辑加工后，再由另一位编辑在 WORD 版责编稿上进行校对修订，即每篇文章的二校相当于第二责编（虽然不署名责任编辑），

二校人员按照责任编辑的工作要求对文章进行审阅和修订。

这种交叉编校的做法使得《拉丁美洲研究》对每一篇文章的编辑加工都能利用两位编辑的知识技能和优势特长，取长补短，比较全面地发现和处理文章中存在的各方面问题。当然，还有些问题（比如某些知识性问题、资料来源问题等）是编辑不能处理的，需要以醒目的方式标出来，提醒作者自己处理。两位编辑对稿件做出的修改和提出的问题，由第一位责任编辑发给作者一并审定和处理，省得责编和二校人员各自发现的问题需要先后多次"打扰"作者，毕竟，作者大都是工作繁忙的研究人员或高校教师。

这种交叉编校的做法还有一个好处是可以大幅减少排版稿上的问题和校改工作量，提升编辑出版效率。早年《拉丁美洲研究》编辑部在纸样排版稿上（包括一校、二校）修得很多，有时甚至改得满篇红，排版人员对每一篇校样的修改都需要付出很多时间和精力，出错的概率也比较大，而且编辑部在核红时的工作量也很大，这会拖延宝贵的出刊时间。自从《拉丁美洲研究》编辑部把二校提前到 WORD 版上进行后，在排版稿上的修改减少了一半以上甚至是三分之二（视责编和二校人员修改的情况）。这不仅大幅减少了排版人员的时间和精力消耗，降低了其出错的概率，也减少了编辑部核红的工作量和时间，有助于保证刊物按时出版。

跟任何看似完美的制度一样，交叉合作编校也不是一项完美无缺的制度，在实际执行中都会遇到这样那样的问题。特别是，由于每位编辑的观点看法、审美观及语言习惯不同，对待某些问题，尤其是需要发挥编辑能动性的问题，难免会有不同看法和处理意见。出于人的天性，每个人都会倾向于自己喜欢的处理办法，因此，交叉合作编校中出现分歧和摩擦在所难免。

对于出现分歧的情况，需要编校人员在相互尊重的基础上进行协商讨论，这难免会增加时间成本。有时由于对一个问题的看法和处理意见不同，责任编辑和二校人员都坚持己见，无法达成一致，这种情况下可通过编辑部集体讨论解决。有时候，我们也需要审视自己是否太过自信和执着，不容易听进别人的合理意见。只要不是原则性的问题和硬伤，在发生分歧时要考虑对方的感受，适当做出让步。毕竟，团队合作最关键的是"和为贵"，只有心情愉快才能合作顺利。

编辑部同人在长期合作的过程中共同成长，彼此发现并认可对方，建立起相互信任的关系，就能够保证合作愉快。可见，虽然交叉合作编校制度有一些代价，但对于保证编校质量这一根本目标来说是利大于弊、值得坚持的。

（二）三校"总动员"

经过编辑在前两个校次中仔细精心的编校加工，我们经常会感觉稿件应该没有问题了，总算要"大功告成"了，那么，在三校环节是不是可以松口气了呢？我在多年的三校修改和统稿中发现，三校环节是非常重要、必不可少的。无论前面的编校环节多么认真仔细，无论文章本身多么通顺、规范，在三校通读审阅时一定还能再发现问题或者可改进之处。而且，三校是期刊编校最后的纠错机会，"机不可失，时不再来"，必须高度重视。《拉丁美洲研究》在三校时会充分利用各方力量，发动编辑部成员（包括统稿人）、作者和执行主编，齐心协力完成三校。

1. 在三校形式上，《拉丁美洲研究》根据编辑部人员的不同习惯、出版时间要求，对三校处理形式有所灵活变通。例如有些编辑习惯在纸质版上修改，有些编辑倾向于在 PDF 电子版上修改（可以调节字体大小以便看得清楚）。有时由于作者交稿延迟导致出版时间特别紧张，就让编校人员在 PDF 电子版上修改，这样无论周末、晚上还是节假日都可以加班赶进度。当然，这要求统稿人额外付出一些时间和精力，将不同编辑、不同形式的修改意见整合誊抄到一份干净的纸样上。

2. 除了编校人员分工进行三校之外，《拉丁美洲研究》编辑部本着对作者负责的精神，在三校定版环节还要求将定版后的 PDF 发给各位作者，让作者自行检查一遍。这既是给予作者最后的纠错机会，也是让作者共同承担责任，一定程度上减少编辑的压力。但三校的主要责任还是在编辑部，因为作者与编辑关注的方面是不同的，作者关注更多的是学术性问题，而不太容易发现细节性、编辑性的问题。

3. 主编对整期三校稿进行最后的通读把关，以杜绝可能遗漏的问题，特别是政治问题。《拉丁美洲研究》主编在进行三校通读把关时，对于某些编辑难度特别大或政治性不太好把握的文章，通常会按照责任编辑的工作标准进行重点审阅和修改，哪怕这种情况下需要增加校次和工作量。

（三）集中统稿

统稿人的集中统稿工作体现在整个编校流程中，主要包括：（1）WORD版责编定稿发排之前的检查统稿；（2）PDF校样送改之前的检查统稿；（3）三校环节的统稿，包括统一处理版面、检查文章部件、通读检查注释、整理目录和英文摘要、对所有人员的三校修订进行整合及最后核红定稿。

《拉丁美洲研究》编辑部成员专业背景不同，编辑经验差别较大，目前是由我负责集中统稿。下面总结一下我在统稿工作中主要负责的工作和心得体会。

1. 跟排版公司的沟通与合作。《拉丁美洲研究》每期文章都由统稿人负责统一发排，避免"政出多门"给排版人员造成困惑而不能及时处理或发生错误。而且，我在跟排版人员多年合作的过程中，会发现对方（特别是新手）可能在某些方面发生疏漏，发排的同时提醒对方注意，就可避免每期排版稿上出现同样的问题（比如有时外文引文中的斜体，排版后可能都变成了正体）。我还发现编辑部跟排版人员可以在某些方面加强合作、提升效率，比如在三校定版稿打印之前，请排版人员统一检查每篇文章页眉的年期信息、核对目录跟正文标题和栏目名称、统一检查每篇文章注释是否有编号错误和缺漏，这样打印出来的三校纸样就比较干净清爽，让编辑人员可以集中精力检查稿件的问题。

2. 稿件发排之前的统稿。统稿人在发排之前须对每篇稿件格式体例、图表规范及所有注释逐条检查一遍，尽量消灭可能遗留的格式体例和注释规范问题，查漏补缺（在这个过程中还需要跟责编或作者沟通）。格式体例和注释规范问题繁杂而琐碎，如果在WORD版上没有处理干净，会给编校人员和排版人员的后续工作带来很多麻烦，增加工作量、拖延出版时间。文章注释是统稿人检查的一大重点。学术文章中引文注释往往比较多，注释中出现的各种问题可谓五花八门。不仅引文文献各著录项（包括作者/译者、标题及书刊名、出版信息、引用的页码等）都可能存在问题，外文注释的格式也特别容易出问题，包括外语人名表述、标点符号、正/斜体、大/小写、著录项顺序、发表时间与网址登录时间的格式。我在多年编辑工作中发现，无论注释检查修改得多么认真仔细、自信肯定没有问题了，再次检查时往往还会发现遗留问题。注释问题细微而烦琐，在排版稿上处理起来非常麻烦，因此我在每篇文章发排之前都会逐条检查一遍注释。

3. 校样发排版人员修改之前的统稿。在每篇 PDF 校样发给排版人员修改之前，我会检查一下 PDF 排版稿上的修订是否有标记不规范、不清楚或误改的情况。特别是新编辑对校对符号的规范使用有一个不断学习、熟练的过程，因此我在统稿过程中对标记不清楚或不规范的地方会重新处理一下，以免给排版员造成困惑，同时提醒编辑人员要注意改进。此外，由于编校人员学科或知识背景不同，校对过程中难免存在误改的情况（发生误改的情况虽然比较少，但不能保证绝对避免），这也要求统稿人对校对稿进行检查。

4. 每期定版时统一处理版面。三校环节需要等到每期稿件栏目/专题、目录、版面、英文摘要都确定之后，由统稿人联系排版人员处理好相关问题，打印出定版的完整纸样后才能进行三校加工。这其中，版面处理往往是一个比较麻烦的工作，特别是每期都可能有部分文章会出现需要删版的情况，删版工作往往是很伤脑筋的，需要付出极大的功夫。但我在多年处理版面的过程中发现了一些提升效率的诀窍，既可以尽量减少版面变动可能造成的错误，也不致影响文章内容的完整和连贯。必要时，统稿人应跟责编沟通好或者跟作者协商达成一致，尊重作者和责编的意见，因为每一篇稿件都是作者和责编辛勤劳动的结晶。

5. 三校环节的统稿。如前所述，定版后的三校工作丝毫不能松懈。除了可能遗留的语言问题外，三校定版稿中仍可能存在各方面问题。例如，目录中的标题、作者姓名、页码可能与正文、页眉及英文摘要中的相应内容不一致；作者简介及课题信息、页眉年期号可能仍有错误；版面处理过程中可能导致注释序号或图表编号发生错误；等等。我会先把这些方面统一检查一遍，再把稿件分配给不同编辑进行交叉校对，同时发送电子版给各位作者自行检查，并发送执行主编通读检查。

由于《拉丁美洲研究》三校采取纸质版跟电子版结合的灵活形式，且涉及编辑、作者及执行主编等多方参与，有时各参与方对同一个问题可能做出不同的修改；作者的修订标注形式五花八门，排版人员是不能辨识的。面对这些情况，三校环节要求统稿人把各方的修改意见进行整合。我在统稿时会采用标准的或排版人员能理解的修订符号，把所有三校修改意见加以整合并清清楚楚地誊到一份完整的三校样上，再交付排版人员修改。还有个别作者在三校环节进行大幅修改，增加了三校环节出错的概率，在这种情况下，编辑部会对相应稿件增加校次以杜绝差错。

《拉丁美洲研究》编辑部近些年来坚持实行的团队合作做法——"交叉编校、重视三校、集中统稿"取得了良好效果，刊物多年来始终保持优良的编校质量。编辑部无论领导还是各位同事，从来没有相互计较、指责抱怨、推卸责任，都是认真负责、相互担待、取长补短、齐心合力做好编辑出版工作。这样的工作氛围让人心情愉快，有利于编辑人员专注于编校质量和期刊发展，专注于自身学术素养和工作能力的提升。

除了文章编校之外，编辑部还有各种重要工作，如选题策划、约稿、审稿、维护期刊网站和微信公众号、期刊每年的自评和年检、参加各种学习培训、出差或开会，以及为读者和作者服务（包括选题咨询、寄送刊物、计发稿费和审稿费等），这些都需要付出很多时间和精力。鉴于此，《拉丁美洲研究》期刊编辑团队成员一直坚持分工合作、配搭补台，齐心协力做好期刊编辑出版。

不忘初心　砥砺前行

——一名学术期刊编辑的收获和感悟

任娜，副研究员，博士，毕业于山东大学。2008年进入中国社会科学院亚洲太平洋研究所（后更名为亚太与全球战略研究院）工作，现为《当代亚太》编辑。

任　娜
《当代亚太》编辑部

我是2007年底以应聘的方式进入《当代亚太》编辑部的，不知不觉间，已经在一线学术编辑的岗位上工作了近16个年头。其间，我参与了《当代亚太》2008年第1期改版后的部分编辑和出版工作，见证了此后在历任主编和编辑部主任的领导下，刊物在定位和风格上逐渐转型、内部流程日益完善、学界认可度和知名度不断提高的过程。我本人也在这个过程中不断成长，从起初接触编辑工作时的懵懵懂懂，到后来在各位师长和同事的帮助下，坚持学习、积累经验与教训，感触良多。

一　初心确立

初入职场、对学术编辑工作毫无概念的我，加入了正经历改版的《当代亚太》编辑部这个大家庭，并与刊物共同成长至今。在这个过程中，我得到了来自领导和同事的无私关心与帮助。

还记得 2008 年第 1 期刊物印制出来后，当时的编辑部主任王玉主派我这个新人，给时任亚洲太平洋研究所（亚太与全球战略研究院的前身）所长、主编张宇燕老师送样刊。张老师先是仔细地端详着封面，而后又认真翻看正文。许久，他对我说："作为一名学者，不管是做研究还是办刊物，都需要脚踏实地地做一些对国家和社会而言有意义的事，个人的价值也可以在这个过程中得到体现。只有用心办刊，才能保证所刊发的文章代表当时一流的研究水平，经得起时间检验。我们为此付出了努力，内心也会因此充满成就感。"

现在回想起来，自己当时显然没有完全领会这番话背后深刻的含义，只是为张老师教导新人时的平易近人和语重心长所深深折服。这件事之所以时隔多年仍记忆犹新，是因为在以后与历任领导和同事共事的过程中，每每能在他们身上看到这种不计回报、全身心付出的敬业精神，这也成为《当代亚太》长期位居主流期刊行列的重要保证。当自己在工作中取得了一点成绩，抑或遇到挫折、困难的时候，张老师的这番话都会不由自主地浮现在脑海中。我把它当作工作中的"座右铭"，时时鼓励、鞭策着自己。

二　工作中的几点感悟

作为一名合格的学术编辑，需要具备哪些基本素质或者条件？不同的从业者可能会给出不同的答案。从多年的一线工作经历出发，我个人认为，要做好期刊编辑工作，离不开以下三个方面。

第一，是精益求精的精神。

一线编辑大都会有一个共同的感受，那就是在拿到新刊后，第一反应除了高兴，更多的是担心，担心哪一个环节可能会出现问题，以致于在工作了几年之后，这俨然已经成为自己的一种"职业病"——在日常生活中，但凡看到一段文字，都会本能地从编辑的角度去阅读。毋庸置疑，学术期刊编辑的首要职责就是确保文章的准确性，要做到这一点，除了需要具备相应的专业知识，更要有精益求精的精神。具体来讲，就是需要对文章进行反复修改、打磨，在确保消除各种错误和纰漏的基础上，对文本进行润色和精修。如果说前者是期刊的"生命线"，是编辑工作的题中应有之义，那么后者则更加需要编辑积极发挥主观能动性，尽心尽力地去完成。

比方说，由于不同的作者在语言表达能力方面有所差异，因此，在必要的情况下，编辑需要重新组织文本、对文章进行再加工，使其表达更加清晰和易于理解，从而提升文章的可读性和整体质量。尤其是作为国际政治类期刊，《当代亚太》所刊文章中有许多引用英文注释的情况，这就容易出现翻译痕迹比较明显，或者语义表达不清、不符合中文表达习惯的情况。这时，我会要求作者把英文原文发来，与其反复沟通商议，做到外文注释引用时的"信达雅"。为了让作者更加直观地了解编辑过程，我倾向于采用"修订＋批注"的模式进行修改，在许多情况下，尤其对于首次发文的年轻学者而言，他们的文章可能会被改成"大花脸"。这个过程虽然极为耗费时间和精力，但最终的成品却能够得到他们的认可。"金杯银杯不如作者的口碑"，当收到作者发来"您是一位认真负责的编辑""您的编辑为文章增色不少"等信息时，心中便又增添了继续前进的动力。

第二，是不断学习的能力。

学术期刊编辑需要具备一定的学习能力。这里，又包括两个方面。首先，对于编辑业务本身来讲，中国社会科学院鼓励编研结合，有不少编辑是科研人员出身，或是身兼二职。即便是我一入职便进入编辑部，在此之前也没有接触过学术编辑工作，因此，需要集中、系统地学习相关的编辑知识和法律法规，以提高自己的业务能力和水平。

其次，与科研工作讲求一个"专"字不同，要做好综合性学术期刊的编辑工作，需要编辑在自身研究专长的基础上，建立远超出自己专业领域的广泛的知识储备，对于国际政治类期刊而言，还需要关注国际重大问题的走向。这就需要一线编辑具备快速学习的能力，以便能更好地适应和理解不同的主题，为接下来编辑工作的开展打下良好的基础。对于这一点，我的体会尤为深刻。

作为一本综合性学术刊物，《当代亚太》涵盖的地域范围广泛，涉及的议题复杂多样，尤其是近年来，中美大国竞争烈度上升，叠加新冠疫情影响，以及数字经济和人工智能等新技术的涌现，对亚太地区格局变动产生了重大影响。面对这些新情况和新挑战，学界更加注重开展跨学科研究，自然而然地，在编辑过程中我会碰到一些不熟悉的主题，甚至完全陌生的术语或概念。这就要求编辑主动了解相关的学科领域，以确保能够准确理解作者的意图。这是一个需要不断学习的过程，而随着知识更新速度的日益加快，更加需要编辑提升自我学习能力，紧跟时代的发展和学界的研究动向。

第三，是良好的沟通能力。

虽然编辑直接面对的是文字，但要真正做好编辑工作，还需要具备良好的沟通能力。首先，需要与作者进行沟通。作为一名幕后工作者，我经常把自己称为"具备专业技能的服务者"，最终的落脚点是"服务"，即在充分尊重作者本人意愿和行文风格的基础上，利用自己的经验和知识帮助其查漏补缺。这中间就需要编者与作者进行多轮反复的沟通，争取在一个较短的时间内与作者达成一种互信的关系，合力确保文章能够准确、完美地呈现在读者面前。

其次，良好的沟通能力还包括与编辑部内部人员间的相互协作。科研成果的取得很大程度上是个人努力的结果，注重的是创新性和原创性。与此不同，编辑工作的团队合作色彩极为浓厚。自入职以来，我充分感到《当代亚太》编辑部是一个张弛有度、气氛民主融洽的大家庭，从主编、编辑部主任到一线编辑人员，大家既分工明确又相互配合、互帮互助。比如，刊物实行严格的三审三校程序，一篇文章从投稿到初审、外审、终审，经过编校加工再到最后的刊印，每一个环节都有相应人员"保驾护航"。再比如，《当代亚太》实行双向匿名评审制度，一般来讲，一篇文章需要有两位外审专家审阅。他们不但需要长期跟踪相关主题，有自己的代表性研究成果，更要有负责任的态度和比较充足的时间，能够在认真审阅的基础上给出专业性、可操作性的意见。受个人专业和能力所限，针对不同主题的文章，外审专家的选择离不开编辑部人员的集思广益。在这一点上，《当代亚太》主编兼编辑部主任李向阳老师全程参与讨论，有力地确保了该环节的专业性与规范性。

需要说明的是，除了编辑工作，编辑部的编务工作长期以来也都是由我负责。如果说编辑是"幕后"工作，那么编务就是"幕后的幕后"。编务工作早于编辑工作开始，又晚于编辑工作结束，极其琐碎且无法被量化，但又是一个编辑部正常运转所不可缺少的环节。

三　收获与挑战

眼前的一本本期刊，见证了自己十几年的一线编辑历程，有遗憾，但更多的是收获。首先，最为明显的收获是，经过常年的积累，自己的业务能力得到了明显的提升。其次，以中国的崛起为代表，亚太地区成为当前全球最具活力和发展潜力的地区，亚太研究日新月异。作为《当代亚太》期刊的编辑，刊物刊发的每一篇文章对我而言都是最好的学习材料，使我在编辑的过程中可以同时接触到不同领域的最新研究成果，深刻理解一系列重大问题背后的理论内涵，可谓一举多得。中国社会科学院始终倡导编研结合、编研相长，这为编辑人员自身的成长提供了良好的环境。

学术期刊编辑工作本身既单调又充满挑战，说它单调，是因为工作的内容和目的始终不变；说它充满挑战，是因为面对的每篇文章的主题、视角和研究方法各不相同，从编辑的角度需要重点解决的问题也不一样。未来，还要面临如何与数字化和人工智能更好结合的挑战。不过，单调也好，挑战也罢，都需要编辑具备扎实的专业技能，始终保持良好的专业精神和责任意识。

作为哲学社会科学研究的"国家队"，中国社会科学院在各个学科领域的研究水平均处于全国领先地位，而中国社会科学院的所属期刊也应该担负起服务于高水平社科研究的重任。中国社会科学院的学术期刊不仅为学者们提供了一个学术交流的平台，同时肩负着传承知识和引领学术发展方向的重任。作为其中的一员，我既深感自豪，同时又觉责任重大。编辑工作繁重琐碎且不易量化，更不易为外人所察，在这个讲求以数据衡量绩效的时代，要想做好本职工作，唯有不忘初心，砥砺前行，方能在幕后做好嫁衣，为国家哲学社会科学的繁荣与发展尽自己的绵薄之力。

我与《美国研究》

赵　梅，研究员，博士，毕业于北京大学。1991年进入中国社会科学院美国研究所工作，现为《美国研究》副主编。

赵　梅
《美国研究》编辑部

一本学术期刊，在很大程度上来说就是一部学术发展史，《美国研究》也不例外，它是改革开放以来中国的美国研究历程的一个缩影。《美国研究》自1987年创刊至今已近36年。《美国研究》创刊之初，由中国社会科学院美国研究所编辑出版。1989年中华美国学会成立后，《美国研究》成为学会会刊，由中国社会科学院美国研究所和中华美国学会联合主办。同我国国际问题研究领域许多历史悠久、发行量大的期刊相比，《美国研究》创刊时间短、发行量小，影响也没有那么大。但就美国研究而言，《美国研究》曾经是我国唯一的研究美国的专业学术期刊。2017年《当代美国评论》创刊后，《美国研究》与之共同成为我国研究美国的重要的学术期刊。

美国研究所成立于1981年，但《美国研究》直到1987年才创刊，此前美国研究所有一本内部刊物《美国研究参考资料》。这与当时美国研究所领导的主导思想有关，所领导对学术研究要求很高，认为美国研究在很大程度上是改革开放和中美关系改善的产物。相对而言，美国研究是一门新兴学科，而美国研究所是新近成立的研究所，要推出高水平的研究成果仍尚待时日。此外，美国与其他国家不同，相关研究带有一定的敏感性。出于上述考虑，美国研究所创办了内部发行的《美国研究参考资料》，初期较多译介文章，后来中国学者的分析文章渐渐多了起来。随着中美人文交流不断扩大和中国对美国问题研究的不断深入，创办一本公开发行的、反映中国学者美国研究成果的专业学术期刊的必要性日趋凸显。在时任副所长吴展以及董乐山、施咸荣先生的力推下，《美国研究》终于得以创刊。

一旦创刊，就全力以赴。美国研究所领导亲自挂帅，全所同志齐心协力，编辑、校对、装帧设计都是"超高配"。那时《美国研究》是季刊，没有专职编辑，所领导创造性地请陈宝森、董乐山、施咸荣、严四光四位研究所资深学者每人轮流编辑一期。经董乐山先生推荐，所里把三联书店编辑邵宏志调入任责任编辑，负责处理草创期繁杂的编辑事务。邵宏志因"文革"失学，只有初中学历，但她不负众望，以极大的工作热情、敬业精神和荣誉感全身心投入《美国研究》的编辑工作。邵宏志初来的时候，没有宿舍，住在办公室。虽然因"文革"失学只有初中学历，但她编辑能力非常强，文字功底很好，要求也很高。她曾经把德高望重的主编的文章改得"满脸花"，主编气得说："我过的桥比你走的路还多！"她回答道："我们在谈文章，不比路和桥！"她请了多位美编设计封面，最后主编决定采用著名美编王师颖先生的设计，由此奠定了延续至今的《美国研究》别具一格的封面风格。此后三十多年来，虽然颜色和开本稍有变化，但基本风格不变，王师颖先生题写的"美国研究"

四个字沿用至今。

《美国研究》的首位校对是人民出版社的资深校对张家璋先生。张先生早年毕业于育英中学，曾负责《毛泽东选集》的校对工作。张先生国学功底深厚，兢兢业业，一丝不苟。他家在东总布胡同，那时美国研究所的办公地点位于中国社会科学院科研大楼13层，每次我都走路去他家取送校样。他校对非常认真，对其中打错的字，都用红笔标出。对于编辑没看出来或原稿如此但他觉得用词不当或有疑问的地方，他用铅笔标出并注明修改建议的依据，如《辞海》《辞源》《四库全书》第几卷、第几页等。每次校样返回后，我先重点核对铅笔标出部分，查找相关资料，再用红笔确认修改或用橡皮擦掉铅笔写下的建议。这个习惯我一直保留至今，并手把手教给后来进入编辑部工作的其他同事。张先生非常敬业，记得好几次他打电话给我，说尽管已经完成三校了，但还是希望对几处不放心的地方再看一遍，这样他心里才踏实。他说尽量不麻烦我来回取送校样，他到社科院西门传达室现场校对，看完马上就能拿走。张先生的敬业精神令我感动，他经手的校样我很长时间都舍不得扔掉，我至今清楚记得校样上张先生的隽永秀丽的小楷字迹。

《美国研究》的打字排版工作大可引以为傲。《美国研究》从一创刊开始就是用美国研究所打字室的电脑打印排版的，从创刊至今一直由李晖老师负责。创刊时，李晖老师不过30岁出头，是美国研究所办公室技术人员，后被评为高级工程师。《美国研究》排版的风格、版心、字体和行距全是他一手设计的，沿用至今。虽然美国研究不是他的专业，但熟能生巧，他经常能够看出作者提供的英文摘要中的翻译错误或笔误。电脑排版在数字化时代的今天已是工作常态，但在印刷业还处于铅字排版的20世纪80年代，《美国研究》甫一创刊就使用电脑录入，这在当时国内期刊界的确是开风气之先。那时作者提供的稿件全部是手写稿，需要逐一录入，所使用的电脑是第一代台式机IBM8086，是当时在美访学的多位美国研究所研究人员省吃俭用，"集资"1500美元购买，作为送给所里的"珍贵礼物"。李晖老师用这台电脑为《美国研究》打字排版。李晖老师还在所里开班普及电脑知识，全所同志不分老少济济一堂，认真学习如何创建"根目录""子目录"和五笔字型输入法。

正是由于李晖老师和美国研究所的第一台台式机 IBM8086,《美国研究》得以拥有创刊至今的最完整的电子版全文。

《美国研究》的英文摘要独具特色，言简意赅且字斟句酌，这个传统自创刊延续至今。创刊初期，英文摘要由李森老师润色定稿，后由吴展老师接任，他们是美国研究所公认的英语水平最高的研究员。吴展老师对《美国研究》倾注了毕生心血，他是从延安走来的航天科学家，早年毕业于燕京大学物理系。他力主创办《美国研究》英文刊，希望以此为推动中国学者研究美国的学术成果走向世界提供一个平台。在吴展老师的推动下，1995 年《美国研究》英文版终于申请刊号出刊，是年刊，精选《美国研究》中文版已发表的优秀文章译成英文出版。吴展老师不辞辛劳，主动承担英文刊的选文、编辑和校对工作。但由于人手、经费等限制，英文刊出版两年便停刊了。

我与《美国研究》结缘始于 20 世纪 80 年代，那时我还是美国史专业的本科生，《美国研究》是我必读的学术刊物。一天中午，我在学校食堂门口偶遇邵宏志老师摆"地摊"向学校师生宣介《美国研究》。1991 年秋，我进入美国研究所文化研究室工作，那时《美国研究》没有专门的编辑部，由文化研究室负责，施咸荣任室主任，编辑已由金灿荣老师接任，那时他不到 30 岁。我来美国所工作后不久，金灿荣老师调到美国政治研究室。所长找我谈话，让我担起《美国研究》编辑工作的重任。我初出茅庐，一下子担起期刊编辑的重任，非常惶恐，生怕自己才疏学浅，辜负了所领导和学界的期望。但这一做就是一辈子，从那时至今，我从事《美国研究》编辑工作已逾三十年。

我担任《美国研究》的编辑工作后，在所党委、主编的领导下主要推动了以下几方面的工作。

首先是对杂志的开本做了调整。创刊时《美国研究》是小 32 开，这与主编的办刊思想有关，他希望能够装在兜里便于携带，随时可以拿来读。随着中美关系不断发展，中美两国人文交流不断扩大，中国对美国的认识不断深化，《美国研究》的来稿数量和质量都有了显著提高，原有的小 32 开的版面显得不够了。2001 年，我们参考国外学界主流的学术期刊开本和装帧设计，结合《美国研究》自身的传统和特色，请美编重新设计封面，将原来的小 32 开改为异型 18 开，2007 年改为沿用至今的 16 开。改版后的《美国研究》每期字数由原来的约 12 万字增加到 16 万字，并在已有的"专论""著述巡礼""书评·文评"的基础上，增加了"研究与争鸣""学术札记""学术动态""美国人论美国""新书架"等栏目，扩大了版面，加强了编者、作者与读者之间的交流与沟通，得到了学界的肯定。此后，《欧洲》（后改为《欧洲研究》）等国际问题研究期刊先后改为与《美国研究》的开本同样大小的 16 开。

其次是规范《美国研究》注释体例。美国研究所历任所长、主编都非常强调学术规范，1995 年以后更加有意识地加以提倡，严格要求。胡国成老师从中国社会科学院世界史研究所调到美国研究所任编辑部主任后，参照国内和国际规范，制定了"注释体例说明"，1995 年开始实行，率先在我国学术刊物中实行了严格的规范化注释。此后，根据网络化信息化的发展，该注释体例说明更新了部分内容，但主要内容和框架沿用至今。

再次是推动对美国国内政治、经济、社会、文化及历史的研究，深化对美国的全面认识和总体把握。美国研究所历任所长、《美国研究》主编都非常重视美国国内问题的研究，美国研究所建所初期，美国政治、社会和文化领域的研究力量非常强，文化研究室的施咸荣、董乐山、梅绍武三位老师被学界称为"美国文学研究的三驾马车"，时任社会研究室主任朱传一先生对美国社会保障特别是田纳西流域的研究卓有建树，政治研究室主任李道揆先生 1990 年出版的《美国政府和美国政治》一书至今仍是美国研究专业的必读书。然而，从全国范围的美国研究状况和《美国研究》载文情况来看，存在着重外交轻内政、重对策轻基础、重时政轻历史的不平衡现象，这在很大程度上制约了我国学界对美国内外战略走势总体判断的把握以及美国研究的整体水平的提高。王缉思老师担任所长和主编期间，大力推动对美国政治、社会、历史与文化的研究。他的主要观点体现在 2004 年朱世达老师主编的《美国市民社会研究》一书所写的序言中。他写道："中美关系在一定程度上讲是一个国家和一个社会的关系。在'中美关系'这一个特定语境中，中国是一个国家，政府作为国家的代表，有一项稳定的对美政策，领导各个部门、社会各界，处理着对美关系。……'中美关系'中的美国，则主要是一个社会。

政府有一项时常摇摆不定的对华政策。美国政府尽管也试图协调社会的对华交往，但其政策不得不受到形形色色的非政府组织的活动干扰。……由于全球化进程的加速和中美两大国交往的增加，美国市民社会中的种种新趋势、新问题，如宗教右翼势力的上升、堕胎问题、反移民情绪问题、环境保护问题，都会直接或间接地对中美关系产生影响。因此，研究美国的市民社会不仅具有学术意义，也具有一定的政策意义。"[①]《美国研究》在关注中美关系及美国研究中的重大理论问题、热点问题的同时，积极推动对美国政治制度、文化、社会与历史等基础性问题的研究，刊发了一系列有关美国国会、政党、人口与种族、社会思潮等问题的研究文章，为深化对美国的总体认识并使我国的美国研究更好地服务于党和国家对外方针政策起了很好的推动作用。

人常说，编辑是为他人作嫁衣。然而，对我来说，30 多年的编辑工作使我终身受益，我在编辑工作中学习、进步和成长。

1987 年《美国研究》创刊号"编后"中提出的办刊目标是"逐渐成为全中国所有从事美国问题学者们共同的园地，成为大家交流对美国认识和理解的一个中心。"回顾《美国研究》走过的 36 年历程，这个目标业已初步实现。1995 年至今，《美国研究》入选《中国人文社会科学核心期刊要览》、《中文核心期刊要目总览》（外交、国际关系类）、《中文社会科学引文索引（CSSCI）》来源期刊、国家哲学社会科学学术期刊数据库来源期刊。2013 年至今，《美国研究》获得国家社会科学基金资助，成为国家社会科学基金资助期刊。2021年 1 月，《美国研究》荣获中国社会科学院 2020 年"优秀学术期刊奖"。

当今世界面临百年未有之大变局，中美关系处于重要关口。国际局势和美国自身都在发生重大而深刻的变化，为我国的美国研究提出了新的迫切须要研究的重大课题，《美国研究》杂志也面临着需求大、亟待研究的问题多等新挑战。《美国研究》将不忘初心，砥砺前行，为深化对美国的研究，使我们的研究更好地服务于党和国家对外方针政策，为积极建构中国自主知识体系，贡献一份力量。

---

① 朱世达主编《美国市民社会研究》，北京：中国社会科学出版社，2005，第 7 页。

在编研一体的辛劳中体验快乐

刘卫东，研究员，毕业于国际关系学院。2003年进入中国社会科学院美国研究所工作，现为《当代美国评论》执行主编、编辑部主任。

刘卫东
《当代美国评论》编辑部

　　《当代美国评论》是中国社会科学院美国研究所2017年9月创办的一本新刊，也是国内在美国研究领域出版的两本主要期刊之一。编辑部曾长期缺乏固定人员，美国研究所领导多次动员我调进来，但已经在研究室工作17年的我对专业研究工作实在难以割舍，对于做编辑之后难出成果的担心也始终存在，因此一直有些抵触，甚至还担心领导再提起此事。直到三年前所党委研究决定，将我正式调至编辑部工作。

刚到编辑部的时候，我是唯一的正式成员，此外只有一位返聘的编辑在协助工作。由于创刊年限短，没有资格参加核心期刊评选，所以平时几乎完全依靠约稿。而我初来乍到，对于选题策划原则和编辑出版程序一窍不通，工作压力可想而知。在所领导的关怀下，编辑部得到了两间专用办公室，随后又引进了一位北京大学毕业的博士生，软硬件条件得到了显著改善。对我来说，既然已经承担起编辑部的工作，就只有抛掉先前的顾虑，尽量像做研究一样来做刊物，努力把这项工作做好。

随着不断熟悉编辑部的工作流程，我逐步意识到，鉴于《当代美国评论》杂志的特殊性，要推动业务发展必须首先处理好三个矛盾，即使有些问题不好马上解决，也要想方设法淡化矛盾，在夹缝中求发展，积极争取双赢。

一是需要处理爬坡阶段亟需优质稿件与非核心刊物约稿难之间的矛盾。进入核心期刊目录是所有刊物的追求目标，我们也不例外，而唯一的途径就是尽可能刊登高质量的论文。但正因为不是核心期刊，所以很多人不愿把自认为的精品投给我们，一些年轻才俊甚至直白地说，我们需要评职称，只有发表在核心期刊才算数，由此也陷入了恶性循环。我完全理解他们的想法，毕竟自己也是这么一步步走过来的。既然不便打开这扇门，那就尝试另外开启一扇窗吧。利用多年来在学界积累的些许人脉，我把约稿对象的重心放在这样几个群体上，一是本专业的老先生老前辈，他们要么已经退休，要么懒得去四处投稿，在我们的诚意相邀下有时会愿意顺手提携一下；二是已经功成名就的教授和研究员，他们没有评职称的负担，但还有学术追求，如果能与其协商出一个有吸引力的选题，他们也不会过于计较稿子在什么级别的刊物上发表；三是本单位的一些年轻人，他们正在成长，精力旺盛，肯下功夫，但往往苦于无合适的发文平台，通过和他们多交流，在其成文过程中与其一起反复雕琢，也有望能产出一些不错的稿件。经过多方努力，我们还算比较成功地解决了这个问题。

二是处理工作量逐步加大与人手严重不足之间的矛盾。为了提升刊物的品质，我们采取了多种措施，一是明确区别性定位，尽量与其他美国研究类刊物的选题做好区分，避重就轻做出特色，这就需要消耗更多的精力；二是努力提高编校质量，除了满足基本的政治原则和编辑规范外，我们认为刊物在文字上也要经得起专业人士和普通读者的审视推敲，尤其是需要把一些可以采用但在逻辑和表述上存在严重问题的文章"改头换面"，全盘优化，这着实是一件劳神费力的工作；三是我们打破了期刊编辑部门常见的"投稿三个月后未见反馈则可自行处理稿件"的惯例，显著缩短了初审时间，由此也导致初审压力不断增大；四是为了提升社会影响力，我们还下大力气争取做好公众号的发布工作，为提高知网下载率，要对发布的文章进行缩写并请作者把关，每期公众号版面的设计以及规划新年贺词等都要花费大量精力。但由于多次招聘结果都不理想，编辑部始终只有两名成员的尴尬局面一直没有得到改善。为此我们采取了多种方法来进行应对，除了现有成员加班加点以外，我们还邀请新近入所的年轻人参与投稿初审、校对定版、宣传推介的工作，论文压缩请学生帮忙，英文校对则委托给了北京外国语大学的教师，对于一些临时需要处理的事务也会尽量争取外援帮忙。通过这些举措，至少暂时缓解了工作中的部分压力。

三是需要解决编辑和研究工作之间的矛盾。我在所里除了承担编辑部主任一职，也兼任一个研究室创新课题组的首席研究员，还需要完成所领导交办和外单位委托的一些要报任务。在出刊过程中，选题策划、约稿、投稿二审、安排匿名外审等工作都只能由我承担，还需要逐字逐句审读责编一审后的所有稿件。此外还要抽出时间安排规划研究室的创新工作，发表自己的获得进入创新工程资格所必需的核心期刊论文，撰写要报或高端智库的课题，和合作与支持单位协调各种事宜，每年还要固定给中国社会科学院大学的硕士、博士研究生讲授一门专业课，忙碌程度可想而知，不仅每晚都闲不住，周末也几乎从无休息。每次年终总结时总是谈到希望来年能更好地规划时间安排，让自己过得更从容些，能有更多深入思考的时间，但总也做不到。在目前的处境下，解决问题的唯一途径只能是提高效率，约稿时尽量约到靠谱的作者，避免临近出刊时出现意外；抓住出刊间隙尽快完成自己的核心期刊论文；平时利用媒体采访、浏览专业微信群、晨练以及上下班路上的时间和机会，熟悉当前的国际热点问题，激发灵感，找准研究和约稿的方向；积极培养编辑部的年轻人，除日常编辑工作外，也尽量邀其参与相关研究工作以及与作者的互动，帮助其提升应对各种工作的能力。

在努力化解矛盾的同时，我平时也会注意与老编辑们进行交流，思考如何进一步完善编辑部的工作，并将遇到的各种难题尽量转化为机遇。表面看来，兼顾编辑与科研工作确实显著增大了我的工作压力，有时甚至会疲于奔命，自然也会有一些怨气。但这也为我换一个视角去看世界提供了机会，以不同的身份去观察理解另一项工作的难度和苦衷，可以使我更接地气，帮助我进一步改善目前的编辑和研究工作，推动两者相互促进，相得益彰。

首先，从研究的角度来看，改进编辑工作还有不少空间。一般来说，我们的很多稿件具有时效性，有人还有评职称的需求，因此作者投稿最在意的往往不是稿件是否能被采用，而是能否迅速得到反馈。作为作者，我对此也深有体会。因此在进入编辑部后，充分理解投稿者的心理需求、尽量尽快解决编辑工作中给作者带来的不便，就成为一个重要目标。我与同事一起，积极推进了相关规则的改革：一是对外做出承诺，在工作邮箱收到投稿后的一个月内，不管是否采用，我们都会给出明确回复；二是对于拟退稿的严肃投稿，我们均会给出退稿原因并提出修改建议；三是只根据稿件质量及其与本刊风格的匹配程度来确定是否采用，不考虑作者的学历职称；四是对于一些选题好但质量欠佳的投稿，我们尽量帮助作者反复修改完善，争取为其提供一个发表的机会。

其次，从编辑的角度对研究工作进行审视，对于找准研究方向、确立研究选题、推进研究室建设工作也很有意义。因为主要依靠约稿，这会迫使我们去关注当前的国际局势和国内外学界的研究动态，不断培养并提升我们对于合适选题的敏感度，使自己逐步可以做到一旦见到某个选题，凭直觉就基本可以确定其研究价值和可能被刊发的机会，这对于帮助年轻学者在发文方面尽快取得进步很有意义。此外，近年来我们收到的投稿数量也在稳步增长，虽然大多数稿件质量不高，或与刊物的定位不符，或与美国问题研究无关，群发甚至一稿多投的现象也偶尔可见，但一些作者的着眼点和切入点确实与众不同。缘于编辑工作的天然优势，我们能在第一时间看到这些稿件，有时也能得到一些启发，既可以在约稿时进行参考，也有助于在与年轻学者交流选题规划时予以借鉴，通过分析一些案例来给大家提供更多灵感。

再次，从编研结合角度出发，编辑部每年都会在选题会上下大功夫。一般来说，我们每年都会组织两次左右的选题会，一次是以研究室的名义召集，主要邀请业内走上研究岗位不久的年轻学者，就其感兴趣的话题充分自由表达，分享研究心得；另一次是以编辑部的名义召开的选题会，一般都是邀请业内具有正高职称的年轻才俊，针对刊物来年的选题方向和范围提出自己的考虑。这两次活动把编辑和研究工作有效结合起来，一方面通过向学者们介绍刊物的基本风格和编辑部的主要考虑，聆听关注他们的会议发言，考察合适的约稿对象；另一方面也通过这样的机会了解学者们在不同研究方向上提出的有价值的研究选题，使我在确定编辑部的组稿方向和规划研究室创新组成员下一步的研究重心时也能得到不少启发。

最后，编研一体还有助于促进稿件和内部报告的相互转化。我们组稿时会考虑对一些内部报告"改头换面"，在修改"脱敏"后公开发表，促进内外联通，使之既能服务于政府决策，也可以推动学界对于这一主题的思考。为此我们紧抓热点问题，在美国大选、疫情蔓延、美国新政府就职后等关键时间节点，组织撰写了一批要报，随后将其改编成系列论文发表，受到学界的集中关注，下载量较大。此外我们还配合中国社会科学院相关部门的要求，对某些公开发表的论文进行改编压缩，以要报的形式递交，随后也被采用，为政府决策做出了贡献。报送要报同样属于研究工作的范畴，编辑部成员对于选题的敏感性较高，在什么选题容易受到决策部门的关注方面也更有经验，正好可以利用这一优势，在做好编辑工作的同时，在稿件策划和论文改写方面也投入一些精力，努力争取实现双赢。

经过我们近三年的努力，《当代美国评论》这本杂志也在不断取得进步。一方面，其在国内的知名度逐步提升，因而投稿的数量和质量都有所改善；另一方面，我们的努力也得到了相关部门的认可，继2021年进入《中文社会科学引文索引（CSSCI）》扩展版来源期刊目录后，又于2023年3月进入《中国人文社会科学期刊 AMI 综合评价报告（2022 年）》核心目录，并于 2023 年 6 月得到通知，正式进入《中文社会科学引文索引（CSSCI）》来源期刊目录。此外，我们积极培育作者队伍的努力也逐渐显出成效，在一年多内的反复投稿率达到了 26%。有的作者把我们的编辑版本拿给学生作为论文修改的参考模板；有的作者被拒稿后又发来感谢信，肯定我们的工作，并表示今后会继续投稿；有的作者一再表示在《当代美国评论》发文是其学术生涯中最有收获的一次经历；有的作者虽然对其作品经反复修改后未能发表深感失望，但仍表示会继续关注我们的刊物。与此同时，在学术研究方面我们也没有放松，我不仅每年都会在核心期刊上发表超过一篇论文，也鼓励编辑部的年轻人利用业余时间积极撰文并争取发表，还多次向研究室的创新组成员介绍论文选题和投稿经验，以及撰写要报的一些心得，推动整个研究室积极进取，多出成果。此外每年我还要撰写 10 篇左右的要报，并在给学生授课的过程中把编辑和研究工作中的经验教训拿出来给大家分享，争取惠及更多人。

回顾几年以来的编研一体化工作模式，有辛酸，有烦恼，同时也有欣慰，有快乐。每个人的时间总是有限的，兼顾编辑和研究工作确实会消耗比从事单一工作多得多的精力。但是两者的有效和科学融合也能够提高我的站位，帮助我更好地从事各项工作，也会带给我从事单一工作无法得到的回报。每当新刊印出拿在手中，看着自己的心血变成漂亮的封皮和流畅的文字时，那种快乐和满足并不亚于自己在核心期刊上发文。希望这本刊物能够发展得越来越好，也期待自己在编研之间从容游走的那天能够早一点到来。

以"五心"为遵循，与刊物共同成长

——一个编辑新人的工作感悟

孔青青
《文献与数据学报》编辑部

孔青青，副研究馆员，博士，毕业于中国科学院大学。2008 年进入中国社会科学院图书馆工作，现为《文献与数据学报》编辑部负责人。

《文献与数据学报》是由中国社会科学院主管、中国社会科学院图书馆和社会科学文献出版社共同主办的信息资源管理领域学术期刊，于 2019 年 3 月创刊，现任主编是中国社会科学院图书馆党委书记、馆长王岚。刊物自创办以来，在王岚主编带领下，在各级领导和专家学者的关心支持下，稿件质量和刊物学术影响力不断提升，逐步形成一批较为稳定的审稿专家和作者队伍，在服务党和国家中心工作、推动信息资源管理领域学术交流和研究创新方面发挥积极作用，被评定为《中国人文社会科学期刊 AMI 综合评价报告》新刊核心期刊。

我的编辑工作经历正是与《文献与数据学报》这本刊物的创办紧密联系在一起的。这几年里，作为学术期刊编辑，我有幸参与《文献与数据学报》从筹备、创刊到不断发展的整个过程，每每刊物在手，都有发自内心的踏实和感动。随着刊物的不断发展，我也在边学边干中不断成长。在与刊物共同成长的日子中，我意识到编辑工作的意义、价值以及不易。在我看来，做好编辑工作离不开"五心"，即初始之心、赤诚之心、敬畏之心、学习之心和服务之心。以下是个人一些粗浅的想法，供大家批评指正。

一 初始之心

初心，即初始之心，即做事情的初衷和本心。编辑工作的初心是什么？这个问题自我从事编辑工作起就一直在思考。习近平总书记指出，"高品质的学术期刊就是要坚守初心、引领创新，展示高水平研究成果，支持优秀学术人才成长，促进中外学术交流。"[①] 中共中央宣传部、教育部、科技部联合印发的《关于推动学术期刊繁荣发展的意见》指出，哲学社会科学期刊要把深入研究、宣传、阐释习近平新时代中国特色社会主义思想，建设有中国特色、中国风格、中国气派的学科体系、学术体系和话语体系作为重大任务，加强理论武装与理论创新，围绕党和国家重大理论和实践问题，围绕群众关注的历史和现实问题，及时开展研究解读和引导辨析，为加快构建中国特色哲学社会科学贡献力量。

作为中国社会科学院图书馆主办的刊物，《文献与数据学报》的办刊宗旨为：以习近平新时代中国特色社会主义思想为指导，把握正确的政治方向、学术导向和价值取向，围绕党和国家的中心工作和战略任务，定位文献、数

①《习近平给〈文史哲〉编辑部全体编辑人员回信》，《人民日报》2021 年 5 月 11 日，第 1 版。

据及其交叉领域，探索信息资源管理（图书情报与档案）及相关领域的前沿与热点，宣传报道学界业界的最新研究成果，努力为加快构建中国特色哲学社会科学学科体系、学术体系、话语体系提供平台支撑。此外，刊物也充分发挥了展示与报道中国社会科学院图书馆创新实践和重要研究成果的平台作用，尤其是积极宣传和报道中国社会科学院图书馆贯彻落实习近平总书记在哲学社会科学工作座谈会上的重要讲话精神，建设国家哲学社会科学文献中心取得的成果。学术期刊的初心很大程度上依靠编辑去守护。结合《文献与数据学报》的宗旨和使命，我认为刊物编辑的初心，从根本上讲，就是要深入学习宣传贯彻好习近平新时代中国特色社会主义思想，提高政治站位，秉承学术良心和社会责任，深刻领会和坚守办刊宗旨，推出信息资源管理领域高水平精品力作，更好地为中国特色哲学社会科学三大体系服务。明确初心、坚守初心，是做好编辑工作和办好刊物的前提和基础。

二　赤诚之心

赤诚之心，意指极其真诚的心意，我理解为对事业的执着和对过程的坚守。作为一个新刊编辑，经历了刊物发展的一系列过程，我对赤诚之心这四个字有比较深刻的理解。《文献与数据学报》从 2019 年 3 月创刊到现在已经过去了四年多的时间，但是创刊时反复调研和讨论的热烈画面好像就在昨天一样，从刊名的拟定、申报材料的组织、专家团队的商定等一系列事情凝聚了好多人的心血。目前，国内信息资源管理类学术期刊多达几十种，其中核心期刊就有二十多种，刊物之间竞争很激烈。《文献与数据学报》经过两年多的酝酿，"十月怀胎，一朝分娩"，要寻求发展并争取有一席之地不容易。虽然中国社会科学院的刊物有很多先天优势，主管单位和主办单位都给予了很大的支持，也更容易得到社会的认可，但新刊建设过程中还是会面临很多困难，最主要的困难是没有办刊经验，好多事情都是摸着石头过河，也许还会有质疑的声音。

凭着对期刊工作的热爱、坚守和执着，我们解决了一个又一个问题。中国社会科学院图书馆党委、期刊主管领导和分管领导高度重视办刊工作，并亲力亲为，指导和参与期刊建设工作，对我和编辑部同事起到很好的示范作用。中国社会科学院图书馆邀请了初景利、柯平、王继民等一批信息资源管理学科知名的专家学者组建了主编团队和编委队伍，这些专家在期刊发展定位、选题策划、稿件组织、活动策划等方面提出很多宝贵的建议，给予了很多无私的指导和帮助。这样就较好地弥补了新刊办刊经验不足的问题，避免了刊物发展走很多弯路。在这样的背景下，我和编辑部其他同事边学习边讨论，一步一步把刊物办起来，并不断向前推进。

三　敬畏之心

敬畏之心，网上的解释是内心不存邪念。懂得敬畏，时有如履薄冰的谨慎态度和战战兢兢的戒惧意念。要胸怀敬畏之心，这也是我做编辑以来一个很明显的感受。出版是一个很严肃的事情，文字一经刊出，传播的时间和空间不受控制，万一出错很难有改正的机会。因此，心存敬畏，我认为是编辑必须具备的基本要求。敬畏之心是对编辑岗位的敬畏，更是对专家学者的敬畏、对文字的敬畏。

首先，要敬畏编辑岗位。编辑工作并不像大家想得那么容易，就是简单地看看稿子，改改错别字、标点符号以及排排版。编辑既要与人打交道又要与文字打交道，考量的是编辑的综合素质和责任心。对于新刊编辑来说，尤其是要沉下心来做事情。

其次，要对学术、对专家学者保持敬畏。《文献与数据学报》创办初期，要经常与学界业界专家打交道，通过真诚地与他们联系，让专家感受到我们的诚意和专业性，从而愿意把稿子刊发在我们刊物上，愿意为我们审稿和提供帮助，这是一项很重要的工作。为此，要经常关注学界业界的前沿和热点，关注学者研究动态和学术会议动态，在与专家学者交流前做好大量功课，建立与专家学者对话的基础，我认为这是非常必要的。

最后，敬畏之心表现在对文字的敬畏，对刊物品质负责。《文献与数据学报》始终坚持高起点办刊，创刊之初就设定了严格的审稿用稿流程，始终坚持以学术质量作为选用文章的唯一标准，杜绝人情稿和关系稿，绝不在工作中牟取私利。我们会认真对待每一篇投稿，由于稿件质量有差异，有些稿件会经过好多次审改、退修，有些稿件甚至需要编辑深度参与修改。《文献与数据学报》每次出刊前，我们都会反复核实、校对很多遍，就怕出错，以一种"时时放心不下"的心态来形容编辑工作一点也不为过。

四　学习之心

文学大师沈从文曾说，编辑要有看作品的从容和虚心。我领会其主要表达的意思就是，编辑要有一种学习的心态、谦卑的心态和开放的心态，这一点我的感受也比较深刻。首先，这是由学科和刊物属性决定的。信息资源管理学科作为一门理论与应用相结合的学科，发展比较迅速，受新技术新方法的冲击和影响比较大。作为这一学科领域的学术期刊编辑，要时刻保持学习的状态，不仅要在相关学科发展上不断跟进，而且要及时了解党和国家的大政方针、重大决策部署、重大发展战略和规划，只有这样才能找准方向，围绕国家中心工作和战略需求、信息资源管理学科和事业发展的重大理论和现实问题，结合重要时间节点组织策划有价值的选题。

其次，这是编辑工作的特性决定的。编辑工作每天都会接触不同类别和层次的稿件。一方面，要以学习心、谦卑心对待不同的学术观点。编辑与学者最大的区别就是，学者发表文章必须要有新思想新观点，不能人云亦云。而编辑看待稿件必须抱有学习的心态，不能有门户之见，不能按照偏好来选稿。另一方面，要以学习之心对待学术文章。稿件处理是编辑很重要的日常工作。在稿件处理方面，我们常常是边学边干，边干边学，遇到不明白的问题就及时向社会科学文献出版社或者院里其他期刊编辑部的老师请教，与作者进行讨论，对于一些复杂的问题常常要问到好几个专业人士，大家在相互讨论中逐步商量出一个解决办法来。在这方面，院内外编辑同行给了我们很多的指导和帮助，他们严谨认真的治学态度和专业精神让我受益匪浅。

最后，这是由我们所处的时代决定的，要以学习之心拥抱新时代。随着我国进入新发展阶段，学术刊物建设同样要实现新发展、取得新突破。实现学术刊物长远发展，以更好地服务于中国特色哲学社会科学三大体系建设，推动期刊高质量发展成为必然要求。此外，互联网、大数据和人工智能技术对传统的出版阵地和编辑岗位形成很大的挑战。这些变化都要求我们时刻保持学习的心态和开放的心态，以一颗好奇心，积极思考，不断实践，寻找期刊高质量发展的路径与方法。

五　服务之心

编辑是哲学社会科学研究成果的组织者、选择者、把关者、优化者、传播者，为广大专家学者做好编辑出版服务是编辑工作的根本使命。《文献与数据学报》作为中国社会科学院图书馆的刊物，图书馆领导一直强调要高水平发展，高水平服务。在这几年的编辑工作中，我深刻地感受到，编辑工作实际上是服务工作，为专家学者做好服务，为作者和读者做好服务，是学术期刊编辑的本职。

编辑工作比较繁杂，既要与文字打交道，更要与专家学者打交道。一方面，稿件质量参差不齐，对稿件的处理需要反复琢磨，有些稿件处理工作可能还是无用功，或者在短时间内无法量化，也不计入考核。另一方面，服务专家学者、扶植学术新人是学术期刊的重要责任，《文献与数据学报》作为新刊，很重视与业内研究人员的关系维护，主动与课题或者项目负责人进行约稿，重视培养潜在作者群体，尤其是40岁以下的青年作者群体，努力为专家学者做好编辑出版服务。如主动参与"图情档青年学者论坛""京津冀研究生沙龙""图书馆学、情报学博士生论坛"等围绕青年科研群体开展的学术活动，努力与青年学者共同成长。而这些工作很多都是长期性的，好多也都是在八小时工作之外进行的。如果没有一颗服务心和奉献心，是很难做好编辑工作的。

编辑的服务之心主要体现在服务意识和服务能力两个方面。在服务意识上，要尽可能地站在服务对象的角度进行考虑，在期刊建设各个环节树立以专家学者、作者、读者为中心的工作原则。在服务能力上，要不断提升编辑的学术能力、编辑能力等综合能力，从期刊选题引导、接待咨询、版式设计、稿件处理、网站设计等各个环节进行服务优化，以更好地提升对专家学者、作者、读者的服务支撑能力。

编辑即人生。选择做编辑就是选择了一种生活方式。一个好的编辑，既要有"成人之美""为人作嫁""幕后英雄"的胸怀，又要有"读万卷书，行万里路"的积淀。从2019年到现在，在《文献与数据学报》不断发展的进程中，我也获得了滋养和成长。但做编辑绝不是一朝一夕的事，我在编辑这个行当里才刚起步，距离一个好编辑的标准还有比较大的差距。未来我将继续秉持初始之心、赤诚之心、敬畏之心、学习之心和服务之心，不断精进自己，努力做一个有情怀有温度的学术期刊编辑，服务好学术、服务好学者。

优秀编辑：独守千秋写精神

李红岩，研究员，博士生导师，毕业于山东大学。先后任职于中国社会科学院近代史研究所、马克思主义研究院，2008年12月调入中国社会科学杂志社工作。曾任中国社会科学杂志社副总编辑，现为中国编辑学会副会长。

李红岩
中国社会科学杂志社

我国是一个出版大国，仅2021年，全国共出版新版图书22.5万种、重印图书30.4万种，期刊10185种，报纸1752种。传统纸质出版物编辑、新兴业态的融媒体编辑、非正式出版物编辑、影视行业剪辑人员等，共同组成了一个数量非常庞大的编辑队伍。这些编辑人员在新时代的文化建设中发挥着不可替代的作用。因此，怎样成为一位优秀编辑，不仅涉及编辑人员的个人成长和职业发展，而且与国家的文化事业进步直接相关。

一　优秀编辑必有高度的情怀

在当代，编辑概念的外延已经得到了很大的扩展。编辑是居间说话者，是中间人。他们一头连着作者（即文化生产者），一头连着读者（即文化消费者）。对于作者而言，编辑既是收购者，也是组织者。对于读者而言，编辑既是销售者，也是传播者。因此，编辑既有选题策划、确定作者的责任，又有面对社会、接受公众检验的职业特征。无论前者，抑或后者，都贯穿着公共性原则。从公共性原则出发，可以发现，凡是具有上述身份特征的职场人员，均可视为编辑。作为社会分工的一个专门领域，编辑集结着公共性与社会性、产业性与事业性、文化性与商业性、职业性与市场性、资本性与责任性等二重元素相互混杂的特点。特别是在当代，编辑掌握话语权与发表权，其左右舆情走向的特征愈发明显。因此，编辑与权力之间的关系，成为传播学、社会学领域的一个重要课题，这也是当代编辑区别于早期编辑的一个重要特征。对此，应从编辑独有的职业特性出发，深入思考"怎样才算是一位优秀编辑"的问题。

在编辑职业的多种二重元素混杂结构中，有一对最基本的元素，即公共性与社会性的元素。这是因为，制作公共文化产品是编辑职业的本质特征，而由于公共文化产品通过社会传播，所以公共性只能通过社会化而得到转化和实现；如此一来，在公共文化产品中就包含了公共性与社会性两大元素。其中，社会性对应产品的商品属性，公共性对应产品的精神属性（文化属性）。也就是说，编辑职业本身包含着一个矛盾，即商品属性与精神属性的矛盾。由"居间性"所引出的编辑工作的哑铃结构，同时蕴含着从公共性出发向社会性转化的动态流程。怎样才能让这个流程畅通无阻地运转起来？怎样才能较好地实现商品属性与精神属性的统一？怎样才能从根本上克服二元性所带来的矛盾？怎样才能在充满现代性的当代世界不丢失精神的价值？笔者认为，具有奠基意义的一项理性自觉就是编辑必须首先具有情怀。

情怀就是责任，情怀就是担当，情怀就是动力。一部编辑史表明，凡优秀编辑，都具有高度的编辑情怀。情怀不仅意味着对编辑职业的热情与热爱，还意味着对编辑工作在整体文化事业当中的作用与位置的理性认同。有情怀的编辑必然将精神追求、社会效益置于首位，不被商业利益所支配。而且，他们懂得社会效益愈好，则经济效益愈丰，而非相反。当然，有情怀并不能保证必成优秀编辑，但缺乏情怀必不能成为优秀编辑。

必须指出，较之于古代与近代的编辑来说，当代编辑的情怀问题更加迫切与重要。这是因为，当代社会的复杂性、多重元素的交叉性，远非古代与近代社会所能比拟。当前的编辑出版业态已经具有依托新技术、覆盖全社会、主导传播链的特征，情怀成为一种非常珍贵的品德，能够作为凸显编辑精神价值的鲜明标识。

情怀总是与一个人的性格息息相关。某些人士不适合做编辑工作，实则就是指其性格与编辑应有的情怀脱节、脱钩。因此，编辑应该理性地认知、了解自己的性格。凡性格不合适做编辑工作的，大可不必勉强。

情怀也与对时代体认的深浅相关。倘若编辑能够对所处的时代具有深刻体认，就可以弥补性格上的不足，从而树立起高度的编辑情怀。2016年，习近平总书记在哲学社会科学工作座谈会上发表重要讲话："社会大变革的时代，一定是哲学社会科学大发展的时代。当代中国正经历着我国历史上最为广泛而深刻的社会变革，也正在进行着人类历史上最为宏大而独特的实践创新。这种前无古人的伟大实践，必将给理论创造、学术繁荣提供强大动力和广阔空间。这是一个需要理论而且一定能够产生理论的时代，这是一个需要思想而且一定能够产生思想的时代。我们不能辜负了这个时代。"[①] 这是编辑工作者体认时代性、树立编辑情怀的基本遵循。编辑同人应该从习近平总书记的重要论述出发，去深刻地体认当代中国、当代世界，体认新时代。只有从时代性生发出来的情怀，才会具有历史性、持久性，才能转化为源源不断的动力。

---

① 习近平：《在哲学社会科学工作座谈会上的讲话》，北京：人民出版社，2016，第12页。

二 优秀编辑必讲政治、懂理论

讲政治、懂理论是编辑工作的基本前提。基本前提不过关，其他均无从谈起。因此，编辑必须与以习近平同志为核心的党中央保持高度一致，深刻学习体认党的二十大精神，理解掌握习近平新时代中国特色社会主义思想的精髓要义，从新时代的时代特质出发，以当代中国马克思主义、二十一世纪马克思主义的理论立场把握学术前沿，繁荣中国学术，发展中国理论，传播中国思想，引领学术发展，以学术的方式体现时代性、前沿性、引领性。

优秀编辑不仅能够讲政治、懂理论，还能够高水平地讲政治、懂理论。衡量其水平高低的一个重要标准就是看其是否善于把政治命题转化为学术命题，是否善于将政治话语转化为学术话语，是否能够最终实现学术与政治的有机融合，是否能够最终达到科学性与政治性的有机统一。

以党的二十大报告来说，优秀编辑一定会非常自觉地学习、钻研，进而从中提炼出大量具有时代性、前沿性的学术议题，然后发挥编辑职能，组织策划选题，通过细致的编辑工作，将之转化为公共文化产品。显然，党的二十大报告主题，最鲜明、最科学、最精准地体现了当代中国的时代特征。我国的编辑出版事业处在全面建设社会主义现代化国家新征程、实现第二个百年奋斗目标的进程当中。编辑只有自觉地融入这个总进程，才能与时代同频共振，从而将编辑情怀奠基于新时代的高度之上。为此，优秀编辑会自觉地以党的二十大报告主题为总纲领，把握新时代的两条主线：一条是开辟马克思主义中国化时代化新境界的思想主线与理论主线，一条是中国式现代化的时代主线与实践主线。编辑只有精准地把握上述一大主题、两条主线，将其与编辑工作具体地融合在一起，才可谓做到了高水平地讲政治、懂理论。

事实表明，学懂弄通习近平新时代中国特色社会主义思想是一门大学问，任何浅尝辄止的想法和做法都不可取。党的二十大报告在一个主题、两条主线之下，全面、系统地论述了夺取中国特色社会主义新胜利所关涉的方方面面，是任何媒体都取之不尽、用之不竭的课题源泉。目前，我国理论界与学术界已经推出一大批学习阐释习近平新时代中国特色社会主义思想、阐释党的二十大精神的优秀作品。不可能要求所有编辑工作者都达到专业理论家与学者的水平，但是，作为编辑需要了解理论界与学术界有关成果的基本情况，熟悉作者的专业背景、擅长领域，熟知其中所涉及的理论热点与基本线索、基本理路。只有如此，才能精确地策划选题。

优秀编辑总是以对理论界了解的广度与深度来体现讲政治、懂理论的水平以及广度与深度。因此，讲政治、懂理论，在不同的群体当中，都必然会与其职业特点相结合，从而体现出"一"与"多"的辩证统一关系。

三　优秀编辑必有其基本素养

优秀编辑的素养既包括基本行为素养，又包括基本职业素养；既包含所有编辑工作的通则，又包含专业编辑工作的特例。优秀编辑通常具有如下八种基本素养。

一是对其所在媒体的性质与定位具有深切理解。事实表明，并非所有编辑都对所服务的媒体或平台的性质、定位具有精确理解。由此所造成的一个重要后果就是栏目设置、约稿、选稿、用稿与媒体定位之间发生错位。这些错位往往是模糊的，而非明确的，因而不易发现，但经不得推敲。以学术期刊为例，一些刊物所设置的栏目以及所刊发的文章，与这个刊物的性质及定位并不完全相符，因此刊发出来的文章在选题上便似是而非，如"经济"与"经济学"不分，"国际关系"与"国际关系研究"不分，"历史研究"与"史学研究"不分，等等。造成这种情况的一个重要原因，就在于编辑对于自家媒体的属性、对于自己所主持栏目的属性没有做到深切理解与把握，发生错位却不自知，因而以"模糊性"代替了"准确性"。

二是具有引领文化发展的高度理性自觉。优秀编辑一般都具有比较强烈的引领意识。他们并不满足于坐等来稿，更不会满足于编选"论文集"，而是不断地策划选题，以主题化的方式影响社会，体现引领性。这样的编辑其实溢出了其狭义的职业范围，具有了社会文化活动家与社会话题策划者的角色属性。历史上，章太炎、梁启超、张元济、陈独秀、李大钊等人，无不具有这样的身份特征。他们既是编辑，又是文化人，与文化界、学术界、科技界具有良好的互动关系，游走于出版界、学术界乃至社会各界之间，能够把具有前沿价值的学术研究组织好、传播好，最大限度地发挥媒体的引领力与影响力。

三是能够集"编辑家"与"编辑匠"的本领于一身。优秀编辑不仅能够"静"下来，而且能够风风火火地"动"起来。静下来编稿子，做到编辑匠的精细。动起来搞策划，做到社会活动家的"左右逢源"。编辑匠的眼睛往往很"毒"，稿件中各种细微毛病均无所逃遁。编辑家的思想往往很"活"，各种选题点子如泉喷涌、源源不断。优秀编辑往往能够将上述两种气质与风格集于一身。因此，不应该轻易地贬低编辑匠，因为他们身上所体现的"工匠精神"是编辑工作断断不可离弃的。但是，编辑也不应满足于只做编辑匠，从而将编辑工作窄化为校对工作。苏东坡在一首诗中说："妙算毫厘得天契；始知真放本精微"。真正的编辑家，并非只能在"真放"领域游走，而是同时具有实证功夫。马克思曾是一位编辑，也是世界顶级的伟大理论家。在马克思身上，体现了编辑家与编辑匠的和谐统一。

四是能够做到对学术行情的全盘把握。一般来说，最了解学人底细的是编辑，而非读者。读者所看到的是经过编辑加工的文本成品，而编辑能够看到作者的初稿。总体上说，绝大部分刊发出来的成品与作者的初稿相比，都会有所变化，甚至是极大的变化。因此，初稿往往最能反映作者的真实水平。对此，凡优秀编辑都对自己所在学科了如指掌。他们对于学术行情的整体把握、对于国内外学术前沿问题的总体认知，往往与对作者底细的真实了解相结合。因此，在进行选题策划时，他们会比较精准地选取作者，有意避开那些盛名之下其实难副的"泡沫"学者。而普遍编辑则往往慑于作者名气，将名气、头衔等同于水平，因而在对作者的错位认知中终与学界的实情隔了一层。

五是能够做到对各类信息来源的及时关注与了解。优秀编辑往往兴趣多多，总是处于兴奋当中，且非常敏感。他们不仅会跟踪了解国家级课题的申报情况，还会及时关注各种出版奖项评选、外译项目立项、科研课题结项等信息，及时掌握学术界点点滴滴的动态。但是，优秀编辑不会局限于同人圈子，不会受学界朋友诱惑，具有自行把控、判断、驾驭、断事的定力。在处置相关事务时，他会牢记"七大忌讳"：忌讳选题过小过窄，内容碎片化；忌讳卷入学术门户之争；忌讳伤害兄弟媒体；忌讳独断专行、闭门造车；忌讳准备不足、把握不周；忌讳原创性不足；忌讳对作者了解不够。尤其重要的是，优秀编辑会在各类信息来源中摘取出对自己最为有用的信息。

六是具有高超的选题策划能力。优秀编辑必然非常熟悉学术潮流、学术风气、学术流派、学术进展、学术史以及学术的时代性，对专业范围内的选题具有整体把控、判断、驾驭的能力，对超出自己专业范围的选题具有预估与选择的能力。优秀编辑一般具有"才""学""识""德"的综合素养，但以"识"为首要。对编辑来说，"识"比"学"更重要。"识"是眼光，"学"是范围，"才"是智慧，"德"是规则。眼光主要通过选题策划能力体现出来，它不会在规则之外运行，如同不会在棋盘之外对弈。"学"为之奠定基础，"才"为之提供动力。因此，所谓选题策划能力，实则是综合素养的集中体现。

七是坚持编研结合。优秀编辑必然会有一定的科研能力和科研成果，不然很难与学者打交道，甚至会遭学人"腹诽"。所以，优秀编辑往往具有编研结合的特质。但是，对编辑来说，编研结合有利有弊，而优秀编辑懂得趋利避害。所谓"弊"，就是编辑的研究专长可能造成刊物的同人化及内容窄化。优秀编辑不会让自己的专业特长异化为刊物的短板，不会只刊登自己专业或与自己观点一致的文章，不会陷于"编辑专制""编辑专横""编辑自固"的陷阱。优秀编辑会积极给作者提建议，但不会轻易修改作者文章，更不会轻率"指导"作者。优秀编辑总是头脑清醒，不会把作者的客气视为自己高明的镜像，从而产生身份错位，陷于孤陋而不自知。

八是了解出版法律法规。围绕编辑出版，国家出台了各种法律法规，优秀编辑必须了如指掌。此外，学术评价制度、媒体分类行规、新闻出版规矩，乃至各类规范性、标准性文件等，优秀编辑都会了然于胸。没有规矩，不成方圆，古往今来，概莫能外。对于编辑出版领域的各种规定、规矩、规范、标准，虽不能一一记住，但应如字典一样，常置案旁，时时查看。

四　优秀编辑能够做到"正确""准确""精确"的统一

我国编辑队伍的质量是优秀的。许多编辑长年埋头于"为他人作嫁衣裳"，牺牲了自己成"名"成"家"的机会，甘心做学术研究的幕后工作者，令人钦佩。但是，就笔者所熟知的人文社会科学期刊的编辑工作来说，还存在着许多"正确"但不"准确"、"准确"但不"精确"的问题，而优秀的学术编辑却能够做到"正确""准确""精确"的统一。

所谓"正确"而不"准确"，是指文章的政治方向、价值取向、学术导向都是正确的，但是，在概念使用、论断引用乃至术语使用上却不准确，偏离乃至背离统一规范的要求。对这样的文章，编辑是否有能力将其改编为既正确又准确的文本，无疑是一个重要考验。

所谓"准确"而不"精确"，是指上述两项均无问题，但引文、出处、注释等却很不精确。它们或者在引文上多字少字；或者有原始文献却引用、注释二手文献；或者在专业术语上想当然、讹误丛生；或者明明有正式出版的文本，却图省事注释网址；或者有晚出的权威版本，却依然使用早先的通用版本；或者在外文注释方面没有对照影印页。凡此种种，不一而足，均属于不精确的范畴，却又不属于校对问题。如何让这样的文本做到与正确、准确相匹配，对编辑工作也是一个严峻的挑战。

出现"正确""准确""精确"不匹配的原因，主要来自作者。毋庸讳言，在作者队伍中，大而化之、忽略准确、不论精确的作者不乏其人，在某些人文社会科学领域甚至比比皆是。特别是在常规术语的表述方面，明明有规范、有共识，这些作者却不遵守，而是"独出心裁""囫囵吞枣""各行其是"。对这样的作者来说，似乎仅仅做到"正确"就足够了。如果编辑对他们进一步提出"准确"与"精确"的问题，他们往往会反问：如果我们把一切都做得很好了，还要你们编辑做什么？

这样一来，问题便转移到编辑一方。对编辑来讲，一个文本存在不准确、不精确的问题，其实就等于不正确。因此，就文本的最终成品而言，编辑的责任反而较作者更大。但是，编辑是否有能力将正确而不准确、准确而不精确的文本，改造成为既正确又准确、既准确又精确的文本呢？这就是问题的关键所在。它实实在在地考验着一个编辑的能力和水平，凸显了编辑的价值所在。

对此，仅仅强调编辑工作作风上的严谨细致是不够的。因为，总体上看，我国合格的编辑人员大都具有严谨细致、一丝不苟的理性自觉与工作作风。但是，在这种严谨细致的工作作风之下，问题却依然存在。一位普通编辑的苦恼往往在于，在编辑工作中明明已经非常严谨细致，却依然发生文本错误。在严谨细致的工作作风中对文本中的错误却视而不见，这显然不是由于严谨细致的程度不够，而是由于经验不足。具体说，就是编辑的政治修养、理论素养、学术素养、敏感意识不强。由于经验不足，因而看不出隐藏在文本中的问题，从而暴露了编辑工作的最大软肋。

任何编辑的经验都是有限的，但优秀编辑会以思考去弥补经验或学养上的不足。例如，民国时期有一位名叫"孙倬章"的学者，有一本著名史学刊物却将其写成了"孙悼章"。虽然不能要求编辑必须了解孙倬章这位并不知名的人物，对这类错误似乎不宜苛责。但是，错误毕竟是错误，这类错误并非不可避免。如果一位优秀编辑遇到此类问题，他会思考，在人名当中怎么会出现"悼"字呢？因而会发生疑问，在疑问驱使下就会联系作者进行核对，从而避免人名错误。因此，只有"学"与"思"相结合，才能最大限度地避免文本错误。

为保证学术质量、避免文本错误，我国的人文社科期刊均采用三审三校制度、同行评议制度等。应该承认，我国的编辑出版制度是比较健全的。这些制度在很大程度上确保了出版物质量。但是，任何制度都无法代替人的素质。在编辑素质培养上加大力度，无疑具有基础性的重要作用。

反过来讲，由于素质不高、学养不够，编辑不但看不出隐藏在文本中的错误，还很容易将来稿中的正确内容修改为错误的。笔者就遇到过这类情况，原稿中的"辨章学术、考镜源流"被编辑修改为"辨析学术、考察源流"。显然，在这位编辑看来，前面的词句不通，因而便想当然地做了修改，结果以不误为误，徒然让人哂笑。

总之，编辑是专门与来稿打交道的人，其最终目标是使文稿真正实现"正确""准确""精确"的统一。既不要以不误为误，更不要对错误视而不见。要做到这一点，可以这样说：严谨细致的工作作风是前提，深厚广博的学养是基础，勤于思考是保障，强化培训是方法。

五　结语

北宋著名政治家王安石的《读史》一诗曰："自古功名亦苦辛，行藏终欲付何人？当时黯暗犹承误，末俗纷纭更乱真。糟粕所传非粹美，丹青难写是精神。区区岂尽高贤意，独守千秋纸上尘。"[①] 这首诗道出了编辑的辛苦与优秀编辑的境界。

优秀编辑就是在黯暗、承误、纷纭、乱真，乃至充满糟粕的"纸上尘"中淘洗"粹美"。当编辑出一篇丹青都难写就的"粹美""精神"佳作时，编辑就"尽"到了"高贤"之"意"，未枉费自古以来的千秋独守。但是，优秀编辑不会以此博取"功名"。优秀编辑的"苦辛"，只求"付"给"千秋""高贤"；在纸上灰尘中去伪存真，以"独守千秋"的孤寂，将"行藏""付"给不知名姓的知音，将粹美充盈的精神作品交付给千秋后人。

这就是所谓"为他人作嫁衣裳"的含义，也是一位优秀编辑的情怀和境界。

（本文原载《科技与出版》2023 年第 4 期）

----

① 《王安石全集》，张鹤鸣整理，武汉：崇文书局，2020，第 248 页。

人梯尤须兼四长

晁天义，编审，博士，毕业于陕西师范大学。2009年进入中国社会科学院中国社会科学杂志社工作，现为中国社会科学杂志社史学编辑部主任。

晁天义
中国社会科学杂志社

关于如何成为一名合格乃至优秀的学术编辑，学术界已经提出了许多具有重要参考价值的意见。比如有学者认为，优秀的学术编辑在从事编辑工作的同时也应该拥有自己的"一口深井"，成为某一领域学有所长的专家；有学者则认为，做一名"杂家"更符合编辑实践的内在角色要求和学术期刊编辑规律；有学者强调，青灯黄卷下的职业坚守、甘为他人作嫁衣的奉献精神，是优秀学术编辑即使在面临"身份焦虑"和"职业困局"时也应恪守的可贵品质……这些见解道出了一名优秀学术编辑炼成之路上的种种艰辛和不易，在给人以深刻启迪的同时，也为学术编辑化解焦虑、突破困局指出了努力方向。在笔者看来，对编辑专业特长或职业道德重要性的强调无疑具有其合理之处，但客观上却有将成就优秀学术编辑的诸要素人为割裂甚至简单对立之嫌，是为其不足。

1300多年前，唐代著名史家刘知幾曾提出著名的"史才三长"说。他认为，一名优秀的史家需要具备才、学、识三方面的特长。由于三长兼具不易，因而优秀史学家难得。他进一步解释说，有学而无才，就像愚笨的商人手握重金却没有掌握做生意的方法，因此不能增值盈利。同样的，有才而无学，则如心智灵巧的匠人徒有满脑子想法却没有上等的木材、施工的工具加以利用，因而终究建不成房屋。大约1000年后，清人章学诚在刘氏"史才三长"说的基础上做了拓展和补充："才、学、识，三者得一不易，而兼三尤难，千古多文人而少良史，职是故也。……能具史识者，必知史德；德者何？谓著书者之心术也。"① 自从章氏以"著书者之心术"解释"史德"之后，"史家四长"说不胫而走，成为学界关于良史的普遍判断标准。

实际上，不惟良史难得，优秀的学术编辑也殊为难得；不惟良史须兼具"四长"，优秀的学术编辑又何尝不是如此？这是因为，学术编辑职业具有的公共性、综合性特点，决定了任何单一素质都不足以成就一名优秀的学术编辑；要成为一名优秀的学术编辑，必须同时在才、学、识、德四长的综合方面下足功夫。借用学界惯用的"人梯"之喻，不妨将其概括为"人梯尤须兼四长"。

第一，学乃编辑之基础。近年来，学术出版领域关于"学者型编辑"是非功过的讨论与争论十分热闹，各种观点你方唱罢我登场，大有后息者为胜之势。笔者认为，不宜将编辑身份与学者身份简单对立起来，而应该将二者视为对立统一的两面。《论语·为政》云："思而不学则殆。"章学诚说："古人未尝离事而言理。"同样的道理，如果一名编辑徒有雄心壮志，却没有相关的

---

① 章学诚：《文史通义》内篇五《史德》，刘公纯标点，北京：中华书局，1956，第144页。

知识积累和实践经验，那就可能提出一些大而无当、缺乏可行性的要求。相反，只有对于相关领域、相关话题有相当程度的了解，清楚某选题在学术史中的位置，清楚该话题最新的进展情况，才有可能把准要害，组织学界按照学术脉络"照着讲""接着讲"。由此出发的选题策划、学术活动才不会脱离实际，才可能获得实质性创新和推进。

从这个意义上讲，优秀的学术编辑必须对自己所从事专业的学术史、学术发展大势有相当的理解，甚至需要在某个专业问题上有自己的研究心得。"如人饮水，冷暖自知"，学术史的必要积累和学术研究的亲身实践，不仅可以使编辑对相关领域的具体研究状况了然于胸，更能提升其对学术研究规律的认知能力，培养其对学术的敬畏之心。《孟子·尽心下》云："贤者以其昭昭使人昭昭，今以其昏昏使人昭昭。"[1] 如果没有扎实的研究实践，学术编辑对于学术研究的感觉必然疏离甚至产生隔膜，其后果轻则强不知以为知，重则以己昏昏使人昭昭，遗患不小。

在"学"的积累方面，对于一名学者而言，扎实的专业知识或许足以保证他在自己的领域内做出独创性贡献；但对一名优秀的学术编辑而言，做到这点恐怕仍嫌不够。这是因为当前的许多学术话题都具有多学科、跨学科的特点，一名学术编辑的学科结构过于单一，眼光不够长远，视野过于狭窄，就会限制他选稿用稿的水准。"一事不知，以为深耻"，这是古人对博学多识者的要求。对于优秀的编辑而言，多方面知识的积累同样必不可少，这就要求学术编辑尽可能地拓展知识面，做一个终身学习者。这方面需要掌握的除了专业知识之外，还包括国家大政方针、期刊出版、学术编辑领域的业务知识等。对于学术编辑而言，博与约是一对相辅相成的范畴。既要强调学术研究中的专深，又要注重知识积累中的广博。如果既能做到"为学日益"，又能做到"为道日损"，就距离优秀编辑知识上的积累要求不远了。

第二，才乃编辑之利器。"言之无文，行而不远"，编辑之才，首先意味着清晰的逻辑思维能力、良好的材料组织能力和卓越的文字表述能力（即

---

[1]《孟子十四卷》，赵岐注，北京：商务印书馆，1921。

古人所谓辞章、辞采）。然而正如章学诚所说："辞采以为才也……非良史之才。"[①] 编辑之才包括辞采，但又绝非限于辞采一端，更不能恃才以自炫。如果仅仅将才理解为辞采或文采的话，就可能忽视其他方面，就可能对稿件中存在的逻辑错误和语法问题轻轻放过而浑然不知。

其次，编辑之才还意味着选题策划能力和活动组织能力。陈寅恪说："一时代之学术，必有其新材料与新问题。取用此材料，以研求问题，则为此时代学术之新潮流。治学之士，得预于此潮流者，谓之预流（借用佛教初果之名）。其未得预者，谓之未入流。"[②] 学术研究自有其发生发展规律，一个时代的学术有其相对集中的主题和使命，此即所谓"学术之新潮流"。作为一名学术编辑，能否洞悉这种学术新潮流并且加以及时、准确地回应，做一个"预流"而非"未入流"者，是检验其编辑之才的关键。不难想象，如果缺乏"预流""入流"意识，缺乏策划之才，即使偶尔刊发了一些质量不错的稿件，那也只是运气使然，并不具备可持续性和可重复性。

第三，德乃编辑之前提。古代史家著史时所持的所谓"心术"，包括把握主体与客体之间关系的分寸，坚持伦理规范等多层丰富内涵。对于一名优秀的学术编辑而言，"德"也是一种"心术"，是促使编辑工作顺利开展、防止编辑行为越界的重要保障。当然，由于编辑的日常工作主要是与作者和稿件打交道，因此"心术"更集中地体现在公共活动中。首先，"心术"意味着一名优秀的编辑应该恪守职业伦理，具备强烈的使命担当意识。与个体化的学术研究有所不同，学术编辑的工作很大程度上具有公共性，这种工作既服务于学术界，又依赖于学术界。学术编辑工作的这种性质，要求这一角色必须胸怀国之大者，推动学术健康发展。与此同时，优秀的学术编辑也应该在秉持学术良知、坚守学术底线、构建亲近清白的编辑与作者关系等方面尽责担纲。

其次，"心术"意味着包容心。学术编辑应该有自己的一口深井。然而这口深井同时也是一把双刃剑，如果发挥得当，就可能助益编辑工作的进步；

---

① 章学诚：《文史通义》内篇五《史德》，刘公纯标点，北京：中华书局，1956，第144页。

② 陈寅恪：《〈敦煌劫余录〉序》，载《金明馆丛稿二编》，北京：生活·读书·新知三联书店，2001，第266页。

如果发挥过当，则可能造成严重后果。很简单的道理，拥有一口自己的深井的编辑，往往难免有自己的学术志趣甚至观点偏好，而在策划选题、稿件遴选等过程中，这种偏好必然自觉不自觉地影响判断力。正确的做法，当然是让编辑自己的学术素养服务于编辑活动，将自己的优势变为刊物的优势；守好自身学术偏好的"权力"边界，而不是党同伐异，将自己的偏好变为刊物的劣势。凡此种种，都对学术编辑提出了更高的道德要求。

最后，"心术"意味着奉献精神。学术编辑是"为他人作嫁衣裳""甘为人梯"的工作。为他人作嫁衣、甘为人梯的结果，一方面是看到许多新娘子在自己的装扮下顺利出阁、一批优秀的学者踩着这架梯子登上学术的巅峰，另一方面则是不经意间把自己熬成了嫁不出去的"老姑娘"。因此，以编辑为业，很大程度上意味着要放平心态，甘于奉献。从这个意义上讲，能够认清职责所系，受得了委屈，耐得住寂寞，也是编辑"心术"的体现，更是对一个优秀编辑的必然要求。这也意味着，如果要取得与专业学者可以比肩的一流研究成果，编辑就必须付出格外艰辛的努力。

第四，识乃编辑之目的。所谓识，即创新性见解。章学诚说："史所贵者义也……非识无以断其义。"[1] 对于编辑而言，识居于工作的核心位置，才、学、德，都服务于识。如果没有创新性见解，无论多么华丽的辞章、渊博的知识、高尚的道德，都将形同虚设，无处附着。首先，编辑之识意味着洞察学术热点和前沿动态，善于"披沙拣金""沙里淘金"。新的学术环境和研究条件，带来学术研究的大繁荣、大发展，与此同时，学术研究中也不乏泥沙俱下、鱼目混珠的现象。由于学术编辑通常处在投稿的第一线，需要直接面对大量的作者和来稿，及时准确地对稿件的质量和价值做出鉴别，这就要求学术编辑具有存优去劣的本领。

其次，编辑之识，还体现为能够从海量的来稿中发现尽管尚存某些不足、但在核心创见上有真正贡献的稿件，进而提出有建设性的意见，帮助作者完善稿件。这种比"披沙拣金""沙里淘金"要求更高的本领，被人们称作

---

[1] 章学诚：《文史通义》内篇五《史德》，刘公纯标点，北京：中华书局，1956，第144页。

"点石成金"，是对学术编辑见识的更高要求。

再次，学术编辑之识，还意味着能够在编辑过程中敏锐地发现和建设真正有潜力的作者队伍（尤其是青年作者队伍）。一般而言，在组织稿件或策划选题时，向已经享誉学界的名家大家约稿，是比较省心，也是鲜招物议的做法。真正困难的，是发现乃至培养那些名不见经传、但表现出良好发展势头的青年学者。对青年学者的发现和培养，既能体现编辑的眼光和见识，更重要的是有助于发挥学术期刊在人才培养方面的功能。关于这点，以往并不为期刊界所重视，实则最容易检验编辑的见识。

最后，学术编辑之识，还体现为准确鉴别和裁汰伪渊博、伪深刻、伪创新。章学诚曾批评说："记诵以为学也，辞采以为才也，击断以为识也，非良史之才学识也。"[①] 可见太阳底下没有新鲜事，伪渊博、伪创新、伪深刻自古而然。值得注意的是，近年来不乏经过精心包装的所谓"学术研究成果"屡屡在某些学术期刊粉墨登场、招摇过市，给学术界和期刊界生态带来巨大损害。这种现象的出现固然有多种原因，而学术编辑裁断或辨识能力不强，以至于良莠不分，形式化地判断稿件的价值，恐怕与此也不无关系。

以上只是就学术编辑所谓"四长"的最一般性讨论，实际上其丰富内涵仍有待进一步深入发掘。此外，关于"人梯尤须兼四长"的理解，似应有以下几点补充。

首先，"四长"虽有各自相对明确的层次区分，但绝不是截然割裂的，四者之间实际上构成一个有机整体。正因为如此，要做到"人梯尤须兼四长"，就要在"兼"字上下足功夫。才、学、识、德四者当中，学是材料，是基础，是出发点；才是利器，是支柱，是工具；德是前提，是保障，是指针；识是目标，是关键，是要旨。才、学、识、德既是优秀编辑的四项修养，也可以视为优秀编辑炼成过程中首尾相衔、相辅相成的不同环节。人梯而无学，便会成为无源之水，便可能失去对学术工作的理解和敬畏。人梯而无才，便缺少有效的方法论支持，便会无所依仗，飘忽不定。人梯而无德，便可能无视

---

① 章学诚：《文史通义》内篇五《史德》，刘公纯标点，北京：中华书局，1956，第144页。

职业规范，甚至在风吹雨打中迷失方向。人梯而无识，便会丧失本旨，可能以己昏昏使人昭昭，甚至"黄钟毁弃，瓦釜雷鸣"。学术编辑工作对综合性有很强的要求：四者独有尚且难得，四者兼具谈何容易！然而唯其难能，故而可贵。

其次，学术编辑职业的公共性特征，决定了"人梯四长"具有特殊意义。古人云："文章千古事，得失寸心知。""夫道，天下之公道也；学，天下之公学也。"就其同而言，学者和编辑都是学术活动的从业者，面对的都是学术这项公共产品的生产和传播。所不同者，学者需要面对的往往只是相对具体的学术问题或学术领域，而学术编辑需要面对的则往往是某个学科乃至整个学术界。职是之故，学者事业的成败影响的通常只是某个具体的学术问题或领域。对比而言，学术编辑策划什么样的选题、刊发什么样的稿件，其得失却足以影响一个学科乃至整个学术界。因此，只有四长兼具者才有可能成为学术良知、学术净土的坚守者。四长不备者，也许仍可成为一名优秀的专家或通才，但绝不可能成为一名优秀的学术编辑。

最后，北宋著名政治家王安石尝云："看似寻常最奇崛，成如容易却艰辛。"[①] 学术编辑的寻常之处，实际上隐藏着人们习焉不察的无数艰辛。一个时期以来，期刊界存在这样一种现象，即对于学术编辑这项工作而言，"想干的人干不好，能干的人不愿意干"。究其根本，正源于四长兼备绝非易事。事实上，相对于术业有专攻的专家学者而言，学术界对于优秀学术编辑的要求不是更少而是更多，期待不是更低而是更高，标准不是更宽而是更严。惟有才、学、识、德四长兼备，同时具备思想家、学问家、社会活动家和编辑家的素养，才有可能成为编辑领域真正的将才、帅才。面对新时代中国学术、中国期刊事业发展的更高要求，有志向的学术编辑如何切实提高才、学、识、德四方面的修养，宜作从长从深之思。人梯果能兼具四长，则不仅学术编辑之"身份焦虑""职业困局"庶几可以缓解，而且学术编辑角色之矮化、学术编辑功能之异化等怪象亦可以休矣！

---

① 蔡上翔：《王荆公年谱考略》，上海：上海人民出版社，1973。

做编辑也是天下第一好事

莫　斌
中国社会科学杂志社

莫斌，副编审，博士，毕业于复旦大学。2011年进入中国社会科学院中国社会科学杂志社工作，现为中国社会科学杂志社哲学编辑部副主任，《中国社会科学》《中国社会科学评价》《美学研究》《中国社会科学文摘》《中国社会科学报》编辑。

2011年春季开学前，我大致完成了博士研究生毕业论文的写作，就北上到中国社会科学杂志社实习，实习半年后通过笔试和面试正式入职杂志社，不知不觉中已从事编辑工作12年了。感谢杂志社的培养，社里一直有很好的"传帮带"的传统。领导非常关心青年人的成长，为编辑各方面的发展和进步创造条件。老编辑们以身作则、言传身教，不仅是我们的学术导师与职业导师，更是我们的人生导师。杂志社作为学术出版的重要综合性平台，比我刚入职时已经壮大了很多，不断实现跨越式发展，现在已形成"九刊两报一网"的新格局。作为青年人和年轻编辑的我能与杂志社的繁荣发展共同成长，真是一件幸事。当总编室的同事通知我参加本书的征稿，顿感诚惶诚恐。杂志社诸多前辈先进、青年才俊都编研俱佳，是编辑工作的行家里手，对学术发展脉络有精微的把握，其实他们都比我更适合谈论这个主题。人们都说读书是天下第一好事，做一名编辑其实也是天下第一好事。

一　编辑工作是一项科学的事业

我对编辑工作的了解是从杂志社的一本本编辑规范手册开始的，这包括《采编工作手册》《校对手册》《报纸版式手册》等。这些工作用书一直放在我案头最醒目的位置，好方便随时查阅。编辑工作是一项科学的事业，不可有丝毫马虎。整体而言，学术刊物其实对编辑提出了很高的要求，需要编辑坚守科学精神，坚守职业道德，坚守学术规矩；坚持做人、做事、做学问相统一。具体而言，编辑工作体现在日常性、规范性、经验性与历史性四个方面。

编辑工作的日常性体现在较为繁复而琐碎的工作日常，从选题策划到组稿约稿，从稿件初审复审到与作者反复沟通修改，从编辑加工到校对质检，从稿费登记到样刊邮寄，等等。"为人梯者"的编辑常常要多线程工作，也常常会挤占自己读书做科研的时间，所以编辑常常被视作"为他人作嫁衣"的无名英雄。在这个意义上，编辑工作需要更多的奉献精神，尤其是爱岗敬业、一丝不苟的精神。我曾仔仔细细阅读了《"作嫁衣者"说——中国社科院学术期刊编辑心声》一书，感佩我们社科院学术编辑的辛勤付出，也为自己是其中一员而感到自豪。

编辑工作的规范性具体呈现就是流程化。编辑业务是出版工作的一个环节，一环扣一环。杂志社为确保期刊坚持正确的政治理论导向、学术导向和学风导向，保持较高的学术质量，在审稿方面严格实行三审制度、匿名审稿制度、匿名审稿回避制度等一系列制度。此外，任何时候编辑工作都要小心翼翼、如履薄冰。"差不多"的想法要不得，"依靠别人"的想法也要不得。不能老是天真地想让其他环节的老师、同事帮自己把关。编辑有守土之责，"齐清定"即是职责所在。只有真正做到一丝不苟，才能对自己编辑的每一个字负责。

编辑工作的经验性是指我们需要不断在工作中训练编辑眼光和磨炼编辑技艺。老编辑们总是说，好的稿件都是打磨出来的，好的编辑也是打磨出来的。编辑工作属于沉浸式工作模式。想要发掘最具创新价值的高质量学术成果，需要在编辑行当里摸爬滚打很多年才能找到些许感觉。

"穷则独善其身，达则兼善天下"，这是中国读书人始终崇尚的品德和胸怀。编辑工作的历史性就体现在，立足于新时代新征程，学术编辑的奋斗目标和前行方向归根结底就是与国家和时代一起成长。家国情怀是历史性的重要表征。编辑的眼界是和刊物的历史、学术发展史紧密结合在一起的，不能躲在小楼成一统，以己昏昏，使人昭昭。读万卷书，编万册文，行万里路，学术编辑应该学会用脚步丈量祖国大地，用眼睛发现中国精神，用耳朵倾听人民呼声，用内心感应时代脉搏。

二　编辑工作是一项跨学科的工作

跨学科研究是当代学术发展的一个趋势，也是当下中国社会转型的现实需求。当代社会发展的复杂性决定了任何重大理论问题和实践问题都具有多样性、综合性、整体性的特点，无论是问题的发现、提出还是解决，已非单一学科的内部探究所能胜任，需要多学科力量的融合和支持，包括研究对象的交叉重合、研究方法的相互借鉴、研究成果的彼此渗透汇通等。新的学术生态决定了编辑工作是一项跨学科的工作。在编辑工作中形成跨学科视野，通过跨学科意识成就高质量的编辑工作。

我参与编辑工作不久，总编室负责质检环节的编务老师就问我有没有时间和兴趣阅读其他学科的稿件。我当时比较纠结，既想通过质检工作锻炼编辑技能，又担心隔行如隔山，看不懂其他学科的文章。编务老师当时告诉我，如果坚持多年阅读其他学科的文章，整个编辑眼界就会打开，能很好地把握学术脉络。这一席话真正地触动了我，使我埋下了编辑工作中跨学科意识的种子。我在后续日常的稿件编辑、选题策划、会议组织等工作中慢慢打磨自己的跨学科视野。

以我所在的哲学学科为例，跨学科工作具体体现在三个方面：坚持跨哲学二级学科的理念，推动哲学界内部的互动与交流；跨越一级学科，推动哲学与其他学科的对话；在交叉学科与新兴学科视野中推动哲学理论创新。

对于中国哲学界而言，打破学科壁垒，开展哲学对话，融会中哲、西哲、马哲三大学科资源，真实面对当下现代化转型中的中国问题，建构哲学在当代中国的新话语形态，建构中国人面向未来的精神家园，是近20年来中国哲学工作者共同的初心与使命。为此，中国社会科学杂志社哲学学科曾组织过五届中哲、西哲、马哲专家论坛。给我留下印象最深刻的是，与会学者逐渐充分意识到中、西、马哲学对话的必要性和可能性，努力以一种内在方式激活中哲、西哲、马哲的理论资源。通过相互承认各自理论的价值，并在各自理论构建和对现实的观照中借重不同的资源，发挥各自的理论优势，从而真正实现哲学内部的对话。尽管在一些具体观点上存在分歧，但学者们普遍认为，不同专业背景的学者在从事跨越不同学术领域的研究时，须立足于当下的中国现实，面对中国问题，突破自身知识结构和学术视野的局限，进行细致的文本阅读与精确的概念运用，发挥自己的创造力，以自觉的主体意识构建当代中国哲学的新形态。回顾这项工作，哲学界内部的互动与交流为推动哲学与其他学科的对话、在新兴学科视野中推动哲学理论创新初步构筑了理论地基。

可以说，真正的具有范式创新意义上的高质量跨学科研究，不是简单地把几个不同学科如拼盘一般凑拢在一起，而是追求各个学科聚焦某一共同话题，在思想理念和方法建构上进行融合。学科内部结合各自知识结构的具体实际大胆探索、敢为人先、开拓创新，尤其是在前沿和未知领域以问题为导向，寻求有效解决新矛盾新问题的思路和办法。在推动交叉学科、新兴学科等方面，杂志社做了大量卓有成效的工作，近期还专门把"跨学科与新兴学科研究"列为年度重点选题。

以哲学与认知科学的交互作用为例。哲学与前沿的认知科学在某种条件下既构成双向挑战的态势，又具有双向推进科学和哲学发展的效应。比如，随着当代认知科学的深入发展，国际认知哲学领域逐渐兴起一场实验哲学运动，一些机构成立了相应的哲学实验室，其研究问题域与研究方法对经典哲学研究方法论构成了挑战。这就是厦门大学周昌乐老师《哲学实验：一种影响当代哲学走向的新方法》(《中国社会科学》2012 年 10 期) 一文的缘起及背景。周老师是厦门大学智能科学与技术系教授、福建省仿脑智能系统重点实验室主任，还在不同高校兼任着计算机科学与技术、基础数学、中国语言文学、中医诊断学与哲学等五个不同学科门类的博导。这是我较早以编辑身份接触并约稿的跨界研究学者，当时囫囵吞枣般地在中国人民大学文科楼听了周老师一场相关讲座。虽然国内外哲学界对如何评价实验哲学的作用和贡献至今仍存在不少争论，虽然这篇文章仍然是评介色彩浓些，虽然因知识结构欠缺当时编辑工作没那么出色，但通过有意识地跨学科约稿的确可以成就不少高质量的稿件 。

三 编辑工作是一门创造的手艺

编辑工作早已经进入了策划时代，编辑对文稿有效驾驭和把握的过程，凸显了编辑主体性和编辑价值。在学术共同体内，作者、编辑与刊物之间的定位问题值得重新思考。哲学社会科学期刊出版机构属于学术成果孵化器，如果发挥不了培育功能，就只是一个论文发表市场。没有专业学术编辑主体性作用的发挥，期刊的学理性与创新性是很难实现的。

学术的争鸣与对话永远始于问题而终于问题。当代社会发展的错综复杂性，决定了学术论文的写作不仅是个理论问题，而且是个实践问题。写作背后蕴含着哲学社会科学理论如何创新的难题，其实质是人与人之间如何对话、形成共识并一同追求美好生活的过程。研究者与读者处于说与听、教与学的张力之中，孕育着批判性思维，形成视域融合。哲学社会科学报、刊、网等媒介作为学术科研成果的发布平台，编辑、作者与读者之间始终处于互动之中，都是学术共同体的一员。编辑作为当代学术生态中的重要一环，扮演着学术生产机制中的产品经理角色，深度介入哲学社会科学理论创新，担负着议题挖掘、成果培育、学术思想的传播与对话等职能。如此，当下知识生产的态势与哲学社会科学理论创新的图景就以期刊与编辑的视角呈现出来。

可以说，加强选题策划一直是编辑工作的抓手，是发现和培育稿件的利器，也是近些年来不断被不同刊物复制和学习的好经验。好作者、好选题不断被挖掘，好稿件也可能会不断被刊物之间相互截留。与之对应的情况是，好作者的时间和精力是有限的，好稿件也有创作周期，学术编辑如何应对？如何培育出有思想的创新型文章？

我们应该看到，智能时代的科研形态与写作模式不断在变化中重塑自身。在未来二三十年，学术研究如何发展？比如，到2050年，学术研究将呈现何种形态？人在智能时代的思考与书写肯定与以往非常不一样。近期国内外学界关于ChatGPT本质的争论就是一个很好的例证。从研究的方式来说，学科教育与研究在当下越来越专业化，也有碎片化的趋势。学术生产也需要科研版的供给侧改革，顶尖学者与普通学者平行化和日常化，同质产品过剩。当代学术机制训练了一批精致的工匠型研究人员。从学科建设和发展来看，系统严格的训练、长期的积累是必要的，但如果只有这些，是否足够了？学者的工作模式是选择概念式的、历史性的文本梳理（即一种容易的方式），乐于当一位"学术啃老族"，还是在多元的、跨文化视域中进行创造性的阐释（即一种难的方式），这成了以学术为职业和志业的学者所面临的选择，也是学术编辑在策划选题和培育稿件时不得不面对的难题。同时，我们也要客观地说，从"知识之树"看学科的功能定位与分工，也许只有少部分比较有天赋之人从事理论创新，进行元理论层面的范式转换；一部分从事学术史研究，进行经典阅读与通识教育；一部分从事实践类研究，调研并提炼问题，比如产、学、研紧密结合的跨学科门类。

新时代的学术期刊是反映时代精神、中国经验和学术主张的思想阵地，编辑要善于与作者合作，提出解题思路，在思想市场竞争中取胜。学术难题是思想对话的阶梯。源远流长的学术史证明，提炼学术难题是一项伟大的事情，也是一件冒险的事情。难题的提出和解答，不仅可以激励中国学者的探索兴趣，而且可以让公众了解当今世界学术发展的态势。我们不仅需要回答"是什么""为什么"，而且还需要回答"怎么办"。这种命题、破题和解题的过程，孕育着"世界眼光、人类情怀、中国视角"，推动当代中国的学术体系建设与发展。

在文章写作过程中我重新学习了中国社会科学杂志社社史，重温了胡乔木同志确定的《中国社会科学》办刊方向和编辑方针："以马克思主义为指导，研究国内外社会历史和学术思想，增进国际学术交流，为我国的社会主义现代化和我国哲学社会科学的发展服务。"他明确要求《中国社会科学》发表的论文质量要在全国是第一流的，能代表中国社会科学院乃至我们国家的社会科学水平，能够带动全国的哲学社会科学研究工作。不忘初心，砥砺前行。我非常钦佩杂志社前辈的付出，愿自己继续努力，所编发的文章都能接近并达到这个要求，不负韶华。

莫问收获，但问耕耘

——我的编辑工作体会

高明秀，副编审，毕业于北京大学。2005 年进入社会科学文献出版社工作，现为社会科学文献出版社国别区域分社总编辑、《当代韩国》编辑部主任。

高明秀
《当代韩国》编辑部

多年来，《当代韩国》一直在努力跟着中国社会科学院学术期刊大家庭的脚步，走得蹒跚吃力。2018 年杂志曾入选《中国人文社会科学期刊 AMI 综合评价报告（2018 年）》扩展版名录，编辑部为此抱着极大的信心，在专家审稿、稿件编辑和流程管理等方面均又积极进行了调整和完善，希望能够更上一层楼。未料 2023 年却未入选扩展版名录，这于编辑部而言，确实是一个不小的打击，反思之余也着手发现和改进工作中的不足之处。

担任《当代韩国》编辑十多年来，我与杂志产生了深厚的复杂的感情。一方面，常常为文章质量、自己的能力和刊物将来的发展苦恼和焦虑，甚至产生过退却的念头；另一方面，又不舍得离开编辑部，尤其是在《当代韩国》发展势头越来越好、越来越得到学界认可的情况下，更希望能为杂志的发展添砖加瓦，贡献自己的一份绵薄之力。

一 多方助力，促进期刊发展

《当代韩国》的主办单位是社会科学文献出版社，这与多数期刊的主办单位为科研机构有所区别。出版社的主要业务是图书出版，因此很难做到像科研机构那样把刊物发展和机构自身发展结合起来进行系统、长远的规划和考虑；背后也缺乏科研机构强大的研究队伍的支持；而编辑本身的学术素养也稍欠缺，对一些难点、重点话题的把握很难到位。为弥补这一先天不足，《当代韩国》编辑部的主要途径之一就是借助外部力量。

首先，编辑部积极熟悉国内各相关研究机构，这种熟悉不仅仅是要知道各研究机构的研究重点和研究专长，还要参与他们的活动中去，主动和他们"打成一片"。比如，共同举办研讨会，策划会议主题，结合各机构研究情况邀请他们组织专题文章，等等。对于编辑部而言，这一方面是"借力"，我们借此来了解学术动态，结识圈内学者；另一方面也是"助力"，即真心实意地帮助这些机构，与他们合作，为他们做好服务工作。只有双方共同发展和进步，才是合作的长久之道。

其次，学习同类刊物的办刊思路和方法，尤其是向中国社会科学院同类刊物"取经"。中国社会科学院有近百种学术期刊，有着丰富的办刊经验和完善的管理制度。比如刊物的匿名评审制度、编辑部选题会制度、三审三校制度以及每个季度的专家审稿制度。这些制度能够保证文章的政治性、学术性和思想性，能够剔除质量低劣的文章，同时也最大限度地保护编辑不受"人情"的困扰，就文章"做文章"。在中国社会科学院近百种学术期刊中，国际政治类期刊有十几种，并且和《当代韩国》一样，主要以国别区域为研究对象。尤其是随着2022年区域国别学成为研究生教育一级学科后，期刊如何助力学科发展、促进学科建设和融合，如何将地区研究与问题意识结合起来，如何为国家战略服务、推动区域国别学发展，这些问题更加凸显。近年来，中国社会科学院国际政治类期刊就上述问题进行了不少探索，并在选题领域、组稿思路等方面尝试了诸多新举措。"近水楼台先得月"，《当代韩国》编辑部可以方便地从社会科学文献出版社期刊分社查阅其他兄弟期刊，积极向这些刊物学习其栏目设置、选题角度等，遇到问题时也会直接向各个期刊编辑部请教，他们都不吝把宝贵的经验和可能遇到的困难与《当代韩国》分享。

最后，建设好专家库。这些专家既是刊物的潜在作者，也是刊物的审稿人，更是刊物的读者。对于每一份专家意见编辑部都会认真学习，琢磨专家评判稿件的标准、修改文章的思路，了解当前研究的重点、难点和热点。这样做，一方面可以提升自己的内功，另一方面是为了准确把握专家的意见，并将其更好地传递给作者，希望文章能够"旧貌换新颜"，再上一个台阶。幸运的是，这么多年来，学界同人不吝帮助，对于编辑部提出的审稿请求未曾有过推辞。他们不但会对文章提出中肯的意见，有的审稿专家甚至会写出详细的修改建议，在稿件上做批注，比编辑还要详细，也会和编辑耐心交流。当编辑把这些建议转达给作者时，作者在向编辑部表示感谢的同时，更表达了对审稿专家的敬佩和谢意，对文章的修改也格外用心。

当然，上述所有工作都离不开出版社和社领导的支持。社会科学文献出版社是经营主体，多年来为《当代韩国》投入大量经费和人力，以维持刊物的运作。同时，社领导也在运作流程上做了很多考虑，如将《当代韩国》编辑部设在国别区域分社，以便更好地整合社内外资源；在对编辑部的考核上以社会效益为主；鼓励编辑部办会参会，鼓励编辑编研相长，多做一些研究性的工作；在稿件的录用上，以质量为第一标准。正是因为有社领导的大力支持，《当代韩国》编辑部才能心无旁骛地以办刊为中心，安心编稿。

二　大力培养学术新人，促进学术繁荣发展

《当代韩国》的作者中，有不少是刚刚参加工作的青年教师和高校在读博士生，他们的文章多数略显稚嫩，但不乏思想和理论的创新。不放弃每一篇有价值的文章，是编辑部一直以来一条不成文的规则。编辑要有一双"慧眼"，发现文章的闪光点，这其实也是对编辑学术能力的考验。基本上，编辑对每篇文章都会反复阅读思考，查阅相关资料，然后才提出编辑意见。实际上，每篇文章多多少少都有自己的局限性，难得有文章在投稿时就在各个方面达到了刊发的标准，这就需要编辑用心对待。比如，选题好的文章，逻辑论证方面不够清晰；有的文章所涉主题论述全面，但分析深度不够。诸如此类，编辑都要在经过仔细考虑后再和作者进行沟通，特别是有些选题并非编辑所长，编辑在沟通时就更要注意尊重作者的思想，倾听作者的想法，体会作者的学术立场，切勿犯经验主义错误，武断地"指导"作者改稿。记得我刚刚做编辑时，常常想当然地、一股脑儿地和作者说应该如何如何修改，而在编稿中遇到不甚清楚的史实或者理论时，采取放任不管或者一笔划掉的做法。现在想来，这些实际上都是不尊重作者、不尊重学术的表现。

在组织选题方面，《当代韩国》多采用专题约稿形式，比如，围绕某一主题与研究机构和研究者共同策划，取得了较好的效果。近年来，编辑部围绕年终盘点、日韩贸易战、韩国与周边国家关系、韩国大选、中韩建交30年、印太战略、印太经济框架，以及与新冠疫情相关的粮食安全、公共卫生、公共外交等热点问题，组织了一些稿件，取得了一些经验，也总结了一些教训。所谓经验，就是有意识主动策划的选题，可控性强一些，作者队伍相对比较稳定，稿件质量也有保障。由于所策划的主题本身就是学术界的热点、重点问题，因此获得了较高的关注度，在中国知网上的下载率和引用率都有较明显的提升。此外，也进一步密切了《当代韩国》与各研究机构的关系。但教训也有不少，主要是约稿对编辑能力有一定要求，有时候会存在沟通问题，导致编辑意图与作者最终成文有距离，需要反复

多次沟通；有时候会存在作者拖稿问题，甚至最后拿不到稿件，影响出版进度，这就要求编辑向作者约稿后要及时跟进后续事项。

三 编辑要坚定职业操守，做合格的学术编辑

中国社会科学院既是学术的殿堂，更是政治机关，必须旗帜鲜明地讲政治。作为中国社会科学院的学术期刊编辑，首先，要有较高的政治站位，必须牢牢把握正确的政治方向和舆论导向，紧跟国家和时代的新发展，这是根本。除了马克思主义经典著作和重要文献外，《习近平外交思想学习纲要》更是《当代韩国》编辑部案头的参考工具。书中对当前国际大势的判断，对中国外交的定位等为我们在编稿中坚持马克思主义提供了具体的指导原则，而书中提出的"构建人类命运共同体""推动建设新型国际关系""积极参与全球治理体系改革和建设""共建'一带一路'"等重要论述，更为《当代韩国》具体的选题方向提供了重要指导。围绕这些主题，结合刊物定位，策划的文章会更有现实价值。编辑部近年来的选题也努力围绕上述专题展开，拓展了杂志的选题宽度，并取得了较好的社会反响。

其次，要有奉献精神，甘为他人作嫁衣。虽然这是老生常谈，但落到实处并不容易。有的时候，编辑的工作并未得到作者的认可和理解；更多的时候，编辑要站在幕后接受读者对文章的评判。不论是批评抑或表扬，都需要正确对待，被批评时虚心接受，受表扬时也不沾沾自喜，保持一种淡定从容的态度，才能更好地理解编辑的职业精神。同样，编辑只有在调整好自己的心态后，才能体会到工作也是一种享受。

最后，编辑要有一颗时刻保持学习的心。大多数学术期刊编辑都有一定的专业基础，而且能够自觉地提升自己的专业水准，并在某一学术领域有自己的研究心得，在编稿时也较多注意文章的学术内容和观点，但往往对文字表述等编校问题相对重视不够。令我印象深刻的一件事是，在某次中国社会科学院期刊审读专家反馈的《当代韩国》审稿意见中，有关一篇文章的标题中出现"轨迹历程"，审稿专家指出，"轨迹"和"历程"是同义词，择其一

即可，没有必要重叠使用；一篇文章标题出现"以……为中心"，审稿专家指出，"为中心"改为"为视角"更切题，也更符合中文的表达方式。诸如这些问题，暴露编辑在日常编稿中对文字的准确性、凝练度重视不够。不过需要指出的是，我举这样的例子，并不是说编辑编稿不认真，而是想要说明，做好编辑工作是永无止境的。事实上，《当代韩国》的编辑工作得到不少作者和读者的高度认可，一些作者发来邮件，对编辑表示感谢；也有热心读者在网站上留言，称赞编辑部严谨的工作作风。

《当代韩国》陪伴我走过了十余年的职业生涯，它带给我的更多是豁达、宽容、认真的生活态度，令我受益良多。而与作者在编稿中产生的"惺惺相惜"之感，又让我多了一份职业自豪感。"莫问收获，但问耕耘"，希望今后还能一直将编辑这个角色扮演下去。

人生昧履，砥砺而行

——编辑工作杂谈

杨卓轩，助理研究员，毕业于南开大学。2012 年进入中国社会科学院中国地方志指导小组办公室（后更名为中国地方志工作办公室）工作，现为《中国地方志》编辑。

杨卓轩
《中国地方志》编辑部

　　2012 年 8 月，我通过国家公务员考试，离开就职的地方高校，考入中国地方志指导小组办公室（后更名为中国地方志工作办公室），在年鉴处从事《中国地方志年鉴》年刊的编辑工作。2017 年，《中国年鉴研究》季刊创刊，我又同时担任该刊的编辑。2022 年 3 月，单位开展轮岗，根据组织安排，我调到期刊处（《中国地方志》期刊编辑部）工作。刚到岗时，我就有幸在线参加了中国社会科学院科研局主办的期刊工作会议，会议发放的《"作嫁衣者"说——中国社科院学术期刊编辑心声》这本书成为我做编辑工作的重要教材。翻阅全书，发现里面有我熟识的老师，也有名字如雷贯耳但暂时无缘相见的老师，研读、学习了每一位老师的文章，仿佛与他们神交已久。当时我就在想一个问题，什么时候我也能有机会把自己做编辑工作的所思所想所得跟大家一起交流呢？2023年3月，我看到科研局关于本书的征稿启事，深感科研局实乃想编辑之所想，于是，作为中国社会科学院代管单位的一名"小透明"鼓起勇气决定"献丑"。

与其他研究所及杂志社主办期刊不同，《中国地方志》期刊与全国史志期刊联系非常紧密，在全国地方志系统的史志期刊中具有指导和引领示范作用，在建立全国史志理论研究阵地、进一步推动方志学学科建设、抢占地方志理论研究的制高点中起着关键作用。

做编辑队伍中的"小学生"

从《中国地方志年鉴》年刊到《中国年鉴研究》季刊再到《中国地方志》双月刊，通过编辑不同内容、不同刊期的刊物，我越发对编辑工作产生敬畏之心，越发感到编辑工作要与时俱进、不断学习积累，不能单凭经验，要始终保持"小学生"的心态、谦逊与自觉。同时，史志期刊作为地方志事业的重要组成部分，是开展地方志学术研究交流的重要平台，是传播思想文化的重要阵地，是促进理论创新和文化进步的重要力量。不能局限于编辑业务本身，还要放眼长远，谋划全局，把史志期刊建设放在地方志事业发展的突出位置，既要有价值定力、苦练内功，又要博采众长、兼收并蓄。

"小学生"想当好"大责编"，就要从零做起，善于学习，尤其注重学习先进榜样，见贤思齐，取长补短，苦练好自己的看家本领，才能全面提升编辑素养。个人认为，编辑素养是业务、态度和经验的综合。提升业务素养不是一蹴而就的。俗话说，功夫在诗外。学习亦如是，切忌抱着急功近利的心态贪图短、平、快。业务素养如人生航船的"压舱石"，虽不显眼，却能使整艘大船保持平衡，而不至过分摇摆、颠簸乃至倾覆。提升编辑素养，仅拥有精进的业务能力是远远不够的，态度决定成败，俯下身子、甩开膀子才能干出样子。尤其通过多方调研和请教，会获得出乎意料的宝贵经验。比如在组稿环节，我最初以为办期刊是别人"求"自己的多，经过与多位期刊编辑部负责人交流才知道，实际上每期为了约到更好的稿件，反倒是自己"求"别人的多；我原以为只有普通期刊才缺乏高质量的稿件，原来权威期刊也要经常到处去"求"好的稿件。拥有了兄弟期刊的经验，组稿工作便有了底气，将原有的等投稿迅速转化为常约稿。用"拿来主义"将好的做法和我们编辑部实际相结合，才能积累出符合我们期刊特点的编刊经验。期刊出版是有时效性的，而编刊过程往往不是一帆风顺的，突发事件在所难免。初到期刊处，我接到的任务就是要当第3期期刊的"大责编"，除了负责自己编辑的文章外，还要整体控制出刊时间和负责全刊所有文章的审核编辑等工作。2022年5月，北京市出现新冠疫情，单位要求统一居家办公，作为"大责编"，根据办刊情况，与编辑部主任沟通后，我迅速调整编辑思路和方式，将以往通过纸质版进行的专家审改、编校等工作全部改为电子版批注形式，基本没有影响出刊时间。2022年底，北京市新冠感染高峰期间，我又是第6期的"大责编"。因为有了之前的经验，在领导、同事、审稿专家、排版公司、印厂等的共同努力下，年度最后一期终于如期出刊。

"小学生"想当好"大责编"，就要提高站位，着力打造精品内容。《中国地方志》期刊宗旨是围绕服务党和国家中心工作和战略任务，优化资源配置，加快推进学术期刊融合发展和国际传播能力建设，推出一批有学理深度和学术厚度的高质量成果。因此，《中国地方志》自1981年1月创刊至今，一直以史志期刊为平台，在体现中华优秀传统文化，传承弘扬地域文化、乡土文化等方面体现深厚底蕴和时代担当。《中国地方志》在一代又一代编刊人的努力下越发完善和成熟，同时也促进方志学理论研究工作不断深化。我作为单位的"老人"、期刊处的"新兵"，也深感责任和压力之大。2022年，处室领导让我牵头组织筹备首届全国优秀史志期刊评议工作。我深知开展评议工作的重要性，不但是强化精品意识、打造精品期刊的关键一环，而且可以检阅成果、肯定成绩、表扬先进，大力激发广大史志期刊工作者干事创业的热情。在处室同事的共同帮助下，我们收到全国各地参评的史志期刊百余种。我又利用收集整理之机，翻阅了大部分期刊。我发现，有些颇有学术价值，有些独具地方特色，每一本的背后都凝结着千千万万默默奉献的史志期刊编辑的心血。这些史志期刊都是让书写在古籍里的文字活起来的见证，它们丰富全社会历史文化滋养，为努力建设具有中国特色、中国风格、中国气派的方志学学科体系，更好认识源远流长、博大精深的中华文明，弘扬中华优秀传统文化、增强文化自信提供坚强支撑。

"小学生"想当好"大责编"，就要努力提高史志期刊核心竞争优势，重视史志期刊成果的传播。通过加强期刊平台建设，积极拓展内容传播渠道，构建线上线下一体化发展的内容传播体系，增强内容产品的传播力和引导力。可以说，《中国地方志》目前已经形成了"人无我有、人有我优、我主人随"的颇具"不可取代性"的学科特色，也增强了期刊可持续发展能力。同时，积极适应和运用新媒介、新技术、新方法，将微信公众号等新媒体运用到期刊成果传播中，广泛宣传最前沿、最具原创性的理论观点动态、专业对策和优秀成果，提升期刊的社会知名度和影响力。2023年初，我负责《中国地方志》期刊微信公众号开通工作。在领导的大力支持和多方沟通协作下，经过调研、筹备、咨询、申请、备案等多项程序，"地方志研究"微信公众号正式开通，并及时发布最新学科动态、学术思想、学术文章等内容，我也从新媒体技术零基础一跃而成新媒体技术"达人"。我想，今后期刊发展重点可能在于加快融合发展和跨界服务，激活发展新动能，创新内容载体、方法手段、业态形式、体制机制，加快向高质量发展阶段迈进。另外，由于单位日常工作与全国地方志系统联系十分紧密，便于整合优势资源，打造高端史志学术期刊群。利用这个优势，《中国地方志》一手抓质量，一手抓引导管理，优化发展环境，深化改革创新，推动史志期刊建设平台化、集群化、专业化，整合媒介平台进行集约化推广，把史志期刊建设成为地方志学术传播的领头羊。

做一镜到底的"钻石配角"

一般进入职场的人都有一个主角梦，希望自己进入核心部门，而编辑往往被当成"作嫁衣者""为人梯者",是永远的配角,在单位的角落很难被发现,而且时常受累不讨好,因此很多人不愿意当编辑。我的想法却略有不同,"既来之,则安之",我们不应该只看到别人闪闪发光,就觉得自己黯淡无光,我愿意当期刊编辑中水平最高的"钻石配角"。

当好"钻石配角",要甘愿做绿叶。2014年5月8日,习近平总书记视察中央办公厅时,引用了印度诗人泰戈尔曾说过的"花朵的事业是美丽的,果实的事业是尊贵的,但我愿做一片绿叶,绿叶的事业是默默地垂着绿荫的",他强调要有绿叶精神和无怨无悔的奉献精神。[①] 当看着自己用心编辑的文章跃然纸上,甚至能将一个个学术观点推上新的台阶并指导实践时,那份责编的自豪无以言表,那份对编辑工作的热爱发自肺腑。作为"钻石配角"还要适应不同场景。例如,《中国地方志年鉴》是年刊,每期大约150万字,由全国31个省(自治区、直辖市)和新疆生产建设兵团供稿。即使前期下发组稿方案,但由于各地工作人员经常调整等多种原因,也会出现供稿水平参差不齐的情况,更为后期编辑造成较多困难。因此该刊办刊的关键环节在于组稿时要全面把握各地供稿质量和供稿时间进度。《中国年鉴研究》是相对较新的季刊,年鉴学的学科面又相对狭窄,因此该刊成功的关键在于加大宣传力度,提高稿源质量和数量。《中国地方志》是老牌期刊,稿源相对充足,质量相对较高,在科研院所有一定的知名度和影响力。该刊的突破点在于集结高水平作者团队,要向核心期刊、权威期刊冲刺。作为"钻石配角"还要融入不同剧情。例如,《中国地方志年鉴》和《中国年鉴研究》文章用语均为现代文,编辑起来相对轻松容易。而《中国地方志》期刊有两个固定的大栏目,即"旧方志研究"和"地方史研究",文章内容涉及大量的古文引用,不仅需要耗费时间和精力逐一核实古文原文及出处,同时还要核实引文作为阐述依据的正确性。短短一年的时间中,我的古文功底不但被彻底"唤醒",而且还突飞猛进,古文功力大大增强。

当好"钻石配角",要端正态度,甘于奉献。演艺圈有句话叫作"没有小

---

① 习近平:《办公厅工作要做到"五个坚持"》,《秘书工作》2014年第6期。

角色，只有小演员"，化用在编辑工作中再适合不过：没有小岗位，只有小编辑；只要用心来，处处是舞台。无论角色大小，戏份多少，期刊编辑岗位在单位是否重要，只要永远充满热情，善于思考，用心去做，总能在推动史志期刊高质量发展上闯出新路子。期刊最基础的工作就是要严把质量关，打造精品期刊。所谓精品期刊，必然是思想精深、专业精湛、制作精良的有机统一，一定是为社会立言、为时代立传的重要媒介。比如很多时候，我们为了一个字会查阅核实好几种文献资料，与作者多次沟通校正。我有时候也会抱怨，所谓"一天就为了一个字，效率不高"，可反过来看，"耽误"的这些时光，恰恰是构成精品期刊的基石。在打好基础后，期刊还要加强作风学风建设，有效发挥学术期刊在学术质量、学术规范、学术伦理和科研诚信建设方面的引导把关作用。坚持学术导向思维和学术价值思维，面向实际需求，推进求真务实的学术研究之风。助推原创性成果产生，遏制学术不端行为，净化学术生态。从学术规范到学术导向，落在文字编辑中，主要在于吃透规范、抓细节。例如，党建用语、涉外用语、标点符号使用规范、脚注规范、英文翻译等，都属于细节性问题，不仅需要日常积累，还需要具备一定的敏锐度。有一次我在与英文翻译专家交流的时候，专家特意提醒我，英文的标点符号（尤其是引号）与中文标点符号不同，一定要注意审核英文标点符号。我当时就感叹，虽然术业有专攻，但编辑应该做到样样精通。

当好"钻石配角"，要有一镜到底的硬功夫，既要扎扎实实做好编辑匠，又要有编辑家的战略思维。新时代史志期刊要实现高质量发展，就要进一步开拓创新，不断打造期刊品牌，贡献方志智慧，积极开辟地方志主动融入国家战略、服务人民的新渠道。坚持正确的政治方向和科学的思维方式，深入开展调研，不断推动理论创新，建立和完善方志学理论研究学术规范。例如，2023年，我们在投稿系统和邮箱中增加了读者调查问卷，问卷设计由编辑部同事牵头，全员参与内容讨论，读者参与度较高。同时，加强与相关高等院校、科研机构专家学者的交流合作，加强与我国香港、澳门和台湾地区以及国外期刊的学术交流与合作，积极组织开展省、市、县三级史志期刊研讨活动，增强期刊在国内外的影响力，提高话语权。此外，我们通过开办全国史志期刊论坛和培训班，总结史志理论研究和成果编纂实践经验，推进方志学基本理论、期刊编纂、期刊应用、期刊管理、期刊发展史等问题研究。

做对弈平凡的"孤勇者"

谁说站在光里的才算英雄？优秀的编辑就像石灰一样，别人越是泼冷水，自己的人生就越沸腾。期刊编辑要具备抗击打能力，不妥协、不埋怨，甚至要学会享受孤独，往往没有掌声也要硬扛；期刊编辑就是要在平凡的岗位上做到极致，克服浮躁心态，静下心来、慢下步来，用热忱和责任守护学术的星芒，让本以为常变得不同凡响。

"孤勇者"往往是极度认真的。期刊编辑要倡导工匠精神，坚守做学者型编辑的理念，向更高、更远处不懈探求，用心打磨期刊、用心研究学术。倡导编辑进行学术研究，站到学科领域的高地，具备与一流专家学者对话的能力和水平。中国地方志工作办公室作为中国社会科学院代管的参照《中华人民共和国公务员法》管理的事业单位，相关政策不允许评聘职称，也不允许进入创新工程，因此也没有发表学术成果的压力和分数考核。但是我一直把成为学者型编辑作为自己职业生涯的一个小目标，在不断积累编辑业务知识的过程中，也在不断练笔，近些年共出版学术著作1部，公开发表学术论文30余篇。同时，写作水平与编辑业务能力互相促进，双向提高，2023年还有幸被评为中国社会科学评价研究院同行评议推荐专家。可以说，做学者型编辑的理念使我获得了意想不到的成长和自我提升。通过加强培训和继续教育，可以不断提高编辑的素质，特别是进一步提高编辑的核心素质。史志期刊编辑应坚持学习，精研业务，持续提高政治素养、学科素养和学科编辑能力。比较幸运的是，多年来，我参加过不少编辑专业权威机构举办的培训班，前几年处室领导也让我组织过多期以我单位作为主办方的全国年鉴主编培训班。作为学员，我既可以学习知识，又可以借鉴其他机构办班经验；作为组织者，我既可以倾听学员需求，又可以借机求稿，还可以发掘专家型人才作为培训班专家的后备力量，一举多得。史志期刊编辑还要践行自身的学术使命和社会责任，促进学术争鸣，服务科研创新，传播优秀文化，主动关注学科发展现状，追踪学科发展态势，促进学科研究和学术期刊的有机融合。

"孤勇者"往往是耐得住寂寞的。寂寞可以使人安静下来，去沉淀，去思考，去成长。在寂寞中，更要对自己的价值抱有信心。期刊编辑应保持"守正笃实、久久为功"的战略定力，顶得住压力，挡得住诱惑，经得住考验。如果把史志期刊编辑的任务仅限于编刊、出刊，窃以为，那未免有些狭隘。在寂寞和沉淀的背后，必然是编辑思维的提升。史志期刊要引导学术研究立足实际，回应现实关切，把论文写在祖国的大地上。优秀的编辑心中永远想着如何让刊物以内容引人、靠质量腾飞。作为史志期刊编辑，应立足国情、面向世界，争做打造一流学术期刊的中坚力量，争做促进方志文化传播进程的参与者。史志期刊编辑还要着眼长远、把握大势、开门编刊、集思广益，把全国史志期刊建设发展形势和期刊顶层设计结合起来，把社会期盼、群众智慧、专家意见、基层经验充分吸收进来，力争史志期刊建设取得更多更大的战果。比如通过组织论坛，我们集结了一大批优秀的作者，及时倾听他们的意见和建议；通过与各地史志期刊交流座谈，我们全面了解了全国史志期刊发展状况。记得2022年夏天，一个县级史志期刊到我们编辑部座谈，我发现他们办的刊物虽是内刊，但极具地方特色，可以说很多文章都饱含思乡情结，不由得好奇地问对方如何组稿的问题。他们回答，为了扩大稿源，他们联系了遍布于全国的同乡会，寻找家乡人约稿。同时他们期刊也作为各地同乡会的一份特殊"乡愁"，成为这些身处异地的家乡人的精神寄托。座谈中我们还得知，由于办刊经费有限，他们还请同乡会号召各方筹集资金支持他们办刊。座谈过后，我深受感动，一个县级史志期刊，由于单位编制数量较少，没有专职编辑，人员均是一人多岗，但是他们不仅没有放弃编刊，还充满热情、干劲儿十足。我想这大概就是编辑的初心吧。2023年上半年，社会科学文献出版社的相关同志到我们编辑部交流，对投稿系统、新媒体建设、期刊网站发展等提出了很多建议，使我深受启发。今后面对全国地方志事业发展的新情况、新问题、新形势，史志期刊不能凭经验翻老皇历，也不能循旧历找教科书，而是努力出台新办法，寻找新出路，创造新经验，开创新局面，实施新举措，创造新业绩。

"孤勇者"往往是有自我的坚持。笃定的坚持不一定能让刊物成功，但成功的刊物一定是有笃定坚持的编辑。期刊编辑要树立职业的自豪感与荣誉感，力争做德才兼备的复合型人才。办好史志期刊是一项系统工程，需要努力打造管理型的编辑队伍。名编辑、老编辑要积极发挥"传帮带"与言传身教的作用，使广大年轻编辑树立高度的责任意识，尽快增强做好编辑工作的本领。提高编辑准入门槛，对编辑要有更高的标准要求，并建立完善相关制度和机制。个人认为，当前特别需要进一步健全激励机制，让具有专业能力和敬业精神的编辑真真切切地感受到行业发展获得感，编辑真正拥有获得感，要对那些有好作品、好口碑、好人气的编辑予以大力宣传和表彰。

习近平总书记指出，高品质的学术期刊就是要坚守初心、引领创新，展示高水平研究成果，支持优秀学术人才成长，促进中外学术交流。[1]"板凳甘坐十年冷，文章不写半句空。"越崎岖的路，越让岁月有温度。再平凡的岗位，都可以作为成就人生的舞台。星光不负赶路人，时间不负有心人，只要愿意努力，在哪里都会精彩。中国社会科学院是中国哲学社会科学研究的最高学术机构和综合研究中心，希望每一位中国社会科学院的期刊编辑都能成长为"期刊编辑界的中国社会科学院"。

---

[1] 《习近平给〈文史哲〉编辑部全体编辑人员回信》，《人民日报》2021年5月11日，第1版。

投身时代洪流　澎湃生命华彩

朱　海
《中国年鉴研究》编辑部

朱海，毕业于西华师范大学。2017 年进入中国社会科学院中国地方志指导小组办公室（后更名为中国地方志工作办公室）工作，现为《中国年鉴研究》《中国地方志年鉴》编辑。

　　2023 年 1 月，时值北京数九寒天，3 年的疫情终于有了拐点的迹象。我正在电脑上将居家办公期间的各种资料打包拷贝，为重返办公地做准备。这时手机响了，我随手拿起一看，编辑部微信群里一条喜讯跃入眼帘："《中国年鉴研究》获得国家哲学社会科学文献中心'2016—2021 年最受欢迎新刊'称号"。我心跳腾的一下加快，虽然期刊上一年也获得这样的称号，但今年我格外高兴。的确,一本创刊仅仅五年的期刊,能持续受到如此重要的认可,绝非易事。况且正值已大疫三年的寒冬!

好消息来得正是时候!把盏饮茶,正当其时。我索性停下手上的工作,拣出几叶绿茶捻入杯里,冲上滚烫的开水,蜷缩的茶叶迅即开始上下翻浮、旋转、跳跃,尽情地舞动,似乎也在为正在远去的疫情和寒冬而欢腾。我沉浸在这充满希冀的欣喜里,思绪开始在记忆的世界里飞扬,《中国年鉴研究》创刊时的情景如画卷般徐徐展开。

五年前,全国年鉴人正处于为实现省、市、县三级综合年鉴全覆盖而努力拼搏的攻坚克难期。我所在的中国地方志指导小组办公室年鉴处承担着对全国年鉴工作统筹规划、组织协调、督促指导的重要职责,既要抓年鉴编纂进度,又要抓年鉴编纂质量;既要举办年鉴论坛,又要开展年鉴培训;既要编纂《中国年鉴发展报告》,又要编纂《中国地方志年鉴》。此时的年鉴界,每年出版年鉴接近 1 万种,这在全国出版的 22.5 万种新版图书中占有很大的份额,但尚没有一本以年鉴为主题的公开出版的学术期刊。

《中国年鉴研究》正是在这种背景下应运而生,我也是在这个时候进入年鉴处并与之结缘的。2017 年国庆节后,我离开生活了数年的上海辗转北上,开启人生新的旅程,正与被老舍先生叹为"人间天堂"的金秋北京撞个满怀。我兀自沉醉迷人秋色,缱绻流连,尚未意识到不久后,我将会遇到《中国年鉴研究》创刊这项重头工作。

在中国地方志指导小组办公室领导的大力推动下,刘永强、冷晓玲等期刊主要筹办人积极奔走,经过年鉴界、期刊界多轮征求意见,《中国年鉴研究》最终确立了以"立足中国年鉴理论研究的制高点,掌握年鉴评价的话语权,引领中国年鉴事业发展方向"为核心办刊理念。编辑部就设在年鉴处,相当于处室增加了一项任务。

"不明就里"的我跟着领导和同事很快投入火热的创刊工作。经过紧张的筹备组织,创刊发布会在 2017 年 10 月底紧锣密鼓地召开了。会上,来自全国年鉴界、期刊界的众多专家学者围绕如何办好《中国年鉴研究》发表了许多真知灼见，让人印象非常深刻。会后，编辑部领导和我谈话，明确我参与期刊工作，正式开启了我的编辑生涯。

一缕淡淡的茶香袅袅飘来，把我从回忆里拉了回来。我轻轻地呷了一小口，一缕清浅的苦涩便在舌间蔓延开来，充溢唇齿。我咂摸着茶汤的清洌苦涩，一如我刚开始接触编辑业务的时光。

彼时，我没有编辑资格，只能协助其他编辑做一些文字校对工作。第一次面对稿件，心里忐忑不安。读了又读，把握不好分寸不敢动笔，便拿着稿件去请教经验丰富的宿万涛老师。他耐心细致地给我讲解，具体内容已不甚清楚，大抵是校对的要点与注意事项之类。记得很清楚的是听完讲解后，我心里暗自感叹，要成为一名编辑，路还很长啊。

此后，我开始系统学习编辑出版的专业知识及相关的政策、法规、标准、规范，并拿着作者原稿对照编辑每一次审校后的意见与稿件一处一处学习体会，向各位编辑老师请教的场景更是经常出现。其间，我也慢慢进入角色。现在想来，心中依然满怀感激，感谢老师们一次次不厌其烦地指导，感谢编辑部"传帮带"的良好氛围。而我对编辑这个身份也逐渐有了一些认识。做一名学术期刊编辑，可以洞悉领域内的最新动态和前沿研究，得以在各种学术思想交流碰撞中开阔视野、重塑知识，能有机会见识思想交锋的火花，何其美好！

功不唐捐！经过潜心钻研审、编、改、校等编辑业务，在编辑部领导的关心帮助下，我完成了责任编辑注册，开始编辑文章。初审、编辑加工、校对，我满怀欣喜地处理着一篇篇稿件。一日，编辑部主任冷晓玲老师询问我，一篇稿件做出退稿建议的依据是什么。我想了想后说，选出的文章质量一定要高，略有瑕疵的稿件我都提出了退稿建议。"好文章都是改出来的"，冷老师这样说，并开始向我讲解审稿的重点与要求。"要练就一双火眼金睛，善于发现每一篇文章中的创新点与闪光点，不让好文章成为遗珠。""要洞察文章的问题要害，大胆提出修改建议，提供新的视角、新的切入角度以启发作者。"她嘱咐我多与作者沟通，主动与作者开展学术对话，帮助作者更加精准地论证其学术观点，最终把具有学术创见、论述准确规范的学术成果呈现在读者面前。我心头一凛，冷老师的话如兜头一盆凉水，让我清醒地意识到，编辑身上应具备的专业能力、学术水准、知识储备绝非朝夕之功。真要入得门径，我还有太多的东西需要学习、积累，非得下一番苦功不可。

身处年鉴事业发展的时代洪流中，我深知，退却既无条件也不应该，唯有躬身入局，将自己融入这洪流，向前奔涌。因为要编刊，还要做大量的年鉴指导、协调等工作，我们编辑部六个人每日里像上紧的发条，紧张又忙碌。虽难得歇息片刻，但我们劲头很足。期刊编辑工作与其他年鉴工作并未割裂开来，而是一个有机结合的整体，彼此策应，互为支点，是一套构建年鉴事业新发展格局的"组合拳"。如《中国年鉴研究》刊发的《当前地方综合年鉴事业发展存在的问题及今后方向》《县级年鉴全覆盖的难点与对策》以及"推进年鉴事业高质量发展笔谈文章"等，都是针对年鉴工作的形势与任务提出的对策建议，很有指导性。《中国年鉴研究》收录的文章中有不少是来自全国年鉴论坛的投稿，论坛每年举办一次，已成为期刊重要的稿源。

念兹在兹，朝斯夕斯。渐渐地，面向实践、系统集成的思维方式已逐步深入我的意识。在开展期刊编辑工作时，我也更加注重向年鉴编纂一线聚焦。2020年，省、市、县三级综合年鉴实现全覆盖，此后，年鉴质量建设愈发受到年鉴界关注。我结合自己编纂《中国地方志年鉴》的实践、担任中国年鉴精品工程县区组学术秘书的体会、实地调研《北京朝阳年鉴》如何打造"中国精品年鉴"的心得，针对疫情防控期间年鉴研讨与培训等活动无法开展、基层对高质量年鉴编纂方法需求较大、《中国年鉴研究》稿源需进一步开拓等情况，向编辑部领导提出开展"精品年鉴品读季"活动的建议。

2022年9月，"精品年鉴品读季"活动启动会议以视频会议＋网络直播相结合的形式举办，全国超过1.1万名年鉴编纂人员收看了会议。全国省、市、县三级综合年鉴编纂单位均收到4部重版后的"中国精品年鉴"，在开展品读活动的过程中对照自己的年鉴进行修改。各省收到品读论文近1000篇，中国地方志指导小组办公室对其中55篇优秀论文发文通报表扬，河北、山西等近10个省份也对本省份优秀论文进行通报表扬。中国地方志指导小组办公室官方微信公众号"方志中国"推出重点宣传专题"精品年鉴品读",至今刊发20多期,全国各级地方志工作机构、年鉴编纂单位的微信公众号也纷纷刊发了品读动态与理论文章。以《中国年鉴研究》设置"精品年鉴品读"栏目为领衔,《史志学刊》《广西地方志》《巴蜀史志》《内蒙古印记》《河南史志》《海南史志》《陕西地方志》等省级地方志工作机构主办的期刊以及一些市、县级地方志工作机构主办的期刊也纷纷刊载"精品年鉴品读季"活动中的优秀论文。活动产生了广泛而持续的影响,形成了一批有特色、有亮点、可复制、可推广的年鉴质量建设工作经验,在全国年鉴系统形成了推动年鉴事业高质量发展的"大合唱"和"接力跑"。

而我也更加深切地体会到,作为《中国年鉴研究》的编辑,更应聚焦年鉴工作实践,关注年鉴事业发展的重大理论、实践问题,追踪年鉴界普遍关心的热点问题,架通理论联系实际的桥梁,为基层年鉴编纂实践提供有启发性、针对性、实用性和可操作性的指导,不断提升格局,不断积累,形成敏锐的问题意识与广阔的学术视野。

想到这里,我看了看手中的茶杯。茶叶已在杯底聚拢,初时干枯蜷缩的叶芽舒张开来,变得饱满平滑,片片青翠,绿意盈盈,显得生机勃勃。饮一口,虽仍感苦涩,后味却清香宜人,沁人心脾,回甘绵长。如同在《中国年鉴研究》工作的日子,虽然忙碌,但我甘之如饴,心里充实,常有进益之感。

回首从开始参与《中国年鉴研究》工作到今天的时光,我一路奔忙,在这昂扬奋进的新时代年鉴事业发展洪流里苟日新,日日新,又日新。从最初的内心惶惶,到逐渐进入状态,再到后来积累了一些认识;从最初面对各种繁杂工作时的手忙脚乱,到逐步理清头绪,再到后来具备一些系统思维意识,我的编辑业务水平不断进步,对期刊编辑的认识也日益深入。

我清楚,经过一番努力,做一名合格称职的编辑,虽然有难度,但还是可能达到的。但要想更进一步成为一名好编辑,就如同穿荆度棘,更加艰难。更何况,我们面临的形势是,相较于蓬勃的年鉴事业发展,当前的年鉴理论研究尚处于较为滞后的状态。成为一名好编辑,就是我必须面对的课题。如何立足夯实年鉴学理论基础和实践基础，构建年鉴学学科体系、学术体系、话语体系，形成"年鉴学范式"，组成"年鉴学学科共同体"……类似这样的问题时时在心头浮现。

构建年鉴学三大体系，这应是作为《中国年鉴研究》编辑的最高理想。珍惜每一篇来稿，用心用情用学术与作者交流，呵护每一丝新意，使之酝酿成为新概念、新范畴、新方法。当然这需要我有广博的见识、良好的学问旨趣、较高的学术素养、甘于寂寞的心境、对学术负责的情怀等，这是一名优秀学术期刊编辑应当具备的素养。我自知，成为一名好编辑的路程还很遥远。道阻且长，行则将至。好在我的编辑之路刚刚启程，法乎上者得其中，关键不是最终成为怎样的自己，而是要在成为更好的自己的路上。

再看手中的茶，茶叶静静地沉于杯底，显得沉稳和笃定，茶水也更加清澈润泽，显得清明而透彻。

我的心愈发坚定。到今日，我依然记得《中国年鉴研究》主编刘永强老师的那句话："心中要有一座山！它让你总往高处攀登，它让你总有奋斗的方向，它让你眼中充满希望！"

试以史笔、诗心探寻老专家的问学之道

——"大家雅事"丛书组稿编辑漫笔

刘玉杰，编审，毕业于黑龙江大学。2007 年进入中国社会科学院办公厅工作，2023 年调入中国社会科学院文化发展促进中心，现为《中国社会科学院年鉴》副主编、"大家雅事"丛书执行主编。

刘玉杰
《中国社会科学院年鉴》编辑部

编辑算得上这个世界上一个特殊的职业了。整日里与文字打交道，与文字背后的人打交道，别有一番情趣和滋味。

屈指算来，我从 1994 年硕士研究生毕业从事编辑工作至今已有 30 个年头了，先后当过省级党报副刊编辑、新闻专业期刊编辑、《中国社会科学院年鉴》编辑、《中国社会科学院画册》编辑，还有系列丛书"大家雅事"编辑。

这些年，经我手编辑过的文字，粗略算起来也有3000余万字吧；打过交道的人，就难以计数了。

不同媒介对编辑的要求有共性，也有个性。我个人的体会，对于编辑的成果来说，语言文字正确、事实准确是基本要求，表达的信、达、雅是理想状态。报纸编辑追求新闻的表达效率、栏目的策划能力；学术期刊编辑追求论文能提出新概念、运用新方法；年鉴编辑追求数据的准确性、资料的权威性；画册编辑追求图片的史料价值、视觉的冲击力；图书编辑追求内容的可读性、思想的深刻性。如何编报、编刊、编书，"前人之述备矣"，我也没有什么"发前人未发之秘，辟前人未辟之境"，倒是组稿编辑带有口述史性质的"大家雅事"丛书让我遇见一个个别有洞天的学人"风景"，留下一串串值得回味的"雪泥鸿爪"。

抢救"活着的学术史"

口述史的出版一度成为出版界的"宠儿"，但我们组织编辑学术大家口述史，不是赶时髦。

说得大一点儿，是为中国社会科学院乃至我国哲学社会科学学科史、学术史建设抢救第一手史料。2016年10月的一天，我去时任中国社会科学院办公厅主任方军老师的办公室请示工作，方主任问我，"学术大家口述史"（后定名为"学术名家自述"，现改名为"大家雅事"）准备得怎么样了？此前，关于这件事，方主任确实提到过，当时我以为他只是说说而已，不想这回真布置任务了。他说，以中国社会科学院建院40周年为契机，做抢救性质的学术大家口述史。他让我就丛书的体例、对象、作者队伍、篇幅等拿出方案，并说，咱们负责组织协调编辑，社会科学文献出版社负责出版。回去后，我就赶写出《关于编辑出版"学术大家口述史"系列文丛的方案》，第二天呈交方主任审定。第三天早上一上班，方主任高兴地告诉我，那个方案他连夜看了，写得很好，让我抓紧实施。得到领导的表扬和鼓励，我很开心，于是便兴致勃勃地踏上了探寻老专家精神家园之旅。

没想到，编辑方案有了，采访大纲有了，蓝图也设计好了，做起来却并非想象得那么轻松。一来没有人手，没有经费，也没有经验；二来寻找采访者、整理者也有诸多实际困难：有的要待遇，有的要经费，有的要求算"工分"，有的要求算"创新工程"的任务，有的要求出书后算专著或核心期刊文章。在量化考核成果、"以数量论英雄"的评价体系中，不能说这些诉求不合理，但由于这项工作尚处在初创阶段和探索阶段，这些要求我们很难一一满足，只能耐心做解释工作。

困难挡不住我们为中国社会科学院学术史、我国哲学社会科学学术史抢救第一手史料的脚步。路遥说："只有初恋般的热情和宗教般的意志，人才有可能成就某种事业。"我不敢说有那么高的热情和那么坚忍的意志，但我对这份工作的热爱和执着甚至超乎我自己的想象。

与高尚的心灵对话

我先是手持一份中国社会科学院学部委员、荣誉学部委员名单，拉网式逐一给老专家打电话，而后又通过各种灵活的方式，见缝插针地约稿。我向不同层面的人员约稿——既请研究所领导出谋划策，又请研究所老干部办公室的同志支持帮助，还请老专家本人及其学生、助手或家属积极配合。我借各研究所筹备所庆的机会搜集史料，与各研究所联动，资源共享；利用老专家参加学术会议的机会向他们约稿；还借助出版社、杂志社等采编人员的职业优势，向他们组稿，想方设法扩大组稿范围，千方百计推进工作进程。在一次汇报会上，我不无幽默地说："我是用了'洪荒之力'的，尽管有的收效不大，但我是乐此不疲的。"

白天编《中国社会科学院年鉴》腾不出时间，我就利用午休时间和下班后时间以及一切可以利用的空隙，约稿组稿、编稿校稿。

仅 2017 年，我就向二十余位老专家约稿组稿。我分别与张晓山、沈家煊、林甘泉、张炯、刘世德、刘魁立、刘树成、黄长著、廖学盛、耿云志、周弘、刘跃进等学术大家本人组稿，还跟已故著名学者的家人、助手约稿，比如，顾颉刚的女儿、冯至的女儿、戈宝权的夫人、贾芝的夫人、叶秀山的助手等。

走进学术大师的世界，如同仰望广袤深邃的星空，那里群星璀璨，令人目不暇接，叹为观止；探寻学术名家的天地，就像进入姹紫嫣红的百花园，那里芳草鲜美，令人赏心悦目，流连忘返……可以说，一位位大师、一个个名家，都风采各异，都别有一番沉浮与历练，都是魅力独特的"这一个"，都是学人眼中最美的"风景"。

在中国社会科学院行政楼的小会议室，我与史学大家顾颉刚先生的女儿顾潮老师促膝长谈。虽然是第一次见面，但我们一见如故。那天，顾潮老师给我讲了她父亲的很多故事：在任《燕京学报》编辑委员会主任时，顾颉刚邀请钱穆为该刊写了一篇与自己观点相异的文章《刘向歆父子年谱》，并将此文编入《燕京学报》，还在自己的文章中对钱穆称赞有加；顾颉刚鼓励学生用"鸡蛋里找骨头"的方法治学……让我领略到一代史学大师"为学术而生"的一生。

在同仁医院住院部柳鸣九先生的病房里，倚在病床上的柳先生一边给我翻看他早先出版的《且说这根芦苇》《子在川上》《回顾自省录》，一边用柔和的湘音对我娓娓道来，谈人、论事、说自己……他讲到了钱锺书、杨绛对他的关怀；谈到了冯至、卞之琳，骄傲地说"朋友们都看好我的《蓝调卞之琳》这一篇"；还自豪地说到了他和小孙女合作的《小王子》；提到了萨特及其夫人……这位法国文学大家耐心细致的分享、津津乐道的讲述感染着我，本来约好的十分钟访谈时间，不知不觉过去了一个多小时，我带着柳先生赠我的好几本大作满载而归。

在东土城冯至先生家，我端详着当年闻一多先生给冯至夫人亲自篆刻的名章，倾听冯至先生的女儿——慈祥和蔼的冯姚平老师深情回忆冯至与孙楷第的问学往事，让我对老一辈大师在那风雨飘摇的峥嵘岁月里，依然坚守用真精神做真学问的操守深深敬仰。

在干面胡同民间文学大家贾芝家，贾芝先生的夫人——满头银发的金茂年老师小心翼翼地从书柜里拿出她珍藏多年的厚厚的一大摞紫色小笔记本，那是贾芝先生生前写就的一本本日记，里面那娟秀的蝇头小楷整整齐齐，令人感佩。金老师还给我讲述了这样一个故事：贾芝先生有边写作思考、边用脚磨地的习惯，以至天长日久，他把床边的水泥地都磨出一个深坑。我对贾芝先生坚韧勤奋的治学精神和高尚朴素的学术情怀所叹服，也被贾芝先生与金老师在沧桑岁月中相濡以沫、相扶相伴几十年的那份真情所感动。

在中国社科院科研大楼外文所黄宝生先生的办公室，黄老和我一起为即将出版的学术名家自述《黄宝生》挑选插图的情景仿佛就在昨天。黄老如数家珍般给我讲着每张照片背后的故事，我小心谨慎地挑选着，唯恐把哪张照片碰坏了、摸脏了……

在东总布胡同蔡美彪先生那简朴的寓所里，我感受到一位史学大师淡泊名利的平民情怀。他像一位邻家老爷爷那样平易、随和，低调得不能再低调地跟我说："称学术大家我还不够格。"

依然记得，在中国社会科学院餐厅的餐桌旁请教院史专家单天伦老师，使一顿普通的午餐成为我了解中国社会科学院史的"大餐"；在小花园，邂逅荣誉学部委员王宇信老师，聆听他漫议甲骨学百年的学人往事；在社科书店，我与逻辑学大师金岳霖的高足刘培育老师畅聊学人趣事、名家掌故；在大院车棚外的寒风中，我快步追上语言学家、学部委员沈家煊老师攀谈，希望沈老师赐稿；趁央视在院史展厅专访经济学家、学部委员张晓山老师的空档，我不失时机跟张老师催稿，细化写作风格，领略一代文艺理论家胡风先生后人才思敏捷、出口成章、妙语连珠的神韵和风采；在行政楼小会议室，我与寇方墀老师探讨著名哲学家余敦康先生自述的选材和语体风格；在当代中国研究所召开的"社会变革与转型中的人口问题研究——田雪原学部委员八秩华诞纪念"学术研讨会上，我趁机向田先生约稿；在团结湖公园的长椅上，我聆听宗教所孙波老师对一代学术大师徐梵澄先生充满敬意的回忆；我还约请首都师范大学历史学院教授阎守诚先生写作他的父亲阎宗临老先生（一位颇富传奇色彩的大师级历史学家）的"大家雅事"，阎守诚先生温和敦厚的长者之风深深感动着我……

一桩桩、一件件、一幕幕、一次次，每一个瞬间都定格在我的记忆里，镌刻在我的心底里，成为我人生画卷中的一抹抹亮色，成为我编辑生涯中的一幅幅最美的风景。

我在组稿编辑过程中，得到了许多老专家的支持和帮助，令我感动。周弘老师在电子邮件中说："要感谢你的努力和耐心，否则就没有这十万字。"刘树成先生鼓励我说："可以说，没有你付出的巨大努力和辛苦，这本书是出不来的。"我知道，这些都是老专家的客气话，更多的是他们对后学的奖掖和鼓励。

由于种种原因，也有许多遗憾。如今，高莽、林甘泉、蔡美彪、单天伦、柳鸣九、黄宝生等好几位老先生永远离开了我们。庆幸的是，高莽、柳鸣九、黄宝生等几位老先生在离世前看到了自述的出版，但是有好几位老先生刚刚开始访谈或还没来得及访谈就驾鹤西去，让人扼腕叹息。

在追忆学术大家治学风范的同时，我越发感到为老专家编辑整理学术自述的必要性和紧迫性。

史笔诗心两相宜

对于书稿的编辑整理，我追求两个目标，一是史笔，一是诗心。"虽不能至，然心向往之。"

所谓"史笔"，就是史家之笔，是史家的"历史叙述"。"史笔"强调记叙历史的真实性和史实的可靠性，要写"信史"，就是著名文学史家朱东润说的"有来历、有证据、不忌繁琐、不事颂扬的作品"[1]。"史笔"通俗地说，就是"实事求是"，就是忠实于传主原来的意思、事实、语气和风格，就是把传主的思想和观点的内容信息、风格等准确、完整、贴切地传达给读者。还应忠实于传主原来的语言风格，包括传主独特的语言表达习惯（如惯用句式、常用词汇和口头语）。就像鲁迅先生说的"保存原作的风姿"，又如胡适所说"传记写所传的人最要能写出他的实在身份，实在神情，实在口吻，要使读者

---

[1]《朱东润传记作品全集》第一卷，上海：东方出版中心，1999，第 6 页。

如见其人，要使读者感觉真可以尚友其人"①。

对于每位老专家的有关史料，我都尽最大努力搜集全，然后对这些史料加以整理和鉴别，一般是几十万字的资料，涉及古文、历史知识、引文、数字、时间、职务、职称、年龄、各种专名等史实和信息。在编辑整理时，我都要通过查找原始档案核实；档案中没有的，就通过中国知网、维普、万方、中国论文库等数据库，逐一进行文献信息源的调查互证，一条一条反复核对，一字一字互相比对；最后，再得到老专家的确认，确保真实准确、确凿无误后才踏实放心。

比如，关于柳鸣九先生的主要成果目录和大事编年，柳先生没有现成的资料可供参考，我就"白手起家"，从零起步开始搜集、整理、编排，不断补充完善。柳先生主编过多套外国文学名家书系丛书，每套都是七八十本甚至百十来本，有的丛书名很相像，甚至就是一字之差或一词之差；有的丛书经过再版重印，出版社也各有不同。为了甄别丛书名、书名、作者名、译者名、出版社名、出版时间等，我在网上搜索每本书的封面图片、版权页信息，搜索不同网站关于同一本书的信息，确保每本书的各种信息都能多信息源互证，从而确保信息的准确性。柳先生审看后感激地说："从你作为一个整理者来说，你已经完全对得起我这个被整理者了，确实很钦佩你这种精神……你这完全是为他人作嫁衣裳，而且你作这么细呀，很不容易……我衷心地感谢您！"

《刘树成：中国经济周期波动的瞭望者》稿件中的一些经济学术语，有的前后多次提到，但是表述不尽一致，我逐一进行了信息源的多方互证，发现并纠正了稿件中的一些文字讹误，并跟刘树成先生进行了核实确认。

……

史学界把口述史称为"心灵考古"，就是强调了史实考证的重要性、必要性和艰巨性。这个过程是烦琐的、枯燥的、磨人的，工作量也是相当大的，但是每每发现和纠正原稿中的"硬伤"时，那份庆幸和欣慰是局外人远远体会不到的。

---

① 胡适：《南通张季直先生传记序》，载张孝若著《南通张季直先生传记》，上海：中华书局，1930，第4页。

在编辑整理过程中，有两件事让我印象深刻。

一是在内容取舍上坚持以正确的政治导向为首要前提，对自述中的政治问题或敏感问题不为尊者讳，不为长者讳，不迁就不迎合。一位著名经济学家、离休老领导的自述中，存在一些敏感的人事问题，有三四十处引用时任中央主要负责同志的评价性讲话、批示等，不适合公开发表。我在主编方军老师的指示下，反复与这位老领导及其秘书沟通，主编还亲自审阅、亲笔修改，并跟其秘书通话，最后这位老领导终于同意我们的处理意见。

二是在故事选择上坚持以正能量为选材原则，对众说纷纭的事、"横看成岭侧成峰"的事，不做"判官"，不惹是非。有些老专家的自述中对当年的同事和领导有牢骚和怨言，臧否人物，我们对涉及这方面内容的文字，只能"忍痛割爱"。

如何使老专家的自述在真实、准确的基础上，略具文采、富有韵味？这就需要我们在编辑整理时有点"诗心"。

所谓"诗心"，就是诗人之心、作诗之心。自述的"史笔"和"诗心"就是在历史真实的基础上追求艺术真实，追求可读性，把史学的态度和诗人的情怀融合在一起，用史笔写出历史的真实，用诗心写出艺术的真实，把老专家的学问人生、学术人生准确、鲜明、生动、艺术地呈现出来。《马克思传》的作者梅林曾说："历史向来同时既是艺术又是科学，传记尤其应当如此。"[1] 我想，学者自述作为传记的一种，也应该如此，做到"史笔""诗心"两相宜。

我喜欢读书，特别是社科名家、学术大家的传记、回忆录等。《109个春天：顾严幼韵自传》《朴：童庆炳口述自传》《旧梦与远山》《时过子夜灯犹明：故居·故人·故事》《故纸寒香》《俯仰流年》《木铎金声》《天涯晚笛》《书窗风景》《通向哲学的后楼梯》……这些名家传记的书名多么富有诗意！这些书名既能激发人读书的欲望，也能点燃读书人的激情。我们在编辑"大家雅事"时，尽量让书名有点诗意，有点味道。比如，传主周弘的书名我们定为《周弘：在"茶"与"咖啡"之间》，传主金岳霖的书名我们定为《金岳

---

[1] 弗·梅林：《马克思传》，樊集译，持平校，北京：人民出版社，1972，第3页。

霖：逻辑学大师的"非逻辑"人生》。

对《刘树成：中国经济周期波动的瞭望者》一书，我们在腰封上做了这样的宣介："踏着时代的鼓点，他第一个系统提出中国经济周期波动理论；守望实践的前沿，他精心组织推出我国第一本经济蓝皮书；醉心学术的殿堂，他长期致力于探寻中国经济走向繁荣与稳定的规律。"

对《柳鸣九：法兰西文学的摆渡人》一书中一些章节的标题我们是这样拟定的："少年时期的雪泥鸿爪""燕园的苦乐年华""先贤之德润无声""只在芦花浅水边""讲文明的'土'人""一根会思想的'芦苇'""此辈为'书'生"。

钱锺书先生在《谈艺录》中提出的"史蕴诗心""诗具史笔"被许多传记作者奉为圭臬，成为他们追求的最高境界。我想，这也应该成为"大家雅事"丛书编辑整理者心中的理想境界。

文心雕龙也雕虫

著名语言学家王力先生堪称学界立德立功立言的典范，他为自己的书斋起名为"龙虫并雕斋"，为自己的一本文集题名为《龙虫并雕斋文集》。王力先生学高八斗，著作等身。他不仅"雕镂龙文"，出版了浩瀚的"藏之名山、传之后世"的学术名著，而且还乐于"雕虫小技"，写了很多普及性语言学读物。文心雕龙亦雕虫，可见一代学术大师治学目标之宏阔——雕龙，作风之踏实——雕虫，所谓"不积跬步无以至千里"。这种"文心雕龙亦雕虫"的精神广为学界称道。"龙虫并雕"虽然指的是学者、作家的著书立说，但我想，同样可以用在编辑工作上。

1995年，著名作家贾平凹到哈尔滨为他的新书《白夜》签名售书时，我们夫妇二人去采访，贾平凹为我们题字"守静抱朴，文心雕龙"，这个题字我们一直珍藏着。我们可能一辈子也"雕"不出什么"龙"，但是"士不可以不弘毅""'编辑'心事当拿云"！

读研究生时，导师吕冀平先生常引用先贤的话教导我们："取法乎上，仅得其中；取法乎中，仅得其下。"他鼓励我们，无论治学还是做事，一定要放宽视野，定高目标，并为之努力奋斗，才能取得满意的成果。多年来，我一直谨遵师言，在为人为学上始终追求一流，努力做最好的自己。

每一次太阳升起，都是新的开始。年龄上、经验上我们可以被称为"老编辑"，但每每面对新的文稿、新的书稿，我们都要甘当"小编辑"，对文字要时刻保有敬畏之心。

高翔院长在中国社会科学院全院大会上多次强调，希望大家要当"编辑家"，不要当"编辑匠"。这对我们编辑人提出了更高的要求，我们当勉力为之，努力成为大编辑，成为编辑家。

人事有代谢，往来成古今。中国社会科学院名家辈出，大师云集。特别希望中国社会科学院学术大家在还能动笔的年纪，拿起笔来，积极书写自己的学术人生、奋斗人生，这是人生的另一个学术高地；真诚希望对口述史感兴趣的同人走出书斋，走近大家，对话大家，为我们奉献一本本"大家雅事"。单一看一本"大家雅事"也许看不出什么，当一本又一本"大家雅事"出版，累成长卷，它的价值会历久弥珍。它们将成为各学科史长河中一朵朵晶莹的浪花，成为学术史长卷中一幅幅精致的画卷，成为文化史交响乐中一曲曲优美动听的乐章，成为思想史盛宴中一道道可口的美味佳肴……我们有理由期待。

伟大的事业都源于集体的合力。《〈读者〉传奇》扉页上有一句题记："杂志是集体的力量，伟大的编辑总是隐于其中，每一本杂志的气质里，融合着的是，众人灵魂集合时统一的发声。"[1] 编刊如此，编书亦然。一本本"大家雅事"的出版，与领导的支持、老专家的付出、社会科学文献出版社的鼎力相助都密不可分。有了他们，能让我时不时舒口气，"偷偷懒儿"。借这个机会向他们表达敬意：岂曰无衣，与子同袍！

从中学时代起我就喜欢泰戈尔的一句话："果实的事业是尊贵的，花的事业是甜美的；但是让我做叶的事业吧，叶是谦逊地、专心地垂着绿荫的。"至今志趣依然未改。

---

[1] 师永刚：《〈读者〉传奇——一本与时代互动的杂志》，北京：中国社会科学出版社，2004。

后　记

　　2022 年 1 月,《"作嫁衣者"说——中国社科院学术期刊编辑心声》出版后, 受到学术界、期刊界和有关管理部门的好评。为进一步宣传中国社会科学院学术期刊编辑人员的工作和贡献, 增强学术界、管理部门对学术期刊编辑的了解, 促进期刊编辑人员之间的工作、思想、情感交流, 根据有关领导指示, 2023 年 3 月, 我们启动了《"为人梯者"说——中国社科院学术期刊编辑心声之二》的编写工作。组稿工作采取面向院内学术期刊编辑人员征集稿件和向重点作者约稿相结合的方式进行, 截至 2023 年 8 月下旬, 共征集到中国社会科学院所属学术期刊 52 位编辑人员的稿件, 汇编成《"为人梯者"说——中国社科院学术期刊编辑心声之二》。

　　《"为人梯者"说——中国社科院学术期刊编辑心声之二》在内容和风格上与《"作嫁衣者"说——中国社科院学术期刊编辑心声》保持一致, 采用第一人称写作, 主要内容包括:(1)从事期刊编辑工作的感受、感想、感悟;(2)关于社科学术期刊、期刊编辑工作以及编辑人员地位、作用、角色的认识与体会;(3)从事编辑工作以来遇到的难忘的人、难忘的事;(4)关于办好社科学术期刊的思考与展望;等等。每篇文章配有作者小传和照片, 力求做到主题鲜明, 事实准确, 情感真挚, 文风朴实。编写组对稿件进行了审读, 部分稿件退回作者修改或重写。

　　本书编写工作得到中国社会科学院科研局领导的大力支持。具体策划、组稿、审稿等工作, 由中国社会科学院科研局期刊与社团管理处工作人员刘普、孙婉婷、崔志新(挂职)等人承担, 中国社会科学院大学文学院 2020 级博士生梁鑫渊对全书从语言规范上进行了把关。本书的出版也得到了社会科学文献出版社的大力支持，副社长梁艳玲负责本书的出版事宜，期刊分社副总编辑奚亚男担任本书的责任编辑，期刊分社社长助理裴玉，工作人员刘振华、张乐、王雨璇等人参与本书的编校工作。对于有关领导和相关人员的支持，在此一并表示感谢！

由于时间仓促，经验阙如，本书一定存在很多不够完善之处，欢迎学术界、期刊界及有关管理部门的领导和朋友们不吝批评指正，这将促使我们在今后的工作中做得更好。

本书编写组

2023 年 10 月

图书在版编目（CIP）数据

"为人梯者"说：中国社科院学术期刊编辑心声之
二 / 中国社科院科研局编. -- 北京：社会科学文献出
版社, 2023.12

ISBN 978-7-5228-2889-3

Ⅰ. ①为… Ⅱ. ①中… Ⅲ. ①社会科学－期刊－编辑
工作－文集 Ⅳ. ①G237.5-53

中国国家版本馆CIP数据核字（2023）第221400号

"为人梯者"说——中国社科院学术期刊编辑心声之二

编　　者 / 中国社科院科研局

出 版 人 / 冀祥德
责任编辑 / 奚亚男
责任印制 / 王京美

出　　版 / 社会科学文献出版社（010）59366560
地址：北京市北三环中路甲29号院华龙大厦　邮编：100029
网址：www.ssap.com.cn

发　　行 / 社会科学文献出版社（010）59367028
印　　装 / 三河市龙林印务有限公司

规　　格 / 开　本：787mm×1092mm 1/16
印　张：21.5　字　数：326千字

版　　次 / 2023年12月第1版　2023年12月第1次印刷
书　　号 / ISBN 978-7-5228-2889-3
定　　价 / 98.00元

读者服务电话：4008918866